HISTOIRE
DE
CHEVRIÈRES

La Seigneurie et la Paroisse

DEPUIS

LES TEMPS LES PLUS RECULÉS JUSQU'A NOS JOURS

PAR

L'Abbé Charles SIGNERIN

Curé de Chevrières,
Membre de la Société historique et archéologique de la Diana.

OUVRAGE ILLUSTRÉ DE 32 PHOTOGRAVURES

SAINT-ÉTIENNE	CHEVRIÈRES
IMPRIMERIE THÉOLIER ET Cie	PAR SAINT-GALMIER (LOIRE)
12, Rue Gérentet	Chez l'Auteur

1894

HISTOIRE
DE CHEVRIÈRES

HISTOIRE DE CHEVRIÈRES

La Seigneurie et la Paroisse

DEPUIS

LES TEMPS LES PLUS RECULÉS JUSQU'A NOS JOURS

PAR

L'Abbé Charles SIGNERIN

Curé de Chevrières

Membre de la Société historique et archéologique de la DIANA

OUVRAGE ILLUSTRÉ DE 32 PHOTOGRAVURES

SAINT-ÉTIENNE	CHEVRIÈRES
IMPRIMERIE THÉOLIER ET Cie	PAR SAINT-GALMIER (LOIRE)
12, Rue Gérentet	Chez l'Auteur

1894

AVANT-PROPOS

On a fait l'histoire des empires et des provinces, voire même des cités.

On a écrit des pages magnifiques sur les faits et gestes des grands hommes qui ont illustré leur pays.

Mais, en notre siècle où tout semble conspirer contre les individualités au profit des masses, et contre la ville de province au profit de la grande cité, quels sont donc les historiens de nos modestes bourgs et de nos rustiques villages ?

Ils sont rares les écrivains dont la plume s'est oubliée à écrire la vie de ces hommes qui, bien que relégués au second plan de l'histoire, n'en sont cependant pas ses héros les moins intéressants.

Qui donc oserait penser que les palais aux lambris d'or ont le monopole de la noblesse d'âme, de l'élévation de l'esprit, et des valeureux exploits ? Certes, si nous comptions bien, nous trouverions peut-être qu'à travers les âges, les toits de chaume de nos campagnes ont abrité autant d'âmes héroïques qu'en ont vu naître les castels des favoris de la fortune.

Ouvrez l'histoire de notre chère France, et vous y constaterez que nombre de ses pages glorieuses sont écrites avec le sang de ses plus humbles enfants.

Si l'histoire de nos bourgs et de nos villages continue à rester ensevelie dans l'indifférence et l'oubli, quelle en serait donc la cause ?

Seraient-ce les difficultés qu'elle présente à l'écrivain ?... Serait-ce la somme trop restreinte d'intérêt qu'elle ménage au lecteur ?...

Ne serait-ce pas plutôt cet inconvénient, jugé très grave dans certaines sphères, à savoir qu'un travail secondaire et une étude locale ne mettent pas assez en relief leur auteur, et ne lui promettent pas un assez grand nombre de lecteurs ?...

Mais alors pourquoi Plutus a-t-il ses entrées libres dans le temple d'Apollon ?

Et cependant, quel labeur plus attrayant que celui de pénétrer dans l'enceinte d'un vieux bourg du Forez ou d'ailleurs, pour y faire parler les traditions locales, pour y fouiller les archives des familles, y recueillir les pittoresques légendes et y dresser la généalogie de tous ces modestes héros dont, depuis des siècles, les chaumières adossées aux remparts du castel voisin, abritent le génie ou la valeur ?

Quelle occupation plus agréable pour un médiéviste que d'interroger chacune des pierres grises qui forment le vieux beffroi romain, ou la vieille église gothique, et de leur demander ce qu'ils ont vu, ce qu'ils ont entendu de ce passé merveilleux dont ils furent les témoins muets !

Non, je ne sache pas qu'il y ait d'heures plus délicieuses, pour un amateur des œuvres d'un autre âge, que celles qu'il passe à dérober au vieux donjon, dont la masse chancelante se penche là-bas sur les ruines du manoir disparu, les précieux et captivants souvenirs cachés dans ses flancs crevassés.

Qu'on ne dise pas : l'histoire des bourgs et des villages n'a rien d'attrayant, parce qu'elle ne contient que des faits peu connus et d'un intérêt tout local et, partant, trop restreint, pour des lecteurs accoutumés à nourrir leur esprit de sujets plus vastes et plus mouvementés.

Est-ce que l'histoire générale d'un peuple n'est pas tissée avec la trame de mille faits locaux épars çà et là, et recueillis par l'historien ?

Oui, disons-le hardiment, le plus obscur de nos bourgs, sur la terre de France, est susceptible de posséder d'intéressantes annales, aussi bien que la ville la plus en renom.

Oui, le plus modeste de nos villages français, aussi bien que la cité la plus somptueuse, est capable de donner le jour à des savants et à des héros.

L'Esprit de Celui qui tient le ciel et la terre dans ses mains souffle où il veut.

Et voilà pourquoi nous avons osé esquisser l'histoire curieuse du « Roi de Chevrières » ; celle, non moins intéressante, de « Nos trois vieux Chantres de bronze » ; et, pour finir, cette captivante Monographie du vieux manoir des Mitte de Mons et de leur chapelle seigneuriale, devenue plus tard l'église de notre paroisse.

Bien que notre travail, avec son cadre forcément restreint, s'adresse plus spécialement aux habitants de Chevrières, cependant le lecteur avide de connaître les hommes et les choses des siècles passés y trouvera certainement de quoi satisfaire son goût pour l'histoire des choses d'un autre âge.

Pour mener à bonne fin notre difficile tâche nous avons, pendant de longs mois, recherché les documents originaux, déchiffré les parchemins, parcouru les terriers, fouillé les archives départementales et locales, enfin interrogé la tradition et consulté les vieillards qui, chez nous, gardent avec grand soin le culte des hommes et des choses disparus.

Toutefois, malgré nos efforts personnels, nous n'aurions certainement jamais pu atteindre notre but et offrir au public une œuvre complète, si nous n'avions eu l'obligeant concours de quelques confrères et amis.

Qu'il nous soit donc permis d'adresser, à cette place, nos sincères et vifs remercîments à MM. le chanoine James Condamin ; Joseph de Fréminville ; Maurice de Boissieu ; Vincent Durand ; Jubin Thivillier ; l'abbé Prajoux ; Th. Rochigneux ; Dominique Girard ; Louis Bourdin ; l'abbé E. Morel (1) ;

---

(1) MM. James Condamin, chanoine, professeur de littérature française à l'Université catholique de Lyon.

Joseph de Fréminville, archiviste du département de la Loire.

Maurice de Boissieu, membre de la *Société historique et archéologique de la Diana*.

Vincent Durand, secrétaire de la *Société historique et archéologique de la Diana*.

Jubin Thivillier, modeste paysan de la commune de Grammont, dont la science paléographique étonnerait les savants.

Abbé Prajoux, professeur d'histoire au séminaire de Saint-Jean (Lyon).

Th. Rochigneux, bibliothécaire de la *Diana*, à Montbrison.

Dominique Girard, architecte, à Lyon.

L. Bourdin, étudiant de philologie, à Lyon.

Abbé E. Morel, curé de Chevrières (Oise), correspondant du Ministère de l'Instruction publique, Officier d'Académie, etc.

à tous ceux en un mot, qui, de près ou de loin, nous ont aidé à mener à bien notre modeste travail.

Notre but, nous l'avons déjà dit dans nos deux précédents ouvrages, a été sans doute de satisfaire notre amour des choses du passé, mais aussi de chercher un moyen pour soutenir une œuvre de laquelle dépend le salut éternel de l'âme si intéressante des petits enfants de notre paroisse : L'œuvre des Ecoles libres et chrétiennes.

Nous mettons cet ouvrage et sa destinée sous la protection toute spéciale de la Vierge de toute miséricorde et sous celle des Saints Maurice et Benoît, dont le culte est en honneur au milieu de notre très chrétienne population. Nous les prions de le bénir et de faire si bien fructifier nos humbles labeurs que chacune des pages de cet ouvrage nous apporte, grâce à eux, autant de pièces blanches qu'il nous en faut, chaque année, pour entretenir les cent vingt élèves de notre Ecole libre.

Chevrières, le 8 Décembre 1894.

C. S.

INTRODUCTION[1]

COUP D'ŒIL GÉNÉRAL SUR LE DÉVELOPPEMENT
DE L'ARCHITECTURE EN FRANCE

LE récit des faits accomplis par l'homme, et celui des événements relatifs aux peuples et à l'humanité constitue l'Histoire, mais l'histoire transmise aux âges par le moyen de l'écriture.

Il existe une autre histoire des hommes et des choses : celle-là n'est pas écrite sur le papier fragile, mais gravée en caractères indélébiles sur tous les monuments de marbre ou de bronze.

Œuvre immortelle des nations, ces monuments montrent et attestent aux siècles futurs leur grandeur ou leur décadence. Cependant, qu'ils soient coulés

[1] Tout le mérite de notre introduction revient à M. Dominique Girard, architecte lyonnais, qui a mis à notre disposition les matériaux que nous n'avons eu que la peine d'exploiter.

dans le bronze ou taillés dans le marbre, ils restent comme un grand livre ouvert à tous ; mais un livre dont la lecture exige une étude spéciale. Or, c'est en se reportant par la pensée à l'époque de leur création; c'est en tenant compte du développement de la civilisation qui les a inspirées que ces pages intéressantes se laissent déchiffrer.

Chaque peuple a son génie particulier; et ce génie se reconnaît aux œuvres qu'il a conçues et exécutées. Mais aucune ne révèle les hauteurs de son esprit comme celles que lui a inspirées l'art de construire. Et quand il arrive qu'un goût nouveau modifie son style, on peut, dès lors, dire de ce peuple que ses mœurs, sa civilisation, sa vie tout entière sont entrées dans une nouvelle phase.

A de nouveaux besoins, il faut en effet une nouvelle architecture.

Mais ces transformations ne sont pas l'œuvre d'un seul artiste. On ne crée pas un style de toutes pièces. C'est le résultat du réveil du génie chez un peuple. A cette heure psychologique, une force invisible pousse chacun à apporter son tribut à la rénovation de l'art national.

Ce n'est qu'à la suite de tâtonnements et d'hésitations qui marquent les époques de transition, que le style est définitivement créé.

La Gaule, pendant la domination romaine, se couvrit de temples et de monuments d'utilité publique : ponts, aqueducs, thermes, amphithéâtres, cirques et arènes, toutes œuvres empreintes de l'imposante majesté du grand peuple romain.

Mais pendant que la Gaule vaincue se laissait

inoculer les mœurs de Rome victorieuse et se prenait à vivre de sa vie, voilà que les apôtres de la sainte Religion du Christ prêchent partout une morale dont la pureté séduit tous les cœurs droits ; voilà qu'ils annoncent une doctrine dont les maximes élevées sont pour les âmes la source des plus douces consolations en ce monde et des plus suaves espérances pour l'autre.

Le christianisme ayant déjà fait de nombreux prosélytes (1), il fallait bien aux nouveaux convertis des lieux pour se réunir et prier ensemble. Vint l'ère des persécutions qui ne leur permit pas d'avoir d'autres temples que les catacombes. Mais, à peine l'épée sanglante des Néron et des Dioclétien eut-elle été brisée, à peine les bûchers furent-ils éteints, que les chrétiens, nés du sang de leurs frères les martyrs, songèrent à se construire des églises.

La basilique servit généralement de modèle. Et l'art romain étant tombé en pleine décadence, le style latin du Bas-Empire lui succéda.

Mais l'Eglise naissante était pauvre ; et, ce qui était plus regrettable encore à cette époque, les bonnes traditions dans l'art de construire étaient perdues. Aussi bien, les monuments de ces âges, dont on voit de nombreuses imbrications remplacer même les cordons et les corniches, ne vécurent pas longtemps. Les bois employés à profusion dans leur construction furent des causes fréquentes d'incendie, et les nombreuses invasions de barbares n'en laissèrent debout

---

(1) Dès le second siècle de l'ère chrétienne, le grand Tertullien avait déjà pu dire aux païens, dans son *Apologétique* : « Nous remplissons vos maisons, vos théâtres, vos places publiques.... »

que quelques-uns, et ceux-là mêmes dont l'étude nous a révélé le génie de ces siècles reculés.

Au x‎ᵉ siècle, les colonies vénitiennes établies en France firent sentir leur influence sur le centre de notre pays, en important l'architecture byzantine, dont Saint-Marc de Venise, construit en 977, est un des beaux spécimens.

Le style byzantin, qui se distingue surtout par ses voûtes en coupoles, est celui de Saint-Front, à Périgueux (984); de la cathédrale d'Angoulême (1101); de l'église de Fontevrault (1119) et de quelques autres que nous devons, en France, à l'influence vénitienne.

En dehors de ces quelques monuments de conception byzantine, le style byzantin, ne s'alliant pas aux mœurs de notre nation, n'y parut que comme exception et ne s'implanta jamais sérieusement en France.

La France se cherchait une architecture spéciale. Or, l'architecture vraiment française n'inaugura ses premières œuvres qu'après les vaines terreurs de l'an 1000. Suivant certaines traditions populaires, cette année devait marquer la fin du monde. Aussi bien, on ne s'inquiétait plus de réparer les vieux monuments, encore moins pensait-on en construire de nouveaux.

Les ouvriers s'abandonnant à une malheureuse inertie; les architectes eux-mêmes oubliant les principes de l'art de bâtir, on voit d'ici, après les ruines déjà amoncelées par les barbares du Nord, l'aspect désolé de notre beau pays et l'affreux chaos qui enveloppait ses œuvres.

Et si les sciences et les arts n'avaient trouvé, à

cette époque, contre le vandalisme des hordes étrangères d'abord, et ensuite contre les querelles quotidiennes de la féodalité, un refuge providentiel dans l'enceinte sacrée des monastères, la France aurait-elle pu jamais relever ses ruines et préluder aux siècles glorieux dont nous admirons les merveilles !

Mais les Ordres religieux étaient là (1), cachant sous leur robe de bure des âmes élevées et amoureuses de l'art autant que de la prière.

Des milliers de moines, de divers ordres, s'appliquèrent avec ardeur à l'étude des monuments; étudiant tout particulièrement les quelques œuvres conçues dans le goût romain, que les invasions avaient épargnées.

Leurs études les amenèrent à créer, en France, une école d'architecture inspirée par l'art romain.

De là le nom d'*Architectura romana* (2), d'où, plus

---

(1) La *Revue archéologique* a publié, cette année (1894), des articles très intéressants, de M. Enlart, traitant de l'influence des moines cisterciens et les montrant, non point comme les créateurs de l'art roman au moins dans ses plus brillantes manifestations, tel par exemple qu'il apparait dans la belle école bourguignonne, mais comme les propagateurs à l'étranger des traditions architecturales et artistiques de leur ordre et partant de notre art national.

Ce qui caractérise les églises cisterciennes, c'est l'extrême sobriété de l'ornementation; et il y a une lettre de saint Bernard s'élevant contre les caprices des sculpteurs chargés de la décoration des édifices religieux.

Quant aux Clunisiens qui se seraient, non pas toujours, mais très souvent accommodés du style et des traditions architecturales en honneur dans les pays où ils établissaient des colonies, on doit les regarder comme les promoteurs de l'efflorescence architecturale, plutôt que comme les créateurs d'un art nouveau.

Mais s'ils n'ont pas été des créateurs, la magnificence incomparable et le nombre des monuments dont on leur est redevable, leur a valu le très grand honneur d'avoir fait servir leurs grandes ressources et leur influence sur les peuples, à doter notre pays d'édifices admirables, et à favoriser les progrès de l'art dans toutes ses formes.

Leur église de Cluny, construite de 1089 à 1131, servit de modèle à tous les édifices religieux de leur ordre.

(2) Quelques archéologues ne font remonter qu'à l'époque de la **Restauration** cette dénomination « d'architecture romane ».

tard, on a fait *architecture romane*, pour la distinguer de la véritable architecture *romaine*.

Ce fut à force de tâtonnements sans nombre que les constructeurs romans parvinrent à voûter leurs édifices. Les grandes voûtes à plein cintre et en forme de berceau avaient le grave inconvénient de *pousser* les murs collatéraux. On dut parer à ce défaut de solidité en imitant la voûte d'arête romaine, en couvrant les nefs latérales de voûtes butant celles de la nef centrale, et en employant des contreforts aux points de poussée.

Jusqu'au xiie siècle, l'architecture fut toute monacale. Chaque abbaye relevant, par exemple, de l'abbé général de Cîteaux, eut son architecte, abbé ou prieur, et même parfois simple moine, sachant tracer un plan d'église et en diriger la construction.

Mais, vers le milieu du xiie siècle, un esprit de liberté et de progrès a tout à coup soufflé ; et, dès lors, des architectes, des sculpteurs, des peintres formés à l'école monacale, se répandent dans le monde et tentent d'éclipser leurs maîtres.

Dans ce siècle, la foi est toujours ardente et sait inspirer les œuvres en même temps que les guider. Toutefois, un esprit d'analyse et de logique se dégage de l'inspiration et de l'exécution chrétiennes des monuments, et cet esprit commence déjà à exercer une certaine influence dans la sphère des arts.

Deux grandes crises politiques et sociales marquent du reste cette mémorable époque.

D'un côté, la lutte de la royauté, soutenue par le clergé, contre la féodalité ; de l'autre, l'établissement des communes en cités indépendantes.

Une autre évolution avait lieu au sein de la féodalité elle-même : les Croisades qui entraînèrent vers l'Orient seigneurs et manants, augmentèrent les richesses du clergé, tout en le débarrassant temporairement de voisins turbulents et dangereux.

Les écoles monacales avaient une discipline : elles dessinaient d'après une méthode, et suivaient un programme tracé. Partout, leurs œuvres reproduisaient les mêmes formes.

Il n'en fut pas de même pour les artistes formés à l'école laïque.

Un génie novateur se fit sentir dans leurs œuvres. Si bien que les cathédrales, les palais municipaux, tous les monuments, en un mot, sortis de leurs mains habiles, en dehors de leur beauté intrinsèque, se distinguaient encore par la variété de la forme.

Le clergé, éclairé par le mouvement artistique qui se produisait autour de lui, loin de le condamner, s'en empara habilement et devint son plus puissant promoteur dans la suite.

Les confréries de travailleurs, celles des maçons surtout, déployant un réel talent d'observation et une grande activité intellectuelle, surent empêcher le retour des déformations qu'avait entraînées le système du plein-cintre.

L'emploi généralisé de l'arc brisé, d'une part, l'introduction de la croisée d'ogives, de l'autre, donnèrent aux grands édifices une élasticité d'équilibre en même temps qu'une stabilité inconnues jusqu'à ce jour.

Les nervures en pierre, véritable ossature des voûtes, permirent la couverture des plus grands espaces. Les arcs-boutants, décrivant une courbe hardie, vinrent résoudre tous les efforts des poussées. Les contreforts, chargés dans leurs sommets, devinrent, sous forme de pinacles, un des motifs les plus gracieux et les plus riches de l'architecture, au XIIe siècle et aux siècles suivants.

La flore sculpturale tout entière, empruntée à nos plantes des bois et à nos fleurs locales, fut véritablement monumentale, et différa totalement des traditions romanes.

Aux XIe et XIIe siècles, on avait bâti des clochers sur les façades ou sur le centre de la croix latine des églises.

Ces grandes tours, élevées et couvertes en pierres, n'avaient pour la plupart qu'un but décoratif, les cloches de grandes dimensions étant à peine en usage à cette époque (1).

Au XIIIe siècle, les architectes commencèrent à déployer, dans les constructions de clochers, toutes leurs connaissances des lois de la stabilité, de l'équilibre et de l'élégance.

La toiture, ou flèche, devient plus élancée ; et, dans les XIVe et XVe siècles, ce n'est plus une toiture, mais un découpage à jour, qui laisse se jouer, dans ses pittoresques baies, les rayons adoucis du soleil.

L'art ogival, à cette époque, était devenu l'art à la mode dans toutes les provinces réunies au domaine royal, ou reconnaissant la suzeraineté du roi de France.

Les provinces du midi, plus près de Rome, et encore imbues des mœurs de cette ville qui les avait conquises autrefois, peuplées de monuments romains,

---

(1) Suivant Viollet-Leduc, la cloche la plus ancienne, connue en France, est celle de Moissac. Elle se brisa en 1845 : elle datait de l'année 1273.

furent en partie réfractaires au mouvement qui entraînait le reste de la nation.

L'architecture ogivale, architecture vraiment française par sa variété, sa vigueur et l'unité de ses principes, inaugura ses chefs-d'œuvre, en 1140, par la construction de l'église et de l'abbaye de Saint-Denis. Pendant plus de trois siècles, sa merveilleuse fécondité sut nous donner ces immenses et magnifiques cathédrales que nous admirons aujourd'hui dans la plupart de nos grandes villes; ces palais municipaux avec leurs pittoresques beffrois; ces châteaux-forts où l'art militaire était rehaussé par l'art architectural, et dont les hauts donjons semblaient dire la puissance des seigneurs.

Cette belle et intéressante époque fut illustrée par les Robert de Luzarches, les Thomas et Renault de Cormont; les Pierre de Montereau, Libergier, Jean de Chelles, Pierre de Corbie et Ervin de Steinbach.

Pendant que la France et une partie de l'Europe construisaient leurs édifices selon les principes de l'art ogival, l'Italie, plongée depuis des siècles dans une torpeur et un engourdissement malheureux, se réveillait enfin à la voix de ses poètes : Dante, Pétrarque, Boccace.

Les Florentins furent les premiers à comprendre les beautés de l'art et à s'émouvoir d'une trop longue et trop coupable inertie. Ils conçurent et exécutèrent une œuvre immortelle. La cathédrale de Florence, rappelant dans sa noble simplicité les basiliques antiques, était dès lors commencée par Arnolfo di Sapo. Les cintres et les fenêtres de ce monument avaient l'arc brisé. Et pourtant le style ogival ne prévalut jamais en Italie et ne put jamais s'y acclimater sérieusement.

Le sol de ce beau pays, couvert de ruines antiques, influença son goût pour l'architecture *romaine*, dont il était du reste l'héritier direct.

Cependant Brunelleschi achevait, de 1407 à 1425, Sainte-Marie-des-Fleurs, par la fameuse coupole octogonale.

L'élan une fois donné, Rome et les autres villes d'Italie se couvrirent bientôt de monuments, remarquables surtout par leur nouveauté architecturale, par leurs sculptures et leurs peintures. Bramante, Raphaël, Michel-Ange Buonarotti et Léonard de Vinci en furent les principaux architectes et artistes.

Vers l'an 1500, la Renaissance italienne était dans toute sa gloire.

Or, c'est précisément vers cette époque que le roi de France, Charles VIII, et peu après Louis XII, accompagnés de l'élite de la noblesse française, traversèrent les Alpes et portèrent leurs armes en Italie.

Leur marche à travers les campagnes et les villes de ces contrées enchanteresses fut une suite continue de cris d'admiration ; et, suivant l'expression de Michelet : « les conquérants étaient éblouis, pres-
« que intimidés, de la nouveauté des objets. »

Les châteaux de nos princes français, plus semblables à des prisons qu'à des palais, leur parurent froids et tristes à côté des habitations gracieuses et superbes des comtes italiens. Les hautes murailles, percées de rares ouvertures, les tours et les donjons crénelés, leur semblèrent inutiles, depuis que la féodalité avait été frappée au cœur par le pouvoir royal et le tiers état. De plus, la poudre de guerre inventée au xive siècle avait déjà changé les moyens de défense, et les perfectionnements de l'artillerie rendaient inutiles et surannées les dispositions adoptées par les ingénieurs pour la défense des châteaux.

De retour donc dans leurs foyers, roi et seigneurs n'eurent plus qu'une pensée, plus qu'un projet en tête : transformer leurs châteaux-forts, élever des habitations dans ce goût italien dont les splendeurs les avaient enivrés.

Toutefois les grands événements qui amenèrent alors une révolution dans l'art architectural n'eurent pas une action si prompte et si décisive qu'elle fît disparaître instantanément l'art ogival implanté depuis plusieurs siècles en France.

La révolution dans les arts ne se fait pas aussi violemment ni aussi rapidement qu'une révolution en politique, ou qu'un changement de gouvernement.

Il faut une certaine période d'incubation pour transformer un art. L'architecte et l'artiste ont une manière de faire, une habitude de concevoir et d'exécuter dont ils ne peuvent pas se départir tout d'un coup. Et le changement dans leurs idées, et dans la manière de les exprimer, de les rendre palpables, ne se produit qu'à la suite de recherches et d'essais successifs.

On fit venir en France quelques artistes d'Italie. François Ier attira à la cour Joconde, Léonard de Vinci, Primatice, André del Sarto, Benvenuto Cellini, Serlio.

Les premiers essais de *Renaissance* datent, chez

nous, de Louis XII : ils commencèrent par les châteaux d'Amboise et de Blois, sous la direction du cardinal Georges d'Amboise. La ville d'Orléans construisit son hôtel de ville ; puis, successivement s'élevèrent les châteaux de Gaillon (1408), de Chambord (1525), de Fontainebleau (1528), d'Ecouen (1541), et, vers la même époque, les maisons d'Agnès Sorel et de Diane de Poitiers, à Orléans.

L'église de Saint-Etienne-du-Mont, à Paris, fut construite de 1517 à 1537 ; celle de Saint-Eustache vers 1532 ; celle de Saint-Méry de 1530 à 1610 ; et Saint-Michel de Dijon, vers 1537.

Nos artistes français travaillant de concert avec les artistes italiens, apportèrent à nos monuments nationaux des changements si considérables qu'ils créèrent une *Renaissance française* laquelle ne le cède ni en goût, ni en originalité, ni en grâce élégante, aux œuvres de la péninsule italique.

Mais cependant si la transformation fut complète dans le style, il n'en fut pas de même dans l'art de la construction.

Les châteaux transformés conservèrent leurs tours, derniers vestiges d'une puissance militaire désormais inutile. Les longues pentes des toits furent embellies par des cheminées monumentales, par des lucarnes aux dentelles de pierre, et par des pinacles, souvenirs gracieux de l'époque ogivale.

Les églises se construisirent pour la plupart suivant les traditions nationales, avec ossature des voûtes par des nervures, avec meneaux et fenestrages des ouvertures ; mais le tout habillé selon le goût de la *Renaissance*.

Pourtant, à la même époque, le style ogival brillait encore ; mais c'était le dernier éclat qu'il jetait en France.

L'église de Brou, de 1511 à 1536, ce bijou sculpté par Michel Columb et Jean Perréal, ainsi que le Palais de justice de Rouen, offrent, en effet, des œuvres de transition qui vont clore pour longtemps la liste des monuments élevés dans le style du moyen âge.

A cette heure intéressante pour notre histoire, où la Renaissance fleurit sur la terre française, une lutte très vive s'engagea entre les partisans de l'ancienne architecture et ceux de l'art nouveau.

Ces derniers, par mépris, donnèrent à l'art ogival le nom de *Gothique,* c'est-à-dire de barbare, inventé par les Goths ; mot impropre, il est vrai, mais qui a prévalu dans l'usage.

Vers le milieu du xvie siècle, la France s'enorgueillit, à juste titre, d'une jeune pléiade d'architectes éminents qui, par leurs talents et leur génie, portèrent à son apogée la gloire de ses monuments : Jean Bullant, Philibert de Lorme, Pierre Lescot, qui, ayant étudié en Italie, construisirent le château d'Anet (1548), le Louvre (1646), l'Hôtel de Ville de Paris (1553), et les Tuileries (1564).

N'oublions pas de mentionner le fameux sculpteur Jean Goujon, dont le ciseau habile sut donner la vie aux chefs-d'œuvre exécutés par les célèbres architectes que nous avons nommés.

Malheureusement, l'élégante Renaissance française fut peu à peu délaissée et se rapprocha des modèles laissés en Italie et sur notre sol par l'architecture de l'ancienne Rome.

La colonnade du Louvre, de Perrault, décoration théâtrale plaquée, sans relation avec la belle architecture de Lescot, excita néanmoins l'enthousiasme des contemporains, mais exerça une influence fâcheuse sur l'art français.

Dès lors, on ne songea plus qu'à faire un pastiche de l'art ancien.

Le XVIIe siècle jeta sans doute un vif éclat, sous le règne de Louis XIV ; mais, dans l'art de l'architecture, sa grandeur ne fut qu'apparente. Arrive le XVIIIe siècle : et l'art, multipliant avec exagération les lignes contournées, devient bientôt comme le reflet de la société brillante et sensuelle qui vécut autour de Louis XV.

La décoration Pompadour, rocaille et rococo, affecte le mépris de la ligne droite (1).

Les années qui précédèrent la Révolution de 1793 nous montrent l'esprit antique dominant l'architecture. Le Panthéon, à Paris, en fut le fruit.

Plus tard, on se crut romain, parce qu'on avait la République et l'Empire ; aussi bien, les monuments de l'époque, l'église de la Madeleine, à Paris, par exemple (2), essaient-ils de faire revivre les arts de Rome dans toute leur pureté, sans tenir compte de la différence du climat, des coutumes et des mœurs.

C'est ainsi que l'architecture perdit toute originalité

---

(1) Pour être juste, il faut dire que cette décoration toute conventionnelle a parfois atteint, grâce au goût français, une originalité et une élégance véritables.

(2) L'église de la Madeleine, à Paris, est toute entière du XIXe siècle et l'œuvre de l'architecte Vignon (plans approuvés en 1807).
On avait bien, au XVIIIe siècle, commencé sur le même emplacement une église ; mais tout fut démoli par Vignon pour bâtir le *Temple de la Gloire* devenu l'église actuelle, moyennant certains changements dans le plan intérieur.

dans la froide copie de l'art romain, et que nos églises prirent l'aspect des temples païens (1).

De 1830 à 1850, il s'est produit toutefois une réaction salutaire. Les arts tombés dans un marasme complet se sont hardiment relevés, grâce à la littérature nouvelle et à la critique judicieuse qui leur donnèrent la première impulsion.

De savants archéologues firent connaître les richesses amoncelées sur notre sol français. Victor Hugo, dans son *Notre-Dame de Paris*, fit renaître l'amour de notre architecture nationale.

On se reprit à admirer nos vieilles cathédrales,

---

(1) A propos d'art architectural sous la République, l'Empire et la Restauration, périodes auxquelles on peut reprocher une imitation par trop servile et mal comprise de l'antique, nous ne pouvons pas taire les réflexions judicieuses que nous faisait un homme dont la compétence en matière d'archéologie est hautement appréciée. M. Vincent Durand que nous avons consulté après M. Dominique Girard, nous fait remarquer que, dans le mouvement d'opinion qui s'est produit alors en faveur de l'art du moyen âge, il y a eu une bonne dose d'inexpérience et d'enthousiasme irréfléchi. Ce n'est pas toujours pour les plus belles choses, dit-il, qu'on s'est passionné. Nous a-t-on assez assommés avec *les dentelles de pierre*, *les forêts* de nervures, etc. Cela allait de pair avec les chevaliers empanachés, les troubadours et les airs de pastorales. Il en est résulté deux inconvénients assez graves, qu'on a bien reconnus depuis. Le premier est la destruction, sous prétexte d'unité de style, de bon nombre d'œuvres de valeur, dont le seul tort était de n'être pas gothiques, c'est-à-dire à la mode. Le second est la construction d'une foule de monuments, d'églises surtout, en style prétendu du moyen âge, par des architectes insuffisamment pénétrés de l'esprit des constructeurs anciens. Pourvu qu'on fît pointu, on s'imaginait avoir fait merveille. On mettait complètement en oubli — et plût à Dieu qu'on ne le mît pas trop souvent encore! — cette règle fondamentale, que le module d'un édifice n'est autre que la taille humaine : d'où cette conséquence que l'échelle d'un monument ne peut être modifiée que dans des limites assez étroites, parce qu'il ne dépend pas de l'architecte de modifier dans la même proportion la stature des personnes qu'il doit contenir. En autres termes, les édifices sont faits pour les hommes, et non les hommes pour les édifices. Cela semble élémentaire ; et pourtant, combien de fois paraît-on ne pas s'en douter ! De là ces églises de campagne, au plan calqué sur celui des grandes cathédrales, où les points d'appui sont multipliés sans nulle nécessité, où l'on ne sait dans quel endroit placer un confessionnal, une chaise, des stalles ; où un trop grand nombre de paroissiens ne voient pas le prêtre ; où enfin l'effet de la perspective est médiocre et mauvais, parce que le plan visuel est relativement trop haut. Le mobilier, de son côté, laisse trop souvent à désirer. On croit imiter le moyen âge, et on fait des pastiches sans valeur artistique.

dont plusieurs avaient été mutilées par de maladroites restaurations et dont quelques autres tombaient en ruine.

L'élan était donné, mais ce fut pas sans une vive opposition de la part de ceux qui se disaient *classiques*.

Lassus et Viollet Le Duc furent les premiers architectes et historiens de cette rénovation nationale.

Notre-Dame de Paris, la Sainte-Chapelle furent restaurées par leurs soins. Ils retrouvèrent les principes et la raison d'être de cette poésie de pierre, qui, pour un grand nombre d'hommes, paraissait née de la seule fantaisie des artistes du moyen âge.

Les grands travaux de conservation et de restauration des monuments historiques de France furent également entrepris et menés à bonne fin.

Aujourd'hui, la voie est ouverte. On peut trouver des artistes, dans toutes les branches de l'industrie, possédant à fond les secrets du moyen âge et de l'époque de la *Renaissance*. Ils sont à la hauteur de leur mission. L'architecte conçoit et exécute de vraies merveilles ; le sculpteur est maître de son ciseau, au point qu'il ne manque à ses œuvres que la vie, à l'instar du Moïse de Michel-Ange ; et la peinture sur verre, ayant retrouvé les anciens procédés, offre aux regards étonnés, avec le plus parfait dessin, les couleurs les plus douces et les plus variées.

L'art français est en train de reprendre son influence prépondérante. Et en voyant, sur les collines de Fourvières et de Montmartre, les deux fameux monuments élevés à la gloire de la Reine des Cieux et de Jésus, Sauveur du monde, on a le pressentiment que les arts en France fourniront encore de belles et glorieuses étapes.

Nous ne pouvons clore cette esquisse de l'histoire de l'architecture en France, sans exprimer notre profonde admiration pour ces prodigieuses constructions métalliques que les perfectionnements de l'industrie ont permis d'élever, en notre XIXe siècle.

L'architecture métallique n'était pas inconnue des anciens; mais la métallurgie, il y a trois ou quatre siècles, était dans l'enfance. Aussi bien, les architectes du moyen âge n'en ont pu faire que des applications très restreintes.

Il nous était réservé de voir se créer un style nouveau, par l'emploi de matières nouvelles, style dont les palais d'Exposition, les gares de chemins de fer, les viaducs entre deux collines, les ponts sur les fleuves, les halles, et même quelques églises, nous font admirer de splendides manifestations (1).

---

(1) La fameuse tour Eiffel, l'immense galerie des machines, monuments que tout le monde a admirés à Paris lors de l'Exposition de 1889 ; la coupole aux proportions gigantesques de l'Exposition de Lyon 1894, et l'audacieux pont de Garabit, resteront, en France, comme les types les plus remarquables et les plus prodigieux de cet art nouveau qui consiste à se servir du fer pour **élever des chefs-d'œuvre.**

CHAPITRE PREMIER

LE VILLAGE DE CHEVRIÈRES

ET

LES FORÉZIENS

DES

MONTS DE LA RIVE DROITE

DE LA LOIRE

VUE DU VILLAGE DE CHEVRIÈRES

CHAPITRE Ier

LE VILLAGE DE CHEVRIÈRES
ET LES FORÉZIENS DES MONTS DE LA RIVE DROITE
DE LA LOIRE

§ I

Les maisons du village de Chevrières (1) (Loire) sont pittoresquement groupées sur un plateau élevé de 650 mètres au-dessus du niveau de la mer, au milieu de prairies verdoyantes, de terres bien cultivées et de gracieux bouquets de pins.

(1) Arrondissement de Montbrison, canton civil de Saint-Galmier et canton ecclésiastique de Chazelles-sur-Lyon (Loire).

Du haut du mamelon, aux flancs duquel rampent les chaumières du bourg (1) et dont le point culminant n'est pas à plus de 500 mètres du clocher, la vue s'étend sur le plus vaste et le plus riant panorama que l'on puisse imaginer.

A l'Ouest, la haute et longue muraille des monts du Forez avec leurs cimes uniformément arrondies (2), leurs épaules couvertes de noirs sapins ; tandis que leurs flancs sont émaillés d'une multitude de pittoresques villages et que leurs pieds se baignent dans les eaux tranquilles de la Loire.

Au Midi, les collines ondoyantes et boisées de Saint-Héand, de Fontanay et de Grammont.

Au Nord, les verts coteaux de Chazelles et de Maringes dominés dans le lointain par le mont Tarare (3) et ses prolongements vers les Sauvages et Panissières.

A l'Est, la profonde vallée de la Coise, s'élevant graduellement de Saint-Denis jusqu'à Saint-Symphorien-le-Château, et à laquelle les cimes sombres de Pomeys, de Duerne et de Larajasse forment comme un riche encadrement.

---

(1) Le mamelon qui domine le bourg de Chevrières est appelé Rampeaux ou Rapeaux, d'après les uns, du verbe latin *Rapere* gravir, et d'après les autres du mot français *Rameaux* par corruption *Rampeaux*, parce que de temps immémorial on fait à Chevrières la procession, le jour des Rameaux, jusqu'à la croix qui se dresse sur ce monticule. Nous avons trouvé dans le *Recueil des Inventaires et titres du comté de Forez*, par Aug. Chaverondier, Lyasse VI n° 323, cette note qui prouve que Rampeaux se disait jadis pour Rameaux comme encore de nos jours : Item, une lettre scellée en cire verd, du mardi avant Rampeau (pour avant les Rameaux), année 1306. — De Rameau à Rampeau, il n'y a que l'apposition d'une lettre en plus. Du reste, dans le patois forézien, on dit : Faire bénir des rampeaux...

(2) Pierre-sur-Haute, la cime la plus élevée des monts du Forez, est haute de 1640 mètres.

(3) Le mont Tarare au sommet duquel se dresse la tour Matagrin est à 1.004 mètres au-dessus du niveau de la mer.

Il faudrait aller loin pour trouver un belvédère aussi bien placé, et permettant au spectateur de jouir d'un panorama aussi admirable et aussi gai.

La Suisse offre des sites pittoresques et variés. Elle n'en possède pas de plus vastes ni de plus imposants.

Mais en parcourant de ses regards étonnés l'immense et riant horizon qui se déroule devant lui, le touriste les arrête d'abord, comme par une invincible curiosité, sur une lourde tour carrée qui, placée là-bas en tête de la longue file de maisons échelonnées sur la croupe de Rampeaux, donne l'idée d'un chef à la tête d'une colonne de guerriers; et il se demande ensuite quelle est, au bout du village, cette construction noircie par le temps, plus haute que les peupliers géants d'alentour et qui, en s'élançant des toits irrégulièrement surbaissés des habitations, fait rêver des manoirs féodaux.

Ici, c'est le vieux et intéressant beffroi de l'église gothique dont nous donnerons, dans la suite de cet ouvrage, l'intéressante monographie.

Là, ce sont les deux vieilles tours jumelles qui jadis commandaient le pont-levis du fameux château-fort des Mitte de Chevrières : derniers et précieux vestiges de la grandeur et de la puissance d'une famille forézienne qui, du XIVe au XVIIe siècle, donna à la France un grand nombre d'illustres personnages et de vaillants chevaliers.

Que de choses intéressantes nous raconteraient ces trois curieux témoins d'un passé de près de quatre siècles, si chacune de leurs pierres avait une voix !

Souvenirs imposants d'un âge plein d'hommes et

de choses, leurs grisâtres silhouettes, en demeurant une page attrayante de notre histoire locale, donnent encore au paysage vert qui les ceint, quelque chose de médiéval qu'on ne se lasse pas de contempler.

Aussi bien, comprends-je dès aujourd'hui la vérité du langage à la fois naïf et fleuri d'un vieux parchemin du XVIe siècle (1) s'exprimant ainsi :

> Le pays de Chevrières serait une chose à voir plutôt qu'à lire. Quoique un peu montagne, il est des plus agréables. Tous les fonds estant bien travaillés, n'y en ayant aucun d'incultes, et dont la plus grande partie est couverte d'arbres fruitiers. Ce qui donne une vue des plus charmantes, particulièrement au printemps, par la diversité des fleurs que produisent ces arbres (2).

Le nom de Chevrières donné à cette commune de 1405 âmes (3) vient, dit-on, du grand nombre de chèvres élevées autrefois par les paysans de la contrée.

L'expression latine *caprariæ, caprariarum* (4) que l'on trouve dans les vieux manuscrits, à partir du XIIIe siècle, et qui est un composé de *capra*, chèvre, justifierait le sens de cette étymologie. On pourrait peut-être, avec un peu plus de poésie, trouver une raison de ce nom propre dans le caprice des collines qui

---

(1) Archives de la paroisse.

(2) Dénombrement de la terre de Chevrières. Manuscrit de la bibliothèque du château, XVIe siècle.

(3) D'après un mémoire sur le comté de Chevrières, cette paroisse ne comptait, en 1774, que 800 habitants (archives du château). Le même mémoire donne 450 habitants à Saint-Médard et 280 à Aveizieux. — Les habitants de Chevrières, ajoute le mémoire, sont sages et très industrieux. Ceux qui n'ont point de terres à cultiver, commercent en veaux pour Lyon, en fil pour les toiles qui vont dans nos colonies. Les autres font des chapeaux, des clous, de la serrurerie et de la taillanderie (29 mars 1774).

(4) A cause du nombre pluriel appliqué au mot latin, nous soutenons qu'un doit écrire Chevrières avec un *s* à la fin.

ondoient tout autour du groupement des maisons du village de Chevrières.

Mais nous laissons à d'autres le soin d'interpréter un mot dont l'apparente rusticité cache les plus intéressants et les plus glorieux souvenirs.

Car ce nom de Chevrières a eu ses gloires, comme nous le verrons plus loin.

Il est peu de villages, en effet, dont l'histoire offre aux lecteurs des personnages et des événements aussi dignes d'intérêt, à savoir :

L'antique manoir des Mitte de Chevrières, où vécut pendant plus de quatre siècles une des plus illustres familles seigneuriales de notre France féodale ; puis, la vieille église *gothique*, œuvre de la Renaissance, où tant de générations à la foi légendaire sont venues s'agenouiller et prier ; enfin, cette poignée de braves paysans et de solides chrétiens qui, en 1793, et sous le commandement d'un des leurs, Antoine Croizier, dit *le Roi*, eurent le courage, à l'instar de leurs frères de la Vendée, de s'organiser et de marcher à la défense de la Religion et de la Royauté...

En faut-il davantage pour piquer la curiosité et exciter l'intérêt de l'amateur des choses du passé et de l'histoire des hommes !

§ II

Comme tous les villages qui ont grandi aux pieds des remparts d'un vieux castel féodal, et qui ne se sont développés que plus tard sur ses ruines, Chevrières garde, dans ses mœurs et dans sa situation topographique, quelque chose de médiéval.

Et si la chaumine du Forézien des cantons montueux de Saint-Galmier et de Saint-Héand ignore le luxe malsain de nos villes modernes ; s'il demeure lui-même simple dans ses goûts, c'est qu'il a gardé le culte du passé, c'est que, surtout, il a hérité de la foi *solide* de ses ancêtres.

M. André Steyert, dans son avant-propos au savant ouvrage de M. F. Thiollier, *le Forez pittoresque et monumental*, nous trace un portrait très original et fort vrai du Forézien, de celui qui habite la plaine.

Nous avons cette belle page sous les yeux, et nous nous en sommes inspirés pour esquisser la physionomie du Forézien de notre région, avec des traits sinon différents, du moins un peu plus accentués et saillants.

D'ailleurs, les terres de nos plateaux ne sont-elles pas mouvementées, en même temps que hérissées de rocs en saillie, tandis que les *chambons* de la plaine sont uniformes et n'ondulent que légèrement ?

Or, s'il est vrai que chaque pays fournit ses productions, il n'est pas moins certain que chaque contrée porte ses habitants et vit de ses mœurs particulières.

Le Forézien, qui habite les hameaux étagés sur les gradins des montagnes du matin, est le maître d'une région très pittoresque, riche en effets grandioses, en spectacles variés et en lignes tourmentées.

Collines aux flancs boisés, s'enchevêtrant les unes dans les autres ; combes profondes, animées par la voix du ruisseau bruyant ; crêtes de coteaux et de monts, couronnées par de noirs et frémissants bouquets de pins ; vallées étroites, sillonnées des sinueux sentiers qui conduisent aux hameaux ; solitudes égayées par le chant rare de l'oiseau et par le mouvement du travail... telle est la terre où naît, vit et meurt le paysan laboureur de nos campagnes.

On comprendra maintenant que le portrait que nous allons en faire, offre au lecteur quelques traits plus rudes et plus saillants qui, en le différenciant de celui de ses frères de la plaine, ne lui ôtent cependant point l'air de famille.

L'habitant du département de la Loire n'est point en général d'une haute stature : sa taille moyenne n'excède guère 1 mètre 61 centimètres. Le Forézien a les cheveux ordinairement châtains. Mais, dans la montagne, leur couleur est plus claire. Les habitants de ces hautes parties du département (1) sont aussi plus colorés ; les apparences d'une santé plus robuste brillent sur leur visage.

La douceur et la bonté sont les qualités dominantes de son caractère.

Toutefois ces traits se montrent plus prononcés dans la montagne que dans la plaine, dit M. J. Duplessy dans son *Essai de statistique sur le département de la Loire* :

> Là, les mœurs sont plus douces et presque patriarcales, l'attachement à la religion plus vif, le culte des ancêtres plus vivant.
> L'amour de cette religion, et l'attachement au gouvernement légitime ne se sont jamais affaiblis dans cette contrée. Plusieurs communes et des cantons entiers (2) en ont donné des preuves en accueillant et en sauvant, au risque des plus grands périls

---

(1) Et nous parlons ici tout particulièrement des cantons de Saint-Galmier, de Saint-Héand, et de la partie Nord du canton de Feurs.

(2) Les cantons de Saint-Galmier, de Néronde. — Les communes de Chevrières, de Saint-Denis-sur-Coise, de Saint-Médard, etc.

et dans les plus fortes crises, les victimes que le rang, la fortune ou les opinions vouaient à l'échafaud.

Et Lyon peut attester l'ardeur et le zèle des Foréziens qui, en 1793, concoururent avec les courageux habitants de cette grande cité, à soutenir ce siège qui les a immortalisés ; événement dont les suites furent terribles pour le département de la Loire, et surtout pour l'arrondissement de Montbrison, où plus de 120 chefs de familles périrent frappés par les commissions ou tribunaux révolutionnaires.

Laborieux et actif, le paysan de nos hauts plateaux jouit avec plaisir des biens que ses pères lui ont laissés. Et, comme il a le culte des ancêtres et que tout ce qui leur a appartenu lui est sacré, il se fait un devoir de faire prospérer son lopin de terre et de l'arrondir pour le bonheur de ses enfants.

Bien que préoccupé du soin pénible d'élever sa famille, toujours très nombreuse, il connaît les joies honnêtes, la cordialité et le franc rire des cœurs sans ambition et des consciences sans remords.

Les sillons de son champ, les fourrés de ses taillis, les sentiers de son hameau entendent souvent ses refrains joyeux.

Et s'il a parfois des heures tristes après que l'orage a emporté les fruits de ses pénibles labeurs, il sait cependant ne pas désespérer, car il est profondément croyant.

D'une main courageuse, reprenant alors son *arôre*, il pique avec vigueur devant lui ses grands bœufs, dont les robustes fronts fendent encore la dure terre pour de nouvelles moissons.

Sans avoir l'âpre amour du gain qui stimule le labeur implacable de l'Auvergnat, il aime cependant avoir quelques écus en réserve, pour parer à l'imprévu.

Sa franchise n'a pas la rudesse de celle du *Gaga*, mais elle est tempérée par une saine discrétion.....

Sa lenteur d'esprit n'enlève rien à son intelligence qui, une fois développée, est capable de grandes choses, tout comme celle de ses voisins les Roannais et les Lyonnais.

Le goût du luxe ne lui tient pas tellement au cœur qu'il sacrifierait sa vie tranquille et son substantiel repas au décor de sa chaumine et à l'éclat de sa toilette.

Il aime mieux son estomac plein, sous une veste de drap grossier, qu'un *ventre de son* sous un habit de velours.

On le dirait philosophe à ses heures, et assez bon juge de la vie pour savoir borner ses désirs et les empêcher qu'ils ne viennent troubler la jouissance du peu qu'il possède. Il connaît *l'aurea mediocritas*, d'Horace, et en fait sa devise.

Sa vie de travail, sa table frugale, ses mœurs honnêtes sans être austères, l'absence de toutes ces grandes commotions intimes qui, en notre siècle d'affaires difficiles, tuent plus l'homme que le glaive de la guerre, les douces joies de la famille et surtout la parfaite tranquillité d'une âme guidée et réconfortée par la religion, lui assurent des jours longs et paisibles.

Ils ne sont pas rares, sur nos montagnes, les vieillards de quatre-vingts ans, dont les facultés sont libres encore et les bras toujours forts aux travaux.

Une telle vie, quelque peu patriarcale, comme nous l'avons dit plus haut avec M. Duplessy, menée loin du bruit des grandes cités, exempte de la fièvre des affaires et des secousses de la fortune, est restée empreinte d'un cachet de naïveté dont le charme est d'autant plus puissant, qu'en cette fin de siècle, la douce, la religieuse simplicité du temps *jadis* est presque un mythe.

Et, pour intéresser le lecteur avide de nouvelles *vieilles choses*, qu'il nous soit permis d'extraire d'une ancienne *gazette* démodée les histoires suivantes, qui lui peindront dans un cadre des plus pittoresques les mœurs d'une époque trop tôt disparue.

Mais qu'il veuille bien ne pas sourire au titre un peu naïf qui ouvre les pages écrites ci-après....

Une génération, qui, tout près de la nôtre, a cru aux lutins et aux dragons volants, nous offre un intéressant phénomène de cette vie *à la bonne franquette*, qui faisait de nos pères les hommes les plus faciles, les plus accueillants, les plus fidèles et les plus *braves*, comme aussi les plus croyants qu'il fût jamais.

§ III

HISTOIRE D'UNE PIE, D'UN DRAGON, D'UN LUTIN

C'était fête au village. Les notables avaient choisi ce jour pour souhaiter la bienvenue aux nouveaux habitants du château, notre ami E. Neyrand et sa femme. Je ne saurais te dire ce que cet accueil avait de grave et de touchant. Le bon curé, le maire et les autres étaient visiblement émus et, mieux que leurs paroles, leurs regards et leur attitude témoignaient d'une joie sincère. Le fait est qu'on se réjouirait à moins. Ils connaissaient Elisée Neyrand, de longue date ; ils l'ont, à l'unanimité, proclamé maire présomptif. Ils ont à première vue aimé leur gracieuse châtelaine. Je les aurais bien défiés de faire autrement.

Ce n'est pas seulement, du reste, cette preuve d'intelligence et de goût qui m'a donné bonne opinion de cette population, la meilleure et la plus religieuse, je t'assure, qui se puisse rencontrer à cent lieues à la ronde.

Pas un homme n'a manqué la messe ; presque tous ont chanté vêpres, et jusqu'au soir les cabarets étaient déserts. Aussi, y a-t-il, en général, sur les physionomies, je ne sais quoi d'affectueux et de serein, et, dans les vêtements et les habitations, un aspect d'aisance et de bien-être qui réjouit. Je ne te garantis cependant pas la parfaite impartialité de mes impressions, car j'ai vu tout cela un dimanche, par un magnifique soleil, avec beaucoup de joie dans l'âme, et sachant que tous ces braves gens, à deux ou trois exceptions près, mettent, depuis 1848, des bulletins du blanc le plus pur dans l'urne électorale.

Ah! grand Dieu, je penche, ce me semble, à te parler politique.... à un ami comme toi, et par lettre non affranchie....... ce serait impardonnable. Je m'arrête à temps, car, aussi bien, ma missive prend des proportions majuscules, et je ne t'ai pas achevé la véridique histoire de la pie de Monjassoux, par laquelle je commençais cette lettre. Je te disais que c'est A... qui parle après dîner, à l'ombre des grands châtaigniers, avec l'esprit et la verve que tu lui connais. Voici l'histoire complète, moins les accessoires, le ciel bleu, l'air parfumé, l'excellente digestion, les grandes ombres, et surtout l'esprit du narrateur.

C'était à la Saint-Hubert de 1834. Les chiens menaient un grand lièvre, le cinquième de la journée. Je l'attendais à mon poste, près de la Combe-Neyron, lorsqu'un coup de fusil partit à cinquante pas de moi. Je crus le lièvre mort, mais les chiens donnaient toujours de la voix; seulement, la chasse était détournée, et je les entendis s'éloigner du côté de Saint-Médard. Je n'avais plus rien à faire, là où j'étais; je m'en fus aux renseignements, du côté où le coup avait été tiré.

Je vis, sur la lisière du bois, M..., un jeune homme qui faisait son début, et qui avait, dans la matinée, blessé deux chiens et manqué trois lièvres. Je le trouvai tout pâle, en arrêt sur une pie, qui avait du plomb sous l'aile et qui se débattait dans les broussailles. Je lui demandai s'il avait peur de se piquer les doigts....

— Non, me dit-il tout effaré et en me montrant du doigt la bête expirante, c'est.... c'est.... le.... le diable....

— Diable! fis-je à mon tour. Voyons donc! Si c'est Satan, il faut lui tordre le cou; il est habitué à rôtir, nous le mettrons au pot; ça le changera.

Encouragé par ma présence et un peu honteux de sa peur, il saisit l'oiseau par les pattes.... mais il secoua la main comme s'il eût touché un fer rouge, quand l'animal furieux agita ses ailes et lui cria de sa voix la plus aigre : salope!!! Je laissai tomber mon fusil et m'appuyai contre un chêne en riant à ventre déboutonné.

Il y avait de quoi rassurer mon compagnon qui, cependant, regardait ses doigts et s'assurait qu'ils ne sentaient pas le roussi. Quand je pus parler, je lui expliquai qu'il soupçonnait à tort cette pauvre pie d'accointances avec Belzébuth. Elle appartenait au maître d'école de Saint-Galmier, et, de toutes les gracieusetés que lui enseignaient les élèves en l'absence du professeur, elle n'avait retenu, à son heure dernière, que la foudroyante apostrophe qui l'avait si fort effrayé. M..., à qui je promis de taire, jusqu'à nouvel ordre, l'aventure, finit par en rire avec moi, et elle nous amena à parler très gravement des dangers de l'éducation universitaire et des mauvaises compagnies.

Depuis lors, M... raconte, chaque année, au dessert du dîner de la Saint-Hubert, l'histoire de la pie de Monjassoux.

Il est devenu chasseur émérite et n'a plus, depuis ce jour, tué d'autre animal apprivoisé qu'un canard, encore était-ce un canard muet.

Ce récit nous avait mis en goût, et j'insistai pour obtenir du père Rousset l'histoire de son dragon. Il nous affirma qu'un matin, s'en allant en chasse, il y a bien vingt ans de cela, il entendit un grand bruit à travers les hêtres et les ormeaux dont les cimes s'inclinaient comme sous un ouragan. Il se colla contre un arbre, l'œil au guet, le fusil armé, et attendit. Il était à vingt pas d'une source qui jaillit, pure comme du cristal, d'une coupe de sable fin, et va, en murmurant, se perdre sous la mousse. Il vit le dragon, qui baignait sa langue rouge dans la fontaine et lapait à grandes gorgées. C'était un corps de lézard colossal, couvert d'écailles d'acier, avec une tête où se confondaient, dans un horrible accouplement, toutes les horreurs phrénologiques du bouledogue et du serpent. Il avait, comme tout dragon vêtu suivant l'ordonnance, le dos vert et l'estomac couleur de feu. C'était, en terme de vénerie, un beau coup de fusil, car l'animal possédait un diamant monstrueux, auprès duquel le Régent et le Koh-énor ne seraient que de pâles graviers.

Comme c'était dans sa gueule que d'ordinaire il portait son trésor, il l'avait déposé pour boire. Il était là, étincelant comme le soleil et gros comme un pavé. Le chasseur n'en pouvait supporter l'éclat. Au premier moment, il eut peur.... Tu ris, je gage ! Ah ! je voudrais, pour ta peine, te voir, même avec un fusil à deux coups et du plomb de lièvre, en face d'un pareil gibier.... Pourtant la vue du diamant et la pensée d'une bonne œuvre à faire (car on accusait le dragon d'une foule de méfaits) ranimèrent le père Rousset qui visa au cœur et fit feu de ses deux amorces. Un cri affreux retentit jusqu'à Saint-Symphorien, à trois lieues de là, à ce qu'affirmèrent des gens dignes de foi. Le père Rousset ne vit plus rien... il attendit quelques minutes et courut à la place où était le monstre. Il trouva de larges flaques de sang noir qui fumait encore ; les traces profondes de quatre pieds fourchus ; une énorme branche de chêne brisée comme un roseau, et, à la place où reluisait le diamant, un charbon éteint. Un petit berger lui dit qu'au moment où il avait entendu deux coups de fusil, il avait vu passer devant le soleil un grand nuage qui avait des ailes.... Le dragon avait quitté cette terre inhospitalière, où l'on tirait sur les gens qui portent des diamants. Le père Rousset espère qu'il est allé se faire pendre ailleurs, car oncques depuis nul n'en ouït parler. La source où buvait le dragon a gardé un goût de soufre très prononcé ; elle a une vertu souveraine pour guérir les migraines et cicatriser les blessures (1).

Les aventures dont nous parla Grandjean sont moins dramatiques. C'est la petite pièce, après la grande. Le lutin était un voisin désagréable, un mauvais plaisant, mais point méchant cœur, et tout à fait sans rancune. Il semble avoir quitté le pays, car, depuis 1848, il n'a pas fait parler de lui. Grandjean croit que c'est un lutin blanc qui a émigré, voyant qu'il n'y avait plus à rire, et qu'on parlait politique pendant les veillées. Grandjean l'a, de ses propres oreilles, entendu, ce qui s'appelle entendu, dérouter les chantres du lutrin par des notes sans nom, fausses comme Judas.

Il avait un goût très prononcé pour le jeu de boules, et, à l'époque où il avait élu domicile chez Grandjean, on l'entendait toutes les nuits, au grenier, roulant, pointant, tirant avec une ardeur et un vacarme à réveiller les cendres. Il ajustait des queues de papier derrière l'habit de M. le Maire, quand ce magistrat allait au chef-lieu ; il cassait les bouteilles de l'épicier ; attachait des casseroles à la queue des chiens ; pinçait les jeunes filles pendant vêpres pour les faire rire, et tirait méchamment le surplis du vicaire pour le distraire au prône.

(1) Aujourd'hui encore, on montre au bois de Messilleux et dans le pré du Sire, la fontaine dite du Dragon, dont les eaux ont une odeur de soufre.

Grandjean trouva un jour toutes ses vaches attachées au râtelier par la queue.... Inutile de t'expliquer pourquoi les pauvres bêtes eurent faim toute la nuit et ce qu'on trouva le lendemain dans les crèches.

Un jour de conférence, M. le curé avait à dîner dix de ses confrères. La vieille Marion descend à la cave une heure avant dîner, se baisse, tourne un robinet et remplit quelques bouteilles. Mais voilà que le robinet ne se ferme plus..... Marion met l'index sur l'ouverture. Au même instant, une main invisible ouvre le tonneau voisin.... Marion effrayée y applique la main qui restait libre et reste, deux heures durant, dans la position que tu vois d'ici.... Pendant ce temps, le rôt se calcine, les sauces brûlent, le pot-au-feu se répand, et le chat, familier de la cuisine, mange les épinards. Les invités affamés s'inquiètent, cherchent et trouvent enfin la pauvre Marion, les bras tendus, qui, à leur arrivée, lâche les écluses et s'évanouit après tant de fatigues, d'émotion et de colère. L'arrivée des soutanes avait effrayé le lutin... Tous les robinets se fermèrent, et l'on dîna comme on put.

Un esprit fort du village, un gars robuste et alerte, s'était un soir moqué du lutin et de ceux qui y croyaient. Armé d'une énorme branche de coudrier qu'il glissa sous son drap, il alla se coucher et s'endormit en disant : Je l'attends. Il n'attendit pas longtemps. Le lutin fit tomber ses couvertures, s'accroupit sur sa poitrine, le regarda longtemps avec ses yeux verts, lui pinça le nez, lui tira les oreilles et le laissa couvert d'une sueur froide et horriblement enrhumé.

Grandjean dit que ce fut bien fait. Il y a mille traits aussi convaincants : mais ton opinion doit être faite, et je crois inutile de poursuivre ma démonstration et mon récit.

> Les lutins s'en vont.... comme les rois.
> Grandjean prétend qu'ils reviennent.

§ IV

Ce qui ne s'en va pas encore fort heureusement, et qui demeurera tant que nos collines boisées ne répercuteront pas l'aigre sifflet de la locomotive courant avec son panache blanc sur les rails d'une voie ferrée, c'est l'amour de la religion et du travail ; c'est l'horreur du luxe et de la folle dépense ; c'est enfin la vie simple et frugale, c'est cette heureuse disposition d'esprit qui porte les fils à dire avec un certain orgueil : « — Mon père a été un croyant, un modeste, un travailleur, — je vivrai comme mon père. »

Au point que si les morts qui dorment depuis deux et trois siècles là-bas dans le vieux cimetière soulevaient leur pierre tombale pour revivre quelques jours parmi leurs petits-enfants et arrière-petits-enfants, ils reconnaîtraient encore le siège de bois où ils prenaient place jadis près du foyer pendant les longues soirées d'hiver, la vieille armoire où ils gardaient précieusement les souvenirs de la famille.

En parcourant les sentiers tortueux qui mènent aux hameaux, leurs regards se reposeraient encore sur les mêmes toits gris, les mêmes champs dorés, sur les mêmes collines boisées.

Et au carrefour des villages, ils verraient comme autrefois les groupes de paysans et de paysannes se reposer d'une rude journée de labeurs, en causant gaiement, ou en caressant, assis devant la porte de leur demeure, la tête blonde de quelques enfants.

S'ils revenaient, les anciens de notre village, ils seraient peut-être étonnés de constater que leurs descendants, sous des dehors de civilisation moderne, ont gardé, au fond de leur âme, le culte de leurs humbles chaumières, de leurs vieux usages et de leur langage si rustique et si pittoresque.

En effet, aujourd'hui comme au « temps jadis », les maisons qui se cachent au fond de nos vallées comme celles qui s'élèvent aux flancs de nos collines, sont construites en « pisé », bien que la pierre abonde parfois, et tout simplement parce que les frais d'extraction sont trop grands. Les fondations, toujours en pierre, s'élèvent jusqu'à 1 mètre au-dessus du sol.

Rarement les « *pieds-droits* » et les « *couvertes* » des portes et des fenêtres sont faits de blocs de pierre taillée; le plus souvent ils sont en bois et forment des espèces de châssis autour desquels l'ouvrier maçon établit le « pisé ».

Elevées d'un étage, et entourées de toutes les dépendances exigées par les besoins d'une exploitation agricole, les habitations de nos campagnes offrent encore l'aspect modeste d'il y a un siècle. Portes basses, fenêtres de forme carrée; grand portail aux ais de sapins disjoints donnant accès, au moyen du traditionnel loquet de bois, d'abord dans une vaste cour intérieure flanquée de son hangar où s'entassent pêle-mêle, avec les instruments de labour, les fagots de bois, les bottes de paille et les lourds chars; et ensuite, par une porte disloquée, dans un rez-de-chaussée dont la pièce la plus spacieuse sert à la fois et souvent de chambre, de cuisine et d'atelier (1).

Rien n'est changé dans la ferme, et, au-dehors, ce sont encore les mêmes travaux.

Les moissonneurs vont toujours, le *volant* à la main, le long des sillons, courbés à la file les uns des autres, sous les ardeurs du soleil ; et si la moderne machine à battre le grain a remplacé la plupart des solides *batteurs*, dont le rythme cadencé faisait naguère encore retentir le *suel*, cependant ils ne sont pas rares encore les modestes fermiers qui, sous le « chapis », pendant les jours de neige et de bise, se réchauffent en battant de leurs rudes fléaux les gerbes déliées de leurs *plongeons* d'avoine ou de blé.

Si nos anciens revenaient, ils verraient encore nos vieillards vêtus du pantalon et de la veste de gros drap, du chapeau rond à grands bords ; ils verraient nos grand'mères filer leur *cologni* de laine, près de la vaste cheminée où pétille la bûche de chêne ou de pin. Et, aux jours de fête, ils se réjouiraient de voir leurs têtes blanches coiffées du légendaire bonnet blanc, tandis que leur taille courbée se cache modestement sous l'ampleur d'un tartan, ou que leurs épaules se dissimulent sous les plis d'un foulard éclatant, mis en pointes sur une robe de laine aux couleurs sombres.

(1) Atelier de soieries. A Chevrières, un certain nombre d'habitants tissent la soie pour des négociants de Lyon, dont les comptoirs sont à Chazelles-sur-Lyon.

Car ainsi se vêtent encore tous ceux qui, rebelles aux caprices d'une mode inconstante, gardent profondément gravé dans leur cœur l'amour des vieilles coutumes foréziennes.

§ V

Les coutumes foréziennes ! Mais, il y en a de très anciennes et très pittoresques, dans nos contrées montagneuses et heureusement encore ignorantes de ces transformations *fin de siècle* qui, marquées au coin d'un progrès né d'une civilisation par trop raffinée, sont, à notre humble avis, plus nuisibles qu'utiles aux âmes, qu'elles énervent et abâtardissent. Ainsi, en nos temps troublés et à une époque où la foi et ses œuvres tiennent si peu de place dans la vie de certaines individualités et de certains milieux, dans notre chrétienne paroisse de Chevrières, on fait encore la prière en commun dans les familles; on salue avec respect la vieille croix gothique qui borde le chemin; on place ce signe adorable de notre Rédemption sur le faîte des maisons; on le cloue sur la porte de sapin des habitations et des écuries; et, chaque fois que ces dernières sont bâties à neuf ou que leurs hôtes y sont visités par l'épidémie, le prêtre est appelé pour les bénir.

Aux jours où les familles en deuil font chanter à l'Eglise les prières pour leurs défunts, les pauvres sont invités à l'office, et reçoivent, pour leurs prières, l'aumône du pain de la charité.

Quand arrive la fête de la Grande Commémoraison des Morts, il n'est pas de famille qui ne se fasse représenter, par un ou plusieurs de ses membres, à la pieuse procession qui, à l'aube du jour, monte de l'Eglise au cimetière, en murmurant le *De Profundis.*

Et, là, qui dirait les larmes et les prières versées par les vivants sur les tombes chéries de leurs morts !.

Car, Dieu soit béni ! elle existe encore, parmi nos braves paysans, la louable habitude de songer beaucoup aux défunts, et de préférer les prières qui les soulagent aux fleurs qui se fanent, et n'apportent aucun adoucissement à leurs douleurs.

Il n'est pas jusqu'aux jeunes conscrits qui, chaque année, avant de plonger la main dans l'urne pour en tirer un numéro, ou avant de quitter la famille pour la caserne, ne se cotisent pour faire célébrer une messe, afin d'attirer sur eux les bénédictions du Dieu des armées.

Ce n'est pas tout. Ils font encore bénir les semences, avant que de les confier à la terre, nos religieux foréziens ; et ils savent offrir à Dieu les prémices de leurs récoltes, en faisant, chaque année, la part des pauvres et des Ecoles Chrétiennes.

Demandez-leur pourquoi, à chaque maladie de leurs petits enfants, ils les apportent à l'Eglise et leur font lire l'Evangile selon saint Jean *In principio erat Verbum* ou pourquoi encore ils les vouent à saint Benoît ?

Pourquoi, dans la Récitation du *Confiteor*, ils ne manquent jamais de joindre le nom de saint Maurice, patron de la paroisse, aux noms des apôtres Pierre et Paul ?

Pourquoi ils chôment, tout comme un dimanche,

les lundis de Pâques et de Pentecôte, les fêtes de saint Etienne, de saint Jean-Baptiste, etc.

Pourquoi, enfin, ils ne manquent jamais de faire chaque année, pour eux, le pèlerinage de Valfleury et, pour leurs bestiaux, ceux de Saint-Savin, de la Trinité, de Saint-Ennemond, etc...

Interrogez-les sur ces vieilles et pieuses coutumes, et ils vous répondront que leurs ancêtres ont toujours fait ainsi, et que, croyants comme eux, ils veulent, par respect et amour, marcher sur leurs traces.

§ VI

Nous venons de parler de coutumes inspirées par la Religion, mais notre travail serait incomplet si nous ne disions un mot des usages profanes. Nous n'esquisserons que les principaux et les plus saillants, ceux en un mot dont l'originalité est capable d'intéresser le lecteur et de lui donner une idée juste des mœurs de nos Foréziens du XIXe siècle.

Une de ces coutumes bizarres, à laquelle nous avons essayé de trouver sa raison d'être en la rapprochant d'un fait de l'histoire religieuse, consiste à briser *la quintaine,* du jour de la fête balladoire, ou *vogue annuelle.*

Au moyen âge, la quintaine était un poteau contre lequel les chevaliers s'exerçaient à courir avec la lance, ou à jeter des dards; et le quintan était un mannequin monté sur un pivot, dont la main, armée d'un fouet ou d'un bâton, venait donner un coup au cavalier qui le frappait maladroitement avec la lance pour le faire tourner.

De nos jours, les jeunes gens ne s'exercent plus à courir contre un poteau avec une lance, ni à frapper du fouet un mannequin plus ou moins pivotant ; mais, ayant d'abord planté sur la place publique un mât au haut duquel flotte le drapeau national, ils y suspendent une espèce de coffre en bois dont les flancs mobiles cachent quelques pigeons roucoulants ou quelques vieux matous, et, les yeux bandés, ils vont à tour de rôle briser, avec un gourdin, la fragile prison.

Nous passons ici sous silence les gestes et les rires dont la foule accompagne la dramatique délivrance des pauvres prisonniers.

Bien que ce jeu paraisse tout profane, nous avons voulu y voir un souvenir de l'acte héroïque de saint Maurice refusant à Maximilien, empereur, d'offrir l'encens aux idoles du paganisme et les brisant plutôt que de fléchir les genoux devant elles.

Deux autres coutumes qui, sous des dehors chrétiens, ne peuvent cependant pas se défendre d'un air de paganisme, sont les suivantes :

Lorsqu'un mariage doit avoir lieu, et le matin du jour où va se célébrer la cérémonie, la jeune épousée se ferme à clef dans la maison de ses parents, entourée de ses amis et voisins, attendant que le futur époux vienne la réclamer à sa famille.

Ce dernier arrive donc, avec tous ses amis, à la porte de la maison où se dérobe sa future épouse. Il frappe à cette porte et dit : « Donnez-moi Mlle X... ». — Et aussitôt cette réponse lui est faite, par les parents et amis de la jeune fille : « Nous ne vous connaissons pas ! »

On frappe encore, au dehors : même réponse de

l'intérieur de la maison close. Chacun vient heurter, chacun vient solliciter... et ce n'est qu'à force de heurts et de prières que la porte est ouverte et que la jeune fiancée est remise en la possession du jeune homme qui va l'épouser.

Mais les futurs époux n'en ont pas encore fini avec les épreuves.

A peine sortis de la maison paternelle, et au départ pour la mairie et l'église, ils trouvent au milieu du chemin, leur barrant le passage, une table chargée de vins et de liqueurs.

C'est la bande joyeuse des amis du voisinage qui l'a dressée avec soin. Mais alors il est bien entendu que le jeune couple et toute sa joviale suite ne doivent point passer devant ladite table sans faire sauter le bouchon des divers flacons au nectar délicieux qu'elle leur offre, ayant bien la précaution de glisser de la main qui ne tient pas la coupe, et à quelques compères, la pièce d'argent qui doit servir aux frais d'une partie de divertissement en l'honneur des jeunes époux.

Enfin une autre coutume est celle qui consiste à clore une série de travaux de longue et pénible haleine, comme ceux de la moisson, par une fête de famille appelée *Revolle*.

A cette heure alors, comme au jour des fiançailles et des noces, les travailleurs oublieux de leurs fatigues s'assoient autour d'une table bien garnie, et, après *boire*, entonnent quelques vieux refrains champêtres en se faisant accompagner du violoneux du village, dont l'archet sonore cadence les couplets de la troupe joyeuse.

§ VII

Et que dire du langage, ou plutôt du *patois*, que parlent nos paysans. Rien de plus original, rien de plus *sui generis* !

Mais aussi rien de mieux conservé. Nos vieillards de quatre-vingts ans ont entendu leurs grands-pères et leurs grand'mères parler autrefois *le patois* qu'ils parlent eux-mêmes aujourd'hui, et ils nous ont assuré bien souvent que les générations précédentes s'exprimaient avec les mêmes mots, les mêmes intonations de voix, la même accentuation. Car ils sont assez rares, assez clairsemés, les *néologismes* apportés à un langage usité parmi les habitants d'une contrée absolument indemne de toute immigration.

Le patois parlé sur nos montagnes a quelque anologie avec celui du département du Rhône, dont nous limitons les versants nord et ouest, tandis que celui des montagnes qui dominent au couchant la plaine du Forez se rapproche beaucoup de l'auvergnat et que le langage des bords de la Loire semble participer des deux autres.

Mais, dans les lieux mêmes où il est uniforme, l'accent varie tellement d'une commune à l'autre que le langage paraît parfois bien divers.

Pour donner une idée de celui que l'on parle à Chevrières, nous avons imaginé le dialogue suivant, dont le seul mérite est d'être fidèlement écrit :

Dialogue en patois de la paroisse de Chevrières

PATOIS	TRADUCTION
LIODO. — Bounsi Jean-Toueno ?	CLAUDE. — Bonsoir Jean-Antoine.
JEAN-TOUENO. — Eto à vo, Liodo.	JEAN-ANTOINE. — Aussi à vous, Claude.
L. — D'on te veni-vo come qu'ien qui ?	L. — D'où venez-vous comme cela ?
J.-T. — Je veno d'où marchi de vé la villa.	J.-T. — Je viens du marché de la ville.
L. — Parque don que vo veni si tout ?	L. — Pourquoi êtes-vous venu sitôt ?
J.-T. — N'y a tant de brigands par les chamis, faut po se bito à la né.	J.-T. — Il y a tant de brigands dans les chemins : il ne faut pas se mettre à la nuit.
L. — Vos avi meno in qué de voches, se vindgiant-i oun poun ?	L. — Vous avez conduit des vaches aujourd'hui ; se vendaient-elles un peu ?
J.-T. — Mè, passoblamein, o vare bien besoin qui se vindessiant.	J.-T. — Mais passablement, on aurait bien besoin qu'elles se vendissent.
L. — Vos aï bien raison, le toïlles impourtont to ?	L. — Vous avez bien raison, les tailles emportent tout ?
J.-T. — Faut bien payï le toïlles.	J.-T. — Il faut bien payer les tailles.
L. — Il en trop augmento, e portant o faut vivre ?	L. — Elles ont trop augmenté, et pourtant il faut vivre ?
J.-T. — Pot-être qui diminuarant, y dgiont que le commérce reprend.	J.-T. — Peut-être qu'elles diminueront : on dit que le commerce reprend ?
L. — Hiour je z'ué intendu dgire.	L. — Je l'ai entendu dire tout à l'heure.
J.-T. — Avo aï una bona recourta cet an ?	J.-T. — Avez-vous une bonne récolte cette année ?
L. — Ma fion non ; la gréla m'a to enlevo, et mon fromin, et ma seigla, et mon avena. Je n'aï pa lo sou et guéro de pon non plus.	L. — Ma foi non, la grêle m'a tout enlevé, et mon froment, et mon seigle, et mon avoine. Je suis sans provisions et sans argent.

J.-T. — Mé l'an que vient sera meliou, o faut z'ou espéro !

J.-T. — Mais l'année prochaine sera meilleure, il faut l'espérer !

L. — O vé bon à dgire, mé in attindant o faut migi, et fere migi le betche, la fena et le siex z'efants.

L. — C'est bon à dire ; mais, en attendant, il faut manger et faire manger les bestiaux, la femme et les six enfants.

J.-T. — O vè vré, mè la Providenci n'abandonne po que lous iqui que travoïllons avec confianci in ella, et pis lo tchion po changi.

J.-T. — C'est vrai, mais la Providence n'abandonne pas ceux qui en travaillant ont confiance en elle, et le temps peut changer !

J.-T. — Adgi, adgi Liodo, et coroge, et si t'o besoin de quoque sous, viens lou charchi vé chi me ?

J.-T. — Adieu, adieu, Claude, et courage ; si tu as besoin de quelques sous, viens les chercher chez moi ?

L. — Messi, Jean-Toueno, j'irai te vira dgimècre de la semana que vient. J'ai-t-agito in caïon, j'ai ma farma à payï, j'ai in efant malado, et j'ai bien besoin què me pretissiant.

L. — Merci, Jean-Antoine, j'irai te voir, mercredi de la semaine prochaine, car j'ai acheté un porc, j'ai ma ferme à payer, j'ai un enfant malade et j'ai un grand besoin qu'on vienne à mon aide.

§ VIII

L'esquisse bien modeste que nous venons de tracer, dans les pages précédentes, du Chevrières moderne a certainement plus d'une fois suggéré au lecteur le désir de connaître le Chevrières d'il y a un siècle ou deux.

Aussi allons-nous satisfaire sa légitime curiosité en transcrivant ici textuellement le questionnaire que

M. d'Herbigny (1) envoyait, de Lyon, à tous les curés du diocèse, le 24 juillet 1697, pour leur demander les précieux renseignements dont il avait besoin pour établir, au nom du Roi, un état des communes du gouvernement de Lyon.

Lyon, le 24 juillet 1697.

Monsieur,

Je souhaiterais fort d'avoir une connaissance parfaite de l'état de votre paroisse. Je ne puis mieux m'adresser pour cela qu'à vous, et j'espère que vous voudrez bien me faire ce plaisir. Je ne doute pas que ce ne vous en fût un grand à vous-même si vous saviez l'objet de ma demande.

Il ne s'agit nullement d'affaires; ce n'est qu'une connaissance historique que je cherche, et telle que la chercherait un voyageur qui voudrait connaître exactement un pays.

Pour faciliter les éclaircissements que je vous demande, voici les principaux articles auxquels il convient de répondre. S'il y en a quelques autres qui méritent attention et qui, pour être particuliers à votre paroisse, n'aient point été prévus, vous aurez la bonté de les ajouter.

Je vous prie instamment que vos réponses soient les plus justes et les mieux circonstanciées qu'il se pourra. Vous prendrez la peine de les mettre sur ce papier à la suite de chaque demande. Si cela peut être fait dans le vingtième d'août, je vous serais bien obligé.

Vous n'aurez qu'à remettre le papier aux consuls, afin qu'ils le donnent au Receveur des Tailles; en cas de besoin, les anciens et les principaux habitants pourront vous donner les éclaircissements que vous jugerez à propos de leur demander.

Je suis, Monsieur, tout à vous.

(1) M. Lambert d'Herbigny était intendant du Lyonnais. En dehors du questionnaire qu'il envoya, par ordre de Louis XIV, à tous les curés de la province de Lyon, il dressa encore un *Mémoire du gouvernement de Lyon* pour l'instruction du Dauphin, en 1698.

Etat de la paroisse de Chevrières en l'année 1697

1º De quel diocèse est la paroisse ? — R. Du diocèse de Lyon.

2º De quelle province ? Si elle s'étend dans plusieurs, il faudra le marquer et dire le nom de la parcelle qui sera de la généralité de Lyon ? — R. De la province du Forez.

3º De quelle élection ? — R. de Montbrison.

4º Quelle autre paroisse la borne au midi ? — R. La paroisse de Saint-Héand et celle d'Aveyzieux.

5º Au nord ? — R. Chazelles-sur-Lyon.

6º Au levant ? — R. Saint-Denis-sur-Coise et Grandmont.

7º Au couchant ? — R. Saint-Myard.

8º Quelle étendue a la ville ? — R. Une lieue d'étendue et une demi-lieue de largeur.

9º De cette étendue, quelle portion en terres labourables, quelles sortes de grains ou de fruits s'y recueille-t-il ? — R. La moitié est terres labourables ; et l'on recueille du seigle et de l'avoine, un peu d'orge, quelques pommes et poires.

10º Quelle portion de vignes ? — R. Néant.

11º Quelle portion en prairies ? — R. Le quart est en prairies.

12º Quelle portion en bois ? — R. L'autre quart en bois, taillis et broussailles.

13º Quelle portion en montagnes incultes ou cultivées ? — s'il y a des mines, quel minéral ? — et s'il y a d'autres singularités remarquables ? — R. Néant.

14º Quel climat, chaud ou froid ? — R. Le climat est assez tempéré, plutôt froid que chaud.

15° Quelle qualité du terroir, stérile ou fécond ? — Terres fortes ou légères ?

R. Le terroir est assez stérile et les terres sont fort légères.

16° Quelles rivières et quels ruisseaux passent dans la paroisse ?

R. La rivière de Coize, un ruisseau appelé La Gimond, et un autre appelé Albiche.

17° Quel nombre d'hommes mariés et de garçons de 20 ans et au-dessus ?

R. 260.

18° Quel nombre d'enfants et de garçons au-dessous de 20 ans ?

R. Il y a 130 jeunes garçons ou enfants, environ.

19° Quel nombre de femmes mariées ou veuves et de filles âgées ?

R. 200 femmes mariées ou veuves, ou filles âgées.

20° Quel nombre de jeunes filles ?

R. 100 jeunes filles.

21° De combien, autrefois, le nombre d'habitants était-il plus grand ou plus petit ?

R. En 1692, le nombre était plus grand de 200.

22° S'il y avait autrefois plus d'habitants, quelle a été la cause de la diminution ?

R. Les maladies, la cherté des vivres, en ont fait mourir plus de 250 sur la fin de 1693 et pendant 1694. Et quantité de domestiques dont se privent les habitants n'ayant pas de quoi les nourrir.

23° Les noms des gentilshommes demeurant dans la paroisse, s'il y en a ?

R. Néant.

24° Quel est le seigneur du clocher ?

R. Noble de La Veühe Comtesse de Chevrières et le Marquis de Maulevrier, son petit-fils.

25° S'il y a des fiefs dans la paroisse, marquer leurs noms et à qui ils appartiennent ?

R. Néant.

26° Quel est le commerce, métier ou travail des habitants ?	R. Ils travaillent tous à la terre, à l'exception de 3 serruriers, 8 ou 10 divers métiers et 4 ou 5 hôtes.
27° Qui jouit des dîmes ?	R. Le seigneur.
28° Quels bénéfices, quelles communautés de prêtres ou religieux y a-t-il dans la paroisse ?	R. Il y a un curé et un vicaire.
29° De combien de hameaux ou villages est-elle composée ?	R. Elle est composée de 18 hameaux : 1° Le bourg de Chevrières ; 2° Les Escots ; 3° La Fontanelière ; 4° La Bruyère ; 5° Staron ; 6° Relave ; 7° Le Mazaud ; 8° Bénière ; 9° Les Charles ; 10° Mazancieux ; 11° Le Mas ; 12° La Pacalière ; 13° Les Granges ; 14° La Chanal ; 15° Montanieu ; 16° La Badouillère ; 17° Savignieu ; 18° Le Bissy.

§ IX

Le curé auquel fut adressée la lettre que nous venons de lire était honorable Messire Benoît Mey, recteur de la paroisse de Chevrières, depuis 1688.

Les réponses que ce digne prêtre fit au questionnaire de M. d'Herbigny nous ont intéressé au plus haut point. Et, pour que le lecteur puisse porter un jugement éclairé sur la situation de Chevrières à deux cents ans d'intervalle, nous allons donner un état de la commune à notre époque.

Il pourra ainsi constater les grandes et utiles améliorations opérées dans l'agriculture par notre laborieuse et intelligente population.

Etat de la commune de Chevrières en l'année 1894.

La commune de Chevrières qui ne comprend plus, comme autrefois, dans ses limites, la commune de La Gimond (1) appartient, comme nous l'avons dit au commencement de ce chapitre, au département de la Loire, à l'arrondissement de Montbrison et au canton *civil* de Saint-Galmier.

Comme paroisse, Chevrières fait partie du Diocèse de Lyon et du canton, ou archiprêtré *ecclésiastique* de Chazelles-sur-Lyon, qui est une section de celui de Saint-Galmier.

Les limites sont : au Midi, les communes de la Gimond, Fontanay et Aveizieux ; au Nord, celle de Chazelles-sur-Lyon ; à l'Est, celles de Saint-Denis-sur-Coise et de Grammont ; à l'Ouest, celle de Saint-Médard.

Quatre rivières arrosent le territoire de Chevrières : La Coise, La Gimond, l'Arbiche et le Bilaize.

Le plateau très découvert, où s'élève le village, l'expose à de très grandes et très fréquentes variabilités de température, et le climat de nos contrées est plutôt froid que chaud.

Le territoire de la commune de Chevrières est un des plus étendus du département. Il mesure à peu près 8 kilomètres, dans sa plus grande longueur, et 7 kilomètres, dans sa plus grande largeur, ce qui donne à ce territoire très accidenté un développement de 1.454 hectares.

Le terrain très productif, depuis quelques années, grâce aux intelligentes améliorations qu'y apportent nos laborieux cultivateurs, se divise en terrains de 1re, 3e et 5e classes.

Or, les 1.454 hectares qui forment le territoire de la commune se répartissent ainsi :

---

(1) Le territoire de La Gimond ne fait plus partie de la commune de Chevrières depuis l'année 1868, temps auquel il a été érigé en paroisse.
Les registres de l'État-civil de la commune de Chevrières ont contenu tous les actes de la commune de La Gimond depuis l'année 1687, qui est le registre le plus ancien aux archives de la mairie, jusqu'en 1793, temps auquel MM. les curés de Chevrières cessèrent de tenir les registres de la partie civile, d'après la loi du 20 septembre 1792 ; cette loi établit des autorités municipales chargées de tous les registres pour le *civil*. Toutefois, MM. les curés de Chevrières ont continué de tenir un registre des baptêmes, mariages et sépultures ecclésiastiques pour les deux paroisses jusqu'à l'année 1868.

Etat sommaire de la production dans la commune de Chevrières.

Froment.	215 hectares.
Seigle	195 —
Avoine.	105 —
Trèfles de toute nature	112 —
Prairies et fourrages divers.	245 —
Prairies naturelles	278 —
Bois et forêts.	199 —
Landes, pâtis et bruyères	13 —
Jardins particuliers	7 —
Terrains non agricoles.	55 —
Pommes de terre	106 —
Betteraves fourragères.	5 —
Choux.	2 1/2 —

Etat sommaire des animaux de ferme.

Chevaux.	50
Bœufs de travail et d'engrais.	65
Vaches.	590
Brebis.	250
Agneaux.	50
Chèvres	150
Chevreaux.	58
Porcs, truies.	350
Poules.	3.160
Pigeons	250
Lapins.	280

La population de Chevrières, d'après le recensement fait en l'année 1891, compte 1.405 habitants, répartis en 373 ménages peuplant 31 hameaux et 84 maisons éparses.

Etat sommaire de la population de Chevrières, en 1891

HAMEAUX	MAISONS	MÉNAGES	INDIVIDUS
Le Bourg.........	88	115	375
Le Gros Buisson..	5	5	15
Villedieu..........	4	6	19
Le Pécher........	3	4	15
Cornevent........	5	5	12
Le Guichard......	2	2	11
Chavarey.........	2	2	11
La Terrassière....	6	6	24
La Grande Pierre.	2	2	5
Le Grand Barcet..	3	3	12
Les Granges......	9	9	42
Montagneux......	6	6	38
Le Vert..........	7	7	26
Le Vourzinat.....	4	4	11
La Badouillère....	7	7	33
La Bertholière....	3	3	9
Les Combes.......	3	3	15
Relave...........	8	8	40
Les Escots.......	6	7	32
Les Flaches......	4	4	14
Le Cartez........	2	3	16
Les Croizettes....	3	3	9
Le Grand Moulin.	4	4	16
Les Gentenières...	3	4	9
Savigneux........	44	47	149
La Fontanelière...	20	20	52
Staron............	8	9	36
La Roue..........	12	13	55
Le Bissy..........	10	10	50
La Bruyère.......	8	8	43
La Pacalière......	9	9	44
Maisons éparses...	34	35	107
	334	373	1.405

Ce qui donne à la commune de Chevrières une moyenne de 390 à 400 électeurs.

Le culte religieux est confié aux soins d'un curé, secondé par un vicaire.

Un maire, son adjoint et un conseil municipal composé de 12 membres, administrent les choses civiles.

Le vieux château-fort des Mittes de Mons, dont il reste encore d'imposantes ruines, est actuellement la propriété de la famille Elisée Neyrand, de Saint-Chamond (Loire).

En dehors des cultivateurs, dont le nombre forme la très grande majorité de la population, Chevrières compte :

Meuniers.	3
Boulangers.	2
Boucher.	1
Epiciers.	8
Marchand drapier.	1
Cordonniers.	2
Sabotiers.	2
Tailleur.	1
Menuisiers.	2
Maréchal-ferrant.	1
Charrons.	3
Tisseurs en soieries.	100
Aubergistes.	12
Marchand de fer, cloutier.	1
Marchand de bois.	3
Marchands de vins en gros.	2

En parcourant le questionnaire de M. d'Herbigny, nous n'avons trouvé aucune question relative aux écoles de la paroisse.

C'est là une lacune très regrettable. Il eût été en effet fort intéressant de connaître les écoles où les enfants recevaient l'instruction élémentaire, et les maîtres de qui ils la recevaient, à cette époque déjà reculée.

Cette question des écoles occupant, de nos jours, une grande place dans les préoccupations de la société chrétienne, nous nous sommes fait un devoir de lui consacrer un chapitre spécial dans ce modeste ouvrage.

Notre travail, fruit de recherches consciencieuses, piquera certainement la curiosité de nos lecteurs, tout en leur apprenant des choses qu'ils ignorent peut-être et qui, en tout cas, nous semblent offrir un réel intérêt.

Terminons ce long chapitre sur le village de Chevrières par quelques pages de statistique sur les naissances, mariages et décès, dans la paroisse, depuis l'année 1640, qui est la date la plus ancienne de nos registres de catholicité, jusqu'à l'année 1894.

Faisons cependant remarquer, en passant, que La Gimond étant devenue paroisse depuis l'année 1868, nos registres ne contiennent plus les actes de naissances, de mariages et de décès de cette église, depuis la même époque, c'est-à-dire depuis dix-sept ans.

RELEVÉ NUMÉRIQUE

des naissances, mariages et décès de la commune de Chevrières-La-Gimond, de l'année 1640, date du registre paroissial le plus ancien, jusqu'à l'année 1868 ; et, pour Chevrières seul, depuis l'année 1868 jusqu'à 1894, inclusivement.

1º ACTES DES REGISTRES COMMUNS A CHEVRIÈRES ET A LA GIMOND

DATE DES ANNÉES	NAISSANCES GARÇONS	FILLES	TOTAL	MARIAGES	DÉCÈS	DATE DES ANNÉES	NAISSANCES GARÇONS	FILLES	TOTAL	MARIAGES	DÉCÈS
1640	15	14	29			1660	19	15	34		
1641	17	9	26			1661	21	19	40		
1642	17	24	41			1662	16	10	26		
1643	24	12	36	Actes perdus	Actes perdus	1663	21	11	32	Actes perdus	Actes perdus
1644	17	14	31			1664	18	16	34		
1645	8	15	23			1665	11	16	27		
1646	17	24	41			1666	23	10	33		
1647	16	11	27			1667	19	14	33		
1648	19	12	31			1668	16	16	32		
1649	19	13	32			1669	14	24	38		
	169	148	317				178	151	329		
1650	13	14	27			1670	20	14	34		
1651	13	12	25			1671	23	18	41		
1652	8	16	24			1672	15	21	36		
1653	7	16	23	Actes perdus	Actes perdus	1673	19	20	38	Actes perdus	Actes perdus
1654	13	13	26			1674	13	19	32		
1655	24	11	35			1675	18	23	41		
1656	18	12	30			1676	26	21	47		
1657	13	11	24			1677	12	17	29		
1658	16	10	26			1678	22	18	40		
1659	23	16	39			1679	12	16	28		
	148	131	279				180	187	367		

DATE DES ANNÉES	NAISSANCES			MARIAGES	DÉCÈS	DATE DES ANNÉES	NAISSANCES			MARIAGES	DÉCÈS
	GARÇONS	FILLES	TOTAL				GARÇONS	FILLES	TOTAL		
1680	18	15	33			1710	11	13	24	6	11
1681	18	12	30	*Actes perdus*	*Actes perdus*	1711	20	22	42	4	8
1682	15	15	30			1712	24	11	35	7	13
1683	20	10	30			1713	10	15	25	4	15
1684	18	16	34			1714	17	9	26	3	12
1685	13	16	29			1715	10	18	28	8	11
1686	22	18	40	3		1716	12	22	34	13	13
1687	17	12	29	3	11	1717	12	20	22	4	14
1688	16	13	29	5	51	1718	18	11	39	9	10
1689	15	13	28	6	12	1719	14	29	43	13	14
	172	140	312	17	74		148	170	318	71	121
1690	14	15	29	10	9	1720	17	15	32	6	16
1691	18	18	36	11	16	1721	20	18	38	6	12
1692	9	12	21	2	15	1722	15	10	25	8	15
1693	11	17	28	6	36	1723	21	16	37	3	10
1694	5	7	12	2	16	1724	14	14	28	12	6
1695	9	14	23	4	67	1725	22	16	38	8	13
1696	23	13	36	15	13	1726	17	19	36	9	11
1697	14	13	27	5	5	1727	23	20	43	6	8
1698	24	16	40	2	11	1728	27	20	47	6	13
1699	16	20	36	5	11	1729	15	17	32	5	17
	143	145	288	62	199		191	165	356	69	121
1700	10	13	23	8	18	1730	17	14	31	5	19
1701	26	21	47	10	5	1731	20	23	43	9	24
1702	21	23	44	4	12	1732	13	19	32	6	24
1703	15	17	32	7	2	1733	18	22	40	5	23
1704	25	18	43	12	4	1734	14	20	34	12	17
1705	22	23	45	12	8	1735	24	16	40	3	20
1706	21	17	38	10	7	1736	20	16	36	8	14
1707	21	14	35	5	8	1737	17	16	33	4	19
1708	27	20	47	2	24	1738	25	11	36	4	11
1709	13	19	32	4	35	1739	21	16	37	4	19
	201	185	386	74	123		189	173	362	50	190

DATE DES ANNÉES	NAISSANCES			MARIAGES	DÉCÈS	DATE DES ANNÉES	NAISSANCES			MARIAGES	DÉCÈS
	GARÇONS	FILLES	TOTAL				GARÇONS	FILLES	TOTAL		
1740	19	26	45	11	26	1770	23	20	43	8	38
1741	24	18	42	3	23	1771	21	22	43	5	36
1742	19	22	41	7	24	1772	13	18	31	7	26
1743	19	18	37	5	18	1773	15	23	38	8	33
1744	24	23	47	4	16	1774	26	19	45	14	26
1745	13	17	30	16	13	1775	31	25	56	10	44
1746	24	16	40	4	18	1776	18	17	35	5	33
1747	26	20	46	5	15	1777	18	25	43	8	31
1748	19	11	30	6	20	1778	19	24	43	3	45
1749	19	30	49	9	27	1779	22	20	42	6	23
	206	201	407	70	200		206	213	419	74	345
1750	16	16	32	4	13	1780	22	21	43	8	47
1751	26	17	43	7	18	1781	17	26	43	11	19
1752	20	17	37	2	18	1782	22	18	40	9	41
1753	17	20	37	12	15	1783	23	23	46	9	37
1754	25	20	45	14	20	1784	25	21	46	10	47
1755	20	17	37	6	27	1785	28	25	53	5	30
1756	18	22	40	8	16	1786	30	23	53	7	31
1757	15	28	43	6	24	1787	26	19	45	14	41
1758	15	15	30	3	38	1788	17	28	45	11	43
1759	23	20	43	13	52	1789	20	28	48	10	39
	195	192	387	75	241		230	232	462	94	375
1760	22	23	45	8	17	1790	28	26	54	11	29
1761	19	19	38	13	28	1791	26	29	55	13	23
1762	16	21	37	4	41	1792	25	14	49	5	32
1763	29	15	44	3	31	1793	25	17	42	5	26
1764	17	20	37	11	15	1794	20	19	39	11	34
1765	26	15	41	3	19	1795	14	11	25	7	23
1766	14	20	34	6	33	1796	16	11	27	11	37
1767	29	16	45	6	38	1797	15	8	23	5	9
1768	17	12	29	6	34	1798	17	18	35	13	9
1769	21	22	43	4	26	1799	16	14	30	2	19
	210	183	393	64	282		202	177	379	83	241

DATE DES ANNÉES	NAISSANCES			MARIAGES	DÉCÈS	DATE DES ANNÉES	NAISSANCES			MARIAGES	DÉCÈS
	GARÇONS	FILLES	TOTAL				GARÇONS	FILLES	TOTAL		
1800	18	20	38	»	24	1830	18	20	38	7	30
1801	18	15	33	13	40	1831	28	20	48	7	24
1802	16	16	32	8	21	1832	30	14	44	7	20
1803	26	14	40	13	25	1833	19	18	37	9	28
1804	9	20	29	15	34	1834	20	23	43	7	18
1805	17	19	36	13	13	1835	16	22	38	5	38
1806	31	31	62	10	32	1836	18	21	39	8	41
1807	25	31	56	5	27	1837	17	19	36	10	29
1808	31	21	42	7	26	1838	19	21	40	11	30
1809	21	27	49	10	23	1839	23	16	39	13	34
	203	214	417	94	265		208	194	402	84	292
1810	23	14	37	6	24	1840	18	25	43	13	31
1811	17	24	41	15	41	1841	19	22	41	12	26
1812	26	30	56	12	22	1842	20	24	44	8	25
1813	18	20	38	29	31	1843	22	16	38	13	27
1814	24	32	56	5	26	1844	18	17	35	5	33
1815	27	29	56	5	20	1845	24	28	52	3	19
1816	25	29	51	7	39	1846	20	22	42	5	22
1817	30	31	61	8	48	1847	16	17	33	9	44
1818	39	24	53	12	38	1848	18	22	40	18	43
1819	23	33	56	11	31	1849	27	21	48	12	35
	242	263	505	110	322		202	214	416	98	305
1820	30	25	55	11	36	1850	21	19	40	10	32
1821	21	24	45	7	38	1851	24	19	43	6	35
1822	28	23	51	5	42	1852	22	20	42	12	25
1823	27	20	47	7	32	1853	18	23	43	11	38
1824	26	25	51	7	34	1854	20	23	43	7	37
1825	16	23	39	6	88	1855	26	20	46	6	34
1826	29	17	46	6	31	1856	21	22	43	9	40
1827	19	27	46	3	29	1857	16	14	30	7	34
1828	21	20	41	5	30	1858	17	17	34	9	42
1829	32	24	56	9	14	1859	19	23	42	9	34
	249	228	477	66	374		204	200	404	86	351

DATE DES ANNÉES	NAISSANCES			MARIAGES	DÉCÈS	DATE DES ANNÉES	NAISSANCES			MARIAGES	DÉCÈS
	GARÇONS	FILLES	TOTAL				GARÇONS	FILLES	TOTAL		
1860	28	20	48	20	39	1880	19	21	40	3	24
1861	17	16	33	23	32	1881	20	18	38	10	20
1862	29	17	46	9	38	1882	20	14	34	9	33
1863	23	21	44	10	31	1883	51	20	31	11	31
1864	36	17	53	8	25	1884	25	22	47	10	37
1865	18	23	41	9	26	1885	16	23	39	10	23
1866	20	27	47	15	47	1886	29	24	53	13	37
1867	22	27	49	10	34	1887	13	18	31	8	37
						1888	28	18	46	3	33
						1889	10	18	28	10	18
							191	196	387	87	273

2° ACTES DES REGISTRES APPARTENANT A CHEVRIÈRES

DATE DES ANNÉES	NAISSANCES			MARIAGES	DÉCÈS	DATE DES ANNÉES	NAISSANCES			MARIAGES	DÉCÈS
	GARÇONS	FILLES	TOTAL				GARÇONS	FILLES	TOTAL		
1868	19	22	41	19	40	1890	17	12	29	11	33
1869	23	27	39	16	23	1891	16	16	32	9	20
	235	217	441	139	335	1892	19	16	35	8	32
1870	30	21	41	13	41	1893	17	19	36	12	29
1871	22	30	52	16	43	1894	16	16	32	1	32
1872	30	22	52	8	40		85	79	164	41	146
1873	25	21	46	10	30						
1874	22	23	45	9	35						
1875	24	30	54	11	18						
1876	29	17	46	11	44						
1877	22	24	46	5	17						
1878	14	19	33	6	38						
1879	19	18	37	11	31						
	229	225	452	100	337						

L'étude de ces quelques pages de statistique nous révèlerait certainement plus d'une chose intéressante au point de vue du mouvement de notre population forézienne, pendant l'espace de deux siècles.

Ne voulant pas nous attarder à traiter une question technique, dont certains côtés nous exposeraient à sortir de notre modeste cadre, nous laissons à nos lecteurs le soin de tirer le parti qu'ils voudront de notre travail, et, à des écrivains plus compétents que nous en cette matière, l'honneur de compléter et de continuer l'œuvre, si précieuse et si utile, que M. J. Duplessy, ancien sous-préfet de Nantua et ancien secrétaire-général du département de la Loire, publiait, en décembre 1818 : *Essai de statistique sur le département de la Loire.*

CHAPITRE II

—

LE CHATEAU-FORT

DES

MITTE DE MONS

CHÂTEAU DE CHEVRIÈRES

CHAPITRE II

LE CHATEAU-FORT DES MITTE DE CHEVRIÈRES

Ce qui reste encore aujourd'hui, et après trois siècles et demi, de l'ancien château-fort des Mitte de Chevrières, suffit pour donner une idée de la majesté et de la force de ses remparts.

Rien n'est plus intéressant à étudier que ces ruines imposantes, sur lesquelles l'archéologue et l'historien peuvent écrire de belles et attachantes pages.

Construit, dit M. Aug. Broutin (1), au confluent de deux vallées, celle de la Coise et celle de la Gimond, il domine un plateau

---

(1) *Le Château de Chevrières* : Extrait des *Châteaux historiques du Forez*, par Aug. Broutin, 1882.

fertile qui va s'abaissant en pente douce jusqu'à ces deux ruisseaux *et d'où la vue s'étend sur les monts et la plaine du Forez*. Au nord et au midi, la déclivité du sol lui faisait une défense naturelle. Il n'en était pas de même, au matin, où les montagnes qui le dominent rendaient ce point vulnérable.

Aussi, cette partie était-elle fortifiée par un avant-corps, situé à plus de cent mètres du château actuel.

Ces fortifications, *dont les épaisses assises se voient encore*, ont disparu depuis longtemps. Mais l'emplacement qu'elles occupaient alors porte encore le nom de *Tournelles*.

Là devaient se trouver le logement des gardes et défenseurs, des gens de service, les habitations des manants qui venaient dans les temps de trouble et de guerre chercher un refuge et un abri dans la première enceinte du château.

Un petit ravin, agrandi par la main de l'homme, protégeait le château au midi. De nos jours, ce ravin, barré par une chaussée, est converti *d'un côté en une vaste pièce d'eau, et de l'autre en une fertile prairie*, plus utiles aux propriétaires que les fossés ne l'étaient à la défense du château-fort d'autrefois.

Le château de Chevrières ne fut donc pas un de ces gracieux et pittoresques manoirs, dont les murs crénelés abritaient, au moyen âge, les jours paisibles de quelque élégant damoiseau.

C'était un château-*fort*, dans toute l'acception du mot, fossoyé, entouré de nombreux ouvrages défensifs, et flanqué de quatre grosses tours, dont l'une, carrée et fort grande, se terminait par une plate-forme, du haut de laquelle la vue s'étendait au loin sur les montagnes et la plaine du Forez (1).

Il occupait une vaste étendue de terrain. Les murs de sa première enceinte, partant du lieu dit des *Tournelles*, remontaient vers le Nord, traversaient le village actuel pour courir vers l'ouest par le jardin du presbytère, jusqu'à la prairie de la *prébende*, d'où ils

---

(1) Archives du dép. de la Loire, 1756. Et, *Dénombrement de la terre de Chevrières;* archives du château manuscrites, 1754.

allaient, à travers le hameau des Escots, fermer leur cercle aux *Tournelles*, leur point de départ.

Le jardin actuel de la cure occupe, de nos jours, une partie des larges fossés creusés au pied de l'enceinte seigneuriale, dont les vastes bras enserraient alors le village tout entier avec sa place et son église.

Presbytère de Chevrières

Des nombreuses tours qui protégeaient le vieux manoir, deux seulement ont résisté aux ravages du temps et des révolutions. Après avoir été mutilées en 1793 par un des possesseurs de la seigneurie (1) qui, ne voulant pas être soupçonné de royalisme dans un temps où la Révolution triomphait, leur fit

---

(1) M. De la Chance, qui fut sans doute effrayé par l'article premier d'une proclamation de Claude Javogue, du 16 frimaire an II, en faveur des lois révolutionnaires.

enlever leur couronne séculaire de créneaux et machi-
coulis ; elles ornent maintenant « plutôt qu'elles ne
« défendent, une belle porte renaissance que le XVIe
« siècle a fait construire à la place de la porte gothique
« qui introduisait dans la cour intérieure du château.

« Des bâtiments entourent cette cour de trois côtés ;
« une grille moderne la ferme au matin et la sépare
« du parc qui ceint le château *d'une immense couronne*
« *de verdure*. Ces bâtiments portent l'empreinte du
« XIVe et du XVe siècles. Les murs, de quatre pieds
« d'épaisseur, sont ornés, à chaque étage, d'un
« cordon de pierres ; les fenêtres ont perdu leurs
« croisillons et les barreaux de fer qui les proté-
« geaient contre les attaques et les surprises d'un
« coup de main (1).

« Dans les murs intérieurs de cette petite cour et
« notamment sur une tour ronde à sa base et carrée
« à son sommet, sont incrustés divers médaillons en
« demi-bosse, dont un représente une tête à trois
« visages, l'une de face et les deux autres de profil.
« Un autre médaillon représente le buste d'une
« femme accompagnée à droite et à gauche de deux
« dauphins affrontés et couronnés (2) ».

Dans cette même cour, on voit aussi une pierre
longue de 1 mètre 30 centimètres, et qui a dû servir
de frise à quelque ancienne porte du château. Sur
cette pierre chargée de diverses moulures et dont le
réglet porte des têtes d'anges ailés et alternés avec
des rosaces, sont sculptées en relief les armes des De

---

(1) Aug. Broutin : *Châteaux historiques du Forez.*
(2) Aug. Broutin : *Châteaux historiques du Forez.*

Cuzieu, dont un des membres s'alliait aux Mitte de Chevrières dès l'année 1474.

L'écusson porte : *Un lion chargé d'un lambel, trois pendants et accompagné d'une crosse passée en pal par derrière* (1).

Armes de Jean de Cuzieu

En dehors de ces débris épars d'une forteresse qui eut sa célébrité sous le régime féodal, nous n'avons rien trouvé qui puisse en perpétuer dignement le souvenir. Car, comme nous allons le voir, les constructions dont l'imposante masse étonne, de nos jours encore, le spectateur, sont l'œuvre du XVI° siècle.

« En effet, après les guerres des XIV° et XV° siècles
« qui ravagèrent nos provinces sous le nom de
« guerres des Anglais, de la Jacquerie et des Rou-
« tiers, quand le pays commença à reprendre un peu
« de calme, quand les fortifications locales devinrent
« à peu près inutiles, sous un gouvernement plus
« fort, les seigneurs de chaque localité, tout en répa-
« rant les ravages de la guerre, convertirent peu à
« peu leurs châteaux-forts en maisons de plaisance.
« C'est alors qu'on vit se métamorphoser toutes ces

---

(1) Ce sont là, croyons-nous, les armes des anciens de Cuzieu, relevées par Jean Mitte de Cuzieu, mort en 1533.

Porte « Renaissance »
entre les deux tours du château de Chevrières

« petites citadelles, dont était hérissé chaque mamelon
« de notre province (1).

« C'est au XVIe siècle que le château de Chevrières
« dut subir sa plus grande transformation ; ses rem-
« parts furent détruits, ses nombreuses tours rasées ;
« alors fut construit, *par Louis II Mitte de Che-*
« *vrières, seigneur de Miolans et autres lieux, et*
« *vers l'année 1520,* le beau portail renaissance
« flanqué de ses deux grosses tours, orné de deux
« élégantes colonnes supportant un cartouche, en
« forme de vaste coquille, où s'étale l'écusson des
« Mitte de Chevrières, écartelé de celui des Miolans (2).

« Cette belle porte a dû remplacer une ancienne
« porte ogivale qui, moins élégante sans doute, était
« cependant plus en harmonie avec les créneaux, les
« mâchicoulis et les meurtrières qui couronnent le
« mur au-dessus de cette porte.

« C'est alors aussi que le village de Chevrières,
« autrefois renfermé dans l'enceinte du vaste château,
« dut rompre ses langes et s'épandre aux environs.

« Quant à la porte extérieure du château, porte
« qui conduit de la place du village aux jardins qui
« entourent *les constructions anciennes et nouvelles*,
« nous croyons qu'elle date aussi du XVIe siècle. Les
« deux colonnettes qui l'ornent, les médaillons et la
« frise qui la couronnent sont bien de la Renaissance,
« *comme aussi de la Renaissance la porte latérale*
« *qui fait communiquer le château avec l'Eglise.*

---

(1) Aug. Broutin : *Châteaux historiques du Forez.*

(2) Consulter J. Condamin : *Histoire de Saint-Chamond et de la seigneurie de Jarez*, où l'on trouvera soigneusement dessinés tous les blasons des Mitte de Chevrières et des Miolans (Paris, Picard, 1890).

« Toutefois, les meurtrières qui accompagnent la
« grande porte d'entrée doivent être un débris d'une
« porte plus ancienne et du pont-levis qui la proté-
« geait, car cette porte, telle qu'elle est aujourd'hui,
« n'aurait pu offrir la moindre résistance à un
« ennemi (1) ».

Les murailles de l'enceinte actuelle du château, du
côté du village et de l'ancien cimetière, remonteraient
à l'année 1474, d'après une date taillée en creux dans
le cavet d'une des larges et épaisses pierres qui, en
faisant saillie, servent de couverture à ces murailles (2).

Nous verrons plus tard, au cours de ce travail,
que le château de Chevrières ayant été pillé et
démantelé, en 1465, par les troupes du duc de Bourbon, Louis II Mitte dut vraisemblablement faire
construire un nouveau mur d'enceinte, pour mettre
à l'abri de toute déprédation les ruines précieuses de
sa demeure seigneuriale.

Or, ce mur d'enceinte ne pouvait plus être l'épais
et haut rempart des châteaux féodaux. Toute muraille
de défense devenait inutile, à l'heure où le régime
féodal se mourait, frappé au cœur par le roi Louis XI.

Toutefois, les fossés qui entouraient les anciennes
fortifications n'avaient pas été entièrement comblés.
On les voyait encore en l'année 1756 (3).

Ce ne fut qu'un demi-siècle plus tard, c'est-à-dire

---

(1) Aug. Broutin : *Châteaux historiques du Forez.*

(2) Nous avons trouvé nous-même cette précieuse date, à hauteur d'homme, dans le mur ouest de la maison du régisseur et gravée sur une pierre ayant servi jadis aux murailles d'enceinte du château et transportée par hasard à la place qu'elle occupe actuellement. Cette pierre porte la date de 1474.

(3) *Archives du département de la Loire.*

vers 1520, que l'antique manoir sortit de ses ruines par les soins de Louis II Mitte, seigneur de Chevrières et de Miolans.

Et tant que les pierres du château démantelé des Mitte jonchèrent le sol, ils habitèrent la seigneurie de Grézieu-le-Marché, dont ils étaient possesseurs.

« La seigneurie de Chevrières était assez impor-
« tante pour former ce qu'on appelait un *mande-*
« *ment*. Elle s'étendait sur toute ladite paroisse, sur
« celle de Saint-Médard et sur Aveizieux, son an-
« nexe (1) ».

Voici, du reste, ce que dit, de cette seigneurie, un vieux terrier du XVIᵉ siècle (2) :

Cette terre est située en Forest, à une lieue de la ville de St-Galmier, à une lieue de celle de Chazelle ; à une lieue de Saint-Symphorien ; à deux lieus de St-Etienne ; à trois lieues de Saint-Chamond ; à quatre lieues de Montbrison, et à sept lieues de Lion.

Elle est toutte justice, haulte, moyenne et basse, avec droit de nommer le juge, le capitaine chatellin, le lieutenant, le Procureur d'office, greffier et autres ; cette terre relève directement du Roy, à cause du Comté de Forest, comme il paraît par la foy et homage rendus par devant M. le Lieutenant général de Montbrison.

Il y a trois paroisses avec leurs clochers qui en dépendent : celle de Chevrières qui est fort considérable et d'une grande étendue ; il y a environ 8 ou 900 communients : celles de Saint-Médard et Aveizieu. Il est dû tous les mêmes droits seigneuriaux et honorifiques que dans toutes les autres terres du Forest.

Après avoir donné le détail de ces droits seigneu-

---

(1) Aug. Broutin : *Châteaux historiques du Forez*, passim.

(2) Communiqué par Mˡˡᵉˢ Neyrand, propriétaires du château de Chevrières. Nous avons respecté le style et l'orthographe de l'intéressante pièce.

riaux, le terrier nous fait la description intéressante du château lui-même.

Le lecteur sera certainement heureux de connaître l'ensemble des constructions qui, aux XVIe et XVIIe siècles, composaient le manoir des Seigneurs de Chevrières, dont il ne reste, nous l'avons dit plus haut, que deux tours démantelées.

Le château de Chevrières, qui se trouve au milieu de ladite terre.... a la veüe sur Montbrison et sur toute la plaine du Forest. Il est situé sur la croupe d'une montagne. L'on y entre par une belle cour carrée dont les murailles sont d'une belle hauteur, et toute cadettée avec des grandes pierres de taille.
De là, on entre dans une autre cour, par une très belle porte de pierre de taille, dont les pillastres sont de toute beauté. Ladite cour est toute cadettée de pierre de taille, autour de laquelle cour il y a deux corps de logis passablement logeables.
Il y a quatre tours, dont lune est carrée et fort grande, avec une plate forme dont les murailles sont aussy cadettés avec de pierre de taille.
Il y a une autre cour de l'autre côtté du Château où sont tout autour les greniers; les escuries, granges à foing sont un peu séparées du chateau quoy quelle soint dans la cour dudit château etc. (1).

Telle était encore, il y a deux cents ans, la demeure des seigneurs de Chevrières. Il est vrai que la description simple et naïve que nous venons de lire ne nous fait entrevoir aucune de ces merveilles de l'art qui captivent le lecteur ; mais elle nous révèle suffisamment de choses pour que, sans un trop grand effort de l'imagination, nous nous fassions une juste idée du manoir seigneurial qui nous occupe.

Aujourd'hui, le temps qui a raison de tout, les

---

(1) Nous avons respecté et le style et l'orthographe du terrier. (Archives particulières du château.)

révolutions qui bouleversent les hommes et leurs œuvres, ont bien changé, que dis-je, ont presque anéanti, la célèbre demeure seigneuriale des Mitte.

Du château fameux de Chevrières, de ses hauts remparts, de ses fiers donjons, il ne reste plus aujourd'hui que les deux tours jumelles dont nous avons

Castel moderne de Chevrières

parlé, et qui commandent encore la porte Renaissance construite par Louis II, seigneur de Chevrières et de Miolans. Nous ne disons rien des constructions adhérentes à ces tours et dont on admire la hardiesse et la solidité, car elles ne sont que des parties bien incomplètes du vaste quadrilatère qui renfermait deux cours intérieures, de spacieuses galeries donnant accès dans de magnifiques salles toutes imprégnées de la grandeur et de la magnificence de leurs nobles possesseurs.

« A côté du vieux manoir des Mitte, M. Elisée
« Neyrand (1) a fait construire, en 1860, un châtelet
« moderne, dit M. Auguste Broutin, dans ses
« *Châteaux historiques du Forez*, qui, s'il n'a pas
« la majesté du château-fort féodal, possède du moins
« la grâce et le vrai confortable de nos habitations
« modernes.

« Au reste, M. Elisée Neyrand a eu le bon esprit
« de conserver ce qui reste de ce vieux château ; il
« a su même l'utiliser et le relier à sa nouvelle
« construction.

« Lorsque le touriste voit s'épanouir au soleil
« couchant la gracieuse façade du châtelet moderne,
« à côté des hautes tours de l'ancien manoir noircies
« par le temps, il peut les comparer à l'ancêtre
« endormi à côté du berceau de son petit-fils. »

(1) Mort en 1891.

CHAPITRE III

—

LES DIVERS POSSESSEURS

DU

CHATEAU-FORT DE CHEVRIÈRES

DEPUIS

LES TEMPS LES PLUS RECULÉS

JUSQU'A NOS JOURS

CHAPITRE III[1]

LES DIVERS POSSESSEURS DE LA SEIGNEURIE DE CHEVRIÈRES

§ I. — DE MALVOISIN

Il faudrait, pour connaître l'origine de la seigneurie de Chevrières, remonter jusqu'à l'origine des francs-fiefs, c'est-à-dire, jusqu'à cette époque reculée, où les successeurs de Charlemagne, trop faibles pour résister à de multiples ennemis, s'organisèrent en confédération comprenant des droits et des devoirs réciproques.

La rivalité des peuples ou tribus établis en France, et qui voulaient se gouverner eux-mêmes, d'une part ;

---

[1] Ce chapitre III, sauf quelques abrévations que nous avons dû faire pour faciliter la marche du récit, est tout entier tiré du Tome IX du *Recueil des Mémoires et Documents sur le Forez*.

Le difficile travail de la généalogie des Mitte de Chevrières ayant été très savamment publié par M. Maurice de Boissieu, nous l'avons adopté dans notre cadre, avec la permission de l'honorable et compétent auteur. Et, pour ce faire, nous nous sommes contenté de mettre en relief, au premier plan, la lignée des aînés de la noble famille des Mitte de Mons, laissant, au second plan et en notes abrégées, l'histoire des cadets.

Ainsi nous avons débarrassé notre texte de tous les détails qui, ne se rapportant qu'indirectement aux possesseurs du château et de la seigneurie de Chevrières, n'auraient fait qu'entraver la marche des faits rapportés dans ce chapitre, et, partant, fatiguer le lecteur.

Pour de plus amples détails sur cet intéressant sujet, consulter le Tome IX des *Mémoires et Documents sur le Forez*.

de l'autre, la faiblesse des rois de France, qui ne pouvant défendre leurs sujets contre les Normands, les laissèrent libres de se protéger eux-mêmes et de se rendre indépendants : telles furent les causes de la féodalité et, partant, l'origine de toute seigneurie.

Alors la France, dont de vastes contrées étaient aux mains de nombreux et puissants seigneurs, auxquels les rois faisaient, pour se les attacher, des concessions de territoire, la France se couvrit bientôt de châteaux flanqués de tours crénelées, avec fossés, pont-levis et beffrois; de parcs, d'abbayes et de forêts seigneuriales. Tout le monde sait que les concessions de territoire devinrent surtout fréquentes, à partir de Louis le Débonnaire. Et, vers la fin du IXe siècle, où le domaine royal *achevait de s'en aller en poussière*, on comptait déjà vingt-neuf provinces ou fragments de provinces érigés en petits états, dont les gouverneurs étaient devenus, sous le titre de ducs, comtes ou vicomtes, de véritables souverains (1).

Or, la province du Forez qui, du VIe au Xe siècle, fut administrée par des comtes et gouverneurs amovibles et dépendants des rois du premier et du second royaume de Bourgogne, la province du Forez vit bientôt son territoire, comme tant d'autres, s'émietter en une multitude de seigneuries relevant de la *souveraineté* du Comté lui-même, et, partant, ce même territoire se couvrir d'un grand nombre de châteaux-forts, lesquels servaient moins à abriter les familles seigneuriales qu'à les défendre contre les incessantes agressions de voisins jaloux et envieux.

---

(1) Guizot : *Histoire de la civilisation de la France*. Tome II, page 242.

La seigneurie de Chevrières fut, à l'origine, ce que furent tant d'autres seigneuries, la résidence de quelque preux chevalier qui l'avait conquise à la pointe de son épée, et que ses hauts faits d'armes avaient anobli.

Le premier possesseur connu du château-fort de Chevrières fut un Malvoisin. Les Malvoisin étaient une grande famille du Forez, très chevaleresque et qui eut quelque célébrité dès le XIIe siècle.

La maison de Malvoisin, disent, en effet, les *Mémoires et Documents sur le Forez*, était de Forez et très ancienne, illustre en piété et en valeur depuis plusieurs siècles (1).

En effet, un seigneur du nom de Pierre de Malvoisin, *Petrus Maleviceni*, figure comme témoin dans une charte concernant le prieuré de Randan, près de Feurs, et donnée vers l'an 1000 (2).

Deux autres chevaliers Guillaume et Jean de Malvoisin, qui prirent part à la première croisade en 1096, paraissent appartenir à la même famille (3).

En 1194, un Malvoisin était témoin, comme un des principaux habitants de Montbrison, d'une transaction faite, les 11 et 12 janvier, entre les Frères de Saint-Jean de Jérusalem et les moines de Savigneux, au sujet des offrandes et droits de sépulture dans la chapelle et le cimetière que les hospitaliers de Saint-Jean venaient d'établir à Montbrison. La présence d'un Malvoisin, comme témoin d'une transaction

---

(1) A. Barban : *Mémoires de la Diana*. Tome VIII, page 336.

(2) Cartulaire de Savigny, n° 124.

(3) A. Barban. *Op. cit.*

faite dans la capitale du Comté dont ressortissait Chevrières, nous fait raisonnablement croire que la famille des Malvoisin, déjà à cette date, habitait Chevrières.

En août 1279, Hugues de Malvoisin, chevalier, prêtait foi et hommage à vénérable frère Ytier, prieur de Saint-Rambert, pour droits, cens, rentes, services, et usages dans le village de Plancieu et dans les paroisses de Marclop et de Montrond, sauf le droit du comte de Forez (1).

Comme on le voit, la famille des Malvoisin était très ancienne dans le Forez. Et, d'après les documents que nous avons consultés, nous ne craignons pas d'affirmer que l'ancienne famille chevaleresque des Malvoisin, qui a formé trois branches : celle des seigneurs de Rébé, en Beaujolais, fondue dans celle des Merle ; celle des seigneurs de la Liegue, fondue dans celle des Dinache, en 1321 ; celle des seigneurs de Chevrières, fondue dans les Mitte de Mons, vit un jour cette dernière branche s'établir dans nos contrées, dès le XIe siècle, sinon auparavant (2).

La piété des Malvoisin était légendaire. Outre cinq couvents que la maison de Malvoisin fonda, elle fit aussi de grands biens aux abbayes de Savigny et de Valbenoîte, et à l'église de Saint-Galmier. La commanderie de Chazelles tient de cette maison la meilleure partie de ce qu'elle possède ; et Hugues, père de Catherine, *que nous verrons bientôt épouser Guillaume, seigneur de Mons et de Laval*, ainsi que

---

(1) *Archives de la Loire.* Titre original sur parchemin.

(2) *Armorial*, de Steyert.

Bréhémonde, sa seconde femme, se plurent encore à multiplier autour d'eux les actes de générosité et à majorer les anciennes fondations faites par leurs ancêtres (1).

Quant à la valeur des Malvoisin, elle était incontestable. Un Pierre de Malvoisin se distingua vaillamment à la bataille de Bouvines, en 1214, ayant combattu et gardé prisonnier Othon IV, roi des Romains, lequel venait au secours du roi Jean d'Angleterre, contre le roi de France Philippe-Auguste.

Un autre, nommé Robert, mena, en 1218, cent chevaliers contre les Albigeois, pour soutenir l'armée des catholiques, commandée par Simon de Montfort.

Le sire de Joinville, dans sa Chronique (chapitre dix-neuvième), parle fort honorablement d'un Guyon de Malvoisin, qui conduisait cent lances au voyage de la Terre-Sainte, sous saint Louis, en 1270 (2).

Telle fut la famille des Malvoisin, maîtresse du château-fort et de la seigneurie de Chevrières, dès le xie siècle : famille de gentilshommes vertueux et de preux chevaliers ; famille illustre, entre cent autres, par la noblesse de son blason.

Les armes des Malvoisin qui étaient : *d'or à une fasce ondée de gueules*, se voient encore de nos jours sculptées sur une clef de voûte de l'église de Saint-Galmier, qu'ils dotèrent généreusement.

Hugues de Malvoisin, le dernier de cette race, fut héritier de tout le mérite de ses prédécesseurs. Le premier, il commença à porter le nom de *Chevrières*,

---

(1) A. Barban, passim. et *Mémoires de la Diana*, T. IX.

2) A. Barban, passim. et *Mémoires de la Diana*. T. IX.

qui était sa principale seigneurie, laissant au second rang le nom des Malvoisin, illustré cependant par tant de bravoure et de vertus.

Nous voyons, en effet, d'après les actes importants de sa Maison, contrats, hommages, testaments, qu'il signe : *Hugues, Seigneur de Chevrières et Viricelles.*

Ce même Hugues, chevalier, seigneur de Chevrières, faisait, en 1315, partie de la noblesse du Forez qui se ligua alors avec celle de Champagne pour s'opposer par la force, s'il était nécessaire, aux impôts injustes que Philippe le Bel réclamait (1).

Honoré de la confiance des comtes du Forez, il fut, au mois d'août 1316, en sa qualité de mareschal du comte Jean, chargé de la garde des cardinaux, au conclave tenu à Lyon pour l'élection du Pape Jean XXII, et de la garde de la ville elle-même pendant ce conclave (2).

Une lettre passée par devant... du 13 janvier 1319, nous apprend que Hugues, alors procureur du Comte de Forez Jean, présenta *à la commune et peuple de Crémonne, Alghix de Gluxan, pour estre recteur et gubernateur du chasteau et appartenances de Poncin pour ledit conte de Forez, à quoy il a esté receu par ladite commune* (3).

La même année, il était, avec les principaux seigneurs du Forez, caution du comte Jean, pour l'exécution des conventions faites avec Louis, sire

---

(1) Aug. Broutin, passim., dans les *Châteaux historiques du Forez*.

(2) Huilard-Bréholles, n° 1428.

(3) Inventaire et titres du comté de Forez. Lyasse 8. N° 409. Jacq. Luillier, publié par Aug. Chaverondier.

de Bourbon, pour l'entretien et l'éducation, en **Forez**, de Jeanne de Bourbon, sa fille, jusqu'au jour de son mariage avec Guy, fils dudit comte Jean (1).

Le 12 janvier 1325, Hugues de Malvoisin, seigneur de Chevrières, chevalier, reconnaît tenir en fief et hommage-lige du Comte de Forez tout le mandement de son château de Chevrières avec justice haute et moyenne et appartenances, exceptant, dans son hommage, son château qu'il dit tenir en fief immédiat du seigneur de Roussillon, exceptant encore tout ce qu'il tient en franc-fief du prieur de Saint-Médard, au territoire de Savigneu, près de Chevrières, etc. (2).

« En 1332, nous retrouvons Hugues de Malvoisin
« compromis dans une affaire qui nous montre
« qu'il épousait avec plus d'ardeur, peut-être, que
« de réflexion, le parti du Comte du Forez, ou de
« son gendre, le sire de Roussillon.

« En effet, en cette année 1332, Hugues de Mal-
« voisin et Hugues Guichard, tous deux chevaliers,
« à la tête d'une grande troupe armée, s'emparèrent
« du châteu de Thorenc, fief appartenant au chevalier
« Briant de Lavieu, en brisèrent les portes et le
« pillèrent de fond en comble. Ils en chassèrent
« même Briant de Lavieu, en déchirèrent les éten-
« dards et dressèrent à leur place ceux d'Adhémar,
« sire de Roussillon. Briant de Lavieu porta plainte
« au parlement de Paris. Hugues de Malvoisin et
« Hugues Guichard se retranchèrent derrière les

(1) Huilard. N° 1519.

(2) Archives de la Loire. *Ducs de Bourbon*, par de La Mure, publié par Chantelauze et Steyert, tome I, pages 362-400.

« ordres qu'ils disaient avoir reçus du sire de
« Roussillon, dont ils relevaient.

« Une première enquête fut faite par le bailli
« du Vivarais ; elle ne fut pas, sans doute, au gré du
« sire de Roussillon, qui réclama, à son tour, une
« contre-enquête ; elle lui fut favorable et il fut absous
« de l'accusation, portée contre lui, d'avoir poussé
« et armé Malvoisin, Guichard et leurs soldats. » (1).

Une lettre scellée en cire rouge, du pénultième
juing 1337, dit l'*Inventaire des Titres du Comté de
Forez*, de Luillier (2), nous montre que Guy, comte
de Forestz « a délaissé par eschange à Hugues de
Malvoisin (chevalier), seigneur de Chevrières, plusieurs cens et rentes y déclarez, à la charge de l'hommaige envers ledict seigneur ; et, en ce fesant, ledict
seigneur de Chevrières lui a délaissé plusieurs cens
et rentes assis à Saint-Valdomer (Saint-Galmier), y
déclarez ».

Comme on le voit, les Malvoisin tenaient haute
place dans les rangs de la chevalerie forézienne.

Aussi bien, n'est-il pas étonnant de voir la fille de
noble Hugues et de Guichard de Roweys, Catherine,
l'unique héritière de la riche seigneurie de Chevrières,
recherchée en mariage par tout ce qu'il y a de plus
illustre et de mieux apparenté parmi les jeunes gentilshommes d'alentour.

Or, Hugues de Malvoisin, sollicité par plus d'un
chevalier, donna la préférence à Guillaume, seigneur
de Mons et de Laval.

---

(1) Huilard-Bréholles, n° 1999.

(2) Aug. Chaverondier.

Celui-ci fit demander la main de Catherine par son beau-père, Pierre de la Mastre, seigneur de la Bastie d'Andaure, d'Ayriac et de Bry en Vivarais, et par son cousin, Guyot de Charenton. Il l'obtint, et épousa Catherine de Malvoisin, en 1331.

§ II. — MITTE DE MONS.

La famille des Mons, qui s'alliait ainsi aux Malvoisin, ne leur cédait en rien en noblesse ni en célébrité.

Les Mons, surnommés Mitte, d'un vieux manoir qu'ils possédaient au mandement de la châtellenie de Saint-Bonnet-le-Château, en Forez, étaient originaires des montagnes qui servent de limites entre le Velay et le Forez (1).

Cette illustre maison portait anciennement le nom d'Albin. On trouve un nommé Guillaume Albin au nombre des croisés pour la Terre-Sainte, en 1097, et sous le commandement de Godefroy de Bouillon (2).

---

(1) Mitte est un vieux château dont il ne reste que des masures dans la paroisse de Saint-Hilaire. Ce château a communiqué son nom à deux hameaux qui sont dans le voisinage, savoir : Saint-Hilaire-Mitte, et Laval-Mitte. qu'on a le tort d'écrire ainsi, aujourd'hui : Saint-Hilaire-Cusson-*La-Valmitte* ! Rien n'est plus répandu, dans le public, que ces erreurs de graphie, et rien n'y est moins facilement déracinable. Que d'années d'efforts, que de démarches, que de pourparlers, le savant auteur de l'*Histoire de Saint-Chamond* n'a-t-il point dû faire, avant de réussir à faire comprendre au public que la graphie Jarret est inepte, et que le mot doit être orthographié avec un seul R et la désinence EZ, Jarez, comme Forez ! Encore l'idée n'a-t-elle pu encore se caser dans tous les esprits, à la Préfecture de la Loire, non plus, paraît-il, que dans ceux des préposés à l'Administration des postes, et le timbre postal du bureau de Saint-Paul-en-*Jarez* continue à porter, comme ci-devant : Saint-Paul-en-*Jarret* ! Mais le bon sens public finira bien par avoir raison de la pire de toutes les ignorances : celle des sourds qui ne veulent rien entendre.

(2) Cf. *Mémoires de la Diana*, T. IX, p. 61.

Ogier, disent les mémoires de cette maison, était seigneur de Mons (1) etc., et chevalier, grand écuyer et gouverneur du Dauphiné, en 1250. A ces divers titres s'ajoutait encore la qualification importante de *fils du bailli du Velay*. Or, à cette époque, les baillis étant de vrais gouverneurs de province : on voit combien déjà était puissante la maison des Mitte de Mons.

Cet Ogier, dont la femme nous est inconnue, et qui mourut en 1277, en laissant trois enfants : Bertrand, Landric et Guillemette, était le bisaïeul de Guillaume Mitte de Mons, le nouveau possesseur de la seigneurie de Chevrières.

Voici du reste la généalogie des Mitte de Mons depuis Ogier, le premier des ascendants le mieux connu, jusqu'à Guillaume, qui devint seigneur de Chevrières et Viricelles, en épousant Catherine de Malvoisin et jusqu'à leur dernier rejeton.

OGIER *dit* ALBIN (1260)

Nous avons noté que Ogier, dit Albin, eut trois enfants : Bertrand, Landric, Guillemette (2). L'aîné, Bertrand, seigneur de Mons et baron de Rocheblaine, grand écuyer et chambellan ordinaire de Humbert, dauphin de Viennois et maréchal du Dauphiné,

---

(1) Les ruines du château de Mons dominent le hameau de Mons à Saint-Georges-l'Agricol (Haute-Loire).

(2) *Landric* fut évêque, duc de Langres et pair de France. *Guillemette* fut mariée l'an 1273, à Pierre Querge, seigneur de Saint-Marcel-sur-Loire. (*Recueil de Mémoires et Documents sur le Forez*. Société de la Diana. T. IX, p. 62. — M. de Boissieu.)

épousa Alix de Lignières, fille d'Eméric, seigneur dudit lieu, en Berry, de laquelle il eut cinq enfants. Il vivait en 1290 et 1301.

PIERRE MITTE *dit* PIERRE 1ᵉʳ (1312)

Pierre, Guillaume, Ponce, Emeric, Bertrand étaient les noms de ces enfants (1). Pierre Mitte, dit Pierre 1ᵉʳ, après la mort de son père, épousa, en 1312, Audette, fille et héritière de Pierre de la Mastre, seigneur de la Bastie d'Andance, d'Ayriac et de Bry en Vivarais. Dès sa jeunesse, il se mit à la suite des comtes de Forez et, comme il était sage et heureux dans ses entreprises, le comte Jean l'employa dans ses affaires essentielles et le fit chef de son conseil. Le comte Guy, succédant à son père, lui garda la même confiance et le fit bailli de Forez, en même temps que lieutenant général dans la province.

En 1345 et 1346, il était à Crécy, aux côtés du comte, qui avait volé au secours de Philippe VI, roi de France, contre Edouard III d'Angleterre. Et, toujours prodigue de son courage et de son sang, nous le voyons, l'année suivante, 1347, à la tête de la noblesse forézienne, prendre part à la défense de Calais.

---

(1) *Guillaume* qui fut le troisième abbé et chef de l'ordre de Saint-Antoine de Viennois, acheva l'église de son abbaye, fit plusieurs fondations et surtout érigea la chapelle de Saint-Jean l'Evangéliste où il fut enterré, en 1342. — *Ponce* qui fut chanoine, précenteur et comte de Lyon ; aussi chanoine du Puy et de Vienne, et enfin abbé de Saint-Antoine, après Pierre Lobet, successeur immédiat de son frère en l'an 1369. C'est lui qui embellit l'église et le couvent bâtis par Guillaume. Ami intime du pape Urbain V, qui le chargea de plusieurs affaires secrètes et importantes pour le Saint-Siège, il allait recevoir la pourpre cardinalice, lorsque ce pape mourut, en 1370. — *Emeric*, qui fut aumônier des rois Jean et Charles V, conseiller de ce dernier, et ensuite évêque de Poitiers, de 1361 à 1369, année de sa mort. — *Bertrand*, qui fut prieur de Grazac-en-Velay, de l'ordre de Cluny. *(Mémoires et Documents de la Diana*, Tome IX.)

Les chroniques racontent que, le 25 août 1353, Jehan Prohet, sergent d'armes du roi et bailli du Velay, ayant été assassiné par Gérenton Albuy, pendant qu'il priait dans l'église des Carmes du Puy, Pierre Mitte fut accusé par le meurtrier d'avoir, avec plusieurs autres seigneurs, trempé dans le crime. Or, pour échapper aux rigueurs de la justice et aussi à la vengeance de la famille des Prohet, après avoir en vain protesté de son innocence, il s'enfuit en Italie. Là, il se mit à visiter les principales villes, et surtout Gênes et Rome. Homme d'initiative et de bravoure, il sut se rendre cher à différents princes de ce pays, par les services signalés qu'il leur rendit; ses mérites furent si bien appréciés qu'il fut fait sénateur romain.

Il passa tout le reste de sa vie en Italie sans doute; mais on ne sait rien de plus sur cette vie agitée d'un gentilhomme dont on oublie facilement quelques écarts pour ne se souvenir que de ses remarquables qualités.

On ignore le jour de sa mort et le lieu où elle arriva, car il n'est plus question de lui dans aucun document depuis l'année 1359. Tout ce que l'on sait, c'est qu'il laissa quatre fils et quatre filles, savoir : Guillaume, Bertrand, Ponce, Pierre, Alix, Vierne, Poitevine, Clémence (1).

---

(1) *Bertrand*, homme de courage et de grand esprit, d'une grande habileté à manier les affaires du monde, orateur d'une grande éloquence et d'une diction parfaite; cœur d'une grande libéralité, et d'une exquise grandeur à recevoir les seigneurs dans son abbaye, succéda à son oncle Ponce, à l'abbaye de Saint-Antoine, en 1374: après avoir été longtemps commandeur de Renuiret-en-Piémont, mourut en odeur de sainteté, l'année 1389. — *Ponce* fut aussi de l'ordre de Saint-Antoine, et commandeur général dans la Pouille, Sicile et Calabre; il vivait en 1364. — *Pierre*, dit-on, surnommé Conil, fut protonotaire du Saint-Siège, chanoine de Vienne et chantre du Puy, acquéreur, comme procu-

GUILLAUME (1331)

Ce Guillaume, fils aîné de Pierre Ier Mitte de Mons, fut précisément l'époux de Catherine de Malvoisin.

Comme on l'a vu par ce que nous avons écrit et annoté dans les pages précédentes, la famille des Mitte de Mons était déjà illustre dans le Forez par les fonctions importantes que plusieurs de ses membres remplissaient, dans la magistrature, dans l'église, dans l'armée, dans la diplomatie. Nous verrons, plus tard, d'autres personnages de cette même noble famille arriver, par leurs propres talents et mérites, par leur remarquable dévouement à la couronne de France, aux grandes dignités de chambellans, de membres du conseil privé et de gentilshommes de la Chambre.

Revenons à Guillaume Mitte de Mons, celui entre les mains de qui va passer la seigneurie de Chevrières et Viricelles, par son mariage avec Catherine de Malvolsin (1331).

Il était, nous l'avons dit, fils de Pierre Mitte de Mons, bailli du Forez. Pendant les dix-neuf années qu'il vécut avec son épouse, il eut dix enfants. Les chroniques du temps nous ont transmis la douce appellation de *cher mari*, que lui donnait sa vertueuse

---

reur et au nom de son neveu Pierre II, en 1363, de la terre et seigneurie de Grézieu-le-Marché en Lyonnais, de Enarde de Moras, héritière de son oncle, Falcon de Moras, seigneur dudit lieu.— *Alix* fut mariée, l'an 1335, à Jacques de Laudes ou de Lode. — *Vierne* épousa, au Puy, l'année 1336, Hugues de Châteauneuf, seigneur du lieu de Rochebonne. — *Poitevine* fut aussi mariée au Puy, l'an 1339, à Eudes de Senueil en Velay. — *Clémence* épousa Geoffroy de Morans, seigneur de Châteauneuf de Galaure, en Dauphiné. (*Mémoires de la Diana*. Tome IX.)

épouse. D'où l'on peut conclure, sans crainte de se tromper, qu'il fut un époux modèle et digne de la noble compagne dont la piété et la sagesse sont demeurées légendaires.

Cet homme de bien mourut en 1350, et du vivant de son père et de tous ses enfants. Son corps fut porté à Saint-Agricol-en-Velay, du côté de Mons, où il repose dans le mausolée de ses prédécesseurs (1).

Catherine, sa sainte épouse, vécut plusieurs années après lui, car elle ne mourut qu'en août 1379. Elle repose à Chevrières, dans la chapelle dite *du château*. C'est le premier membre de la noble famille des Mitte de Mons qui ait choisi l'église paroissiale pour lieu de sa sépulture.

Voici les noms des dix enfants de Guillaume Mitte de Mons et de Catherine de Malvoisin : Pierre, Guillaume, Bertrand, Pierre, Odette, Guicharde, Jeanne, Alix, Marguerite, Poitevine (2).

---

(1) *Mémoires de la Diana*. Tome IX.

(2) *Guillaume*, dit Guyonnet, fut chambellan du duc Louis de Bourbon, et alla en Barbarie contre les infidèles, où il fut tué à l'assaut de la ville d'Afrique, El Mehadia, en Tunisie. — *Bertrand* mourut jeune, croit-on. — *Pierre*, dit Ponce, fut chanoine de l'église du Puy, prieur d'Arnas près de Villefranche (Rhône), et mourut en septembre 1395. — *Odette* fut mariée à Girard de Saint-Bonnet, seigneur de Bussières en Forez. — *Guicharde* épousa Arnaud de Nerpaut, seigneur de Chalmet en Dauphiné, l'an 1364. Elle mourut sans enfant, en 1384, et fit héritier Pierre son frère, l'aîné de la maison, lequel fit porter son corps à Saint-Paul-d'Izelles, en Dauphiné, où elle gît. Entr'autres fondations et dons dus à la générosité de Guicharde Mitte, on cite la fondation d'une lampe pour brûler continuellement dans l'*église de Chevrières* sur le tombeau de sa mère. — *Jeanne* fut abbesse du monastère de Saint-Paul d'Izelles (Isère), où elle gît près la dame de Chalmet sa sœur. — *Alix* fut mariée à noble François d'Izeron. — *Marguerite* épousa Robert d'Angerre ou Angérès, seigneur de Saint-Bonnet-les-Oules en Forez, où elle gît depuis l'an 1372. — *Poitevine* mourut apparemment toute jeune. (*Mémoires de la Diana*. Tome IX.)

PIERRE II (1379)

Pierre II, surnommé Conil, pour le distinguer de son oncle Pierre Ier, fut héritier de tous les biens de son père et de sa mère, et aussi de nombreuses dettes ; car son grand-père Hugues avait fait de grandes dépenses. Lui-même, Pierre, avait été dans la nécessité de marier plusieurs de ses sœurs et de les doter.

Cependant il alla à la cour des princes et s'y maintint avec prudence et honneur. Chambellan du duc de Bourbon, Louis II, dit le Bon, qui était, par sa femme Jeanne, nouvellement comte de Forez, il le suivit, en 1390, contre les Sarrasins, en Barbarie, et fut tué, l'année suivante, à l'assaut d'une place forte. Il avait épousé Marguerite de Séverac, d'une très ancienne et très distinguée famille de Rouergue, laquelle lui donna un fils Jean, dit Mitton, et deux filles : Dauphine mariée, en 1389, à l'âge de seize ans, du vivant de sa mère, au seigneur de la Faye ; et Jeanne qui épousa, en 1395, le seigneur de la Chaux, en Bourgogne.

JEAN, *dit* MITTON (1391)

Jean, que sa grande jeunesse avait fait surnommer Mitton, fut, comme son père, seigneur de Chevrières, Mons, Grézieu, Laval, Viricelles et des Fayes. Marié la même année que celle de la mort de son père, en 1391, à Agnès Allemand de Dauphiné, il mourut, après trois années de mariage (1394), laissant trois enfants : Jean II, Robert et Jacques. Il gît à Chevrières, à côté de Catherine de Malvoisin, épouse de Hugues, seigneur dudit lieu et de Viricelles. C'est la deuxième tombe creusée dans l'église paroissiale (1). Quant à Agnès, sa femme, fille de Guichard et de Béatrix de Roussillon, elle fut tutrice de ses enfants, après la mort de Pierre, dit Ponce, oncle de son mari, qui ne fut tuteur qu'une seule année.

Elle administra très mal le bien de ses enfants, jusqu'à leur faire perdre tout ce qu'elle put. Les papiers et contrats de cette époque nous la font connaître comme dissipatrice et marâtre, s'appliquant méchamment à ruiner sa maison.

Elle mourut, le 11 novembre 1418, au château de Grézieu, et son corps fut porté à Chevrières, où elle gît auprès de son mari. Et c'est la troisième inhumation seigneuriale faite dans l'église de Chevrières.

JEAN II (1394)

Jean II, âgé de deux ans, à la mort de son père, fut seigneur de Chevrières, Mons, Grézieu, Laval, etc. De la tutelle de son grand-oncle d'abord, et de celle de sa mère ensuite, il passa, encore enfant, à la cour du duc de Berry, frère du roi Charles V. Celui-ci prit Jean II en si grande affection qu'il le fit, à l'âge de dix-huit ans, colonel de toute l'infanterie de l'armée envoyée, contre le duc de Bourgogne, par les ducs de

---

(1) *Robert* eut pour apanage la seigneurie des Fayes, en attendant qu'il fût pourvu de quelques bénéfices; car son père lui enjoignait par son testament d'embrasser la carrière ecclésiastique. Ne tenant nul compte des recommandations paternelles, il suivit la profession des armes et fut tué à la bataille d'Azincourt, l'an 1415, aux côtés du duc de Bourbon qui eut le même sort.— *Jacques* avait aussi été destiné à l'église par son père. Respectant les intentions de ce dernier, il devint abbé d'Ambournay et de la Chassagne, au diocèse de Lyon et mourut en 1425. (*Mémoires de la Diana*. Tome IX.)

Berry, d'Orléans, de Bourbon, de Bretagne. A peine était-il arrivé sous les murs de Paris que le duc de Berry le fit chevalier et chambellan.

Jean II sut répondre à cette haute et royale amitié par un dévouement à toute épreuve. Il suivit le duc de Berry dans toutes ses rencontres avec le remuant duc de Bourgogne, combattit vaillamment à ses côtés, comme un dévoué et fidèle ami, si bien qu'il attira par sa bravoure l'attention du roi Charles V, qui le créa son premier écuyer. Et quand, en 1416, le duc de Berry, âgé de septante-huit ans, mourait en son hôtel de Nesle, au grand regret de toute la France, le seigneur de Chevrières éprouva un si profond chagrin qu'il mourut lui-même, le 8 septembre de cette même année, à l'âge de vingt-quatre ans, laissant après lui la réputation d'un gentilhomme de vertu et de valeur.

Il gît à Chevrières. C'est la quatrième sépulture seigneuriale faite dans l'église paroissiale.

Jean laissa de sa femme, Isabeau de Montagny, fille de François, baron dudit lieu en Lyonnais, et de Louise de Marzé, trois fils savoir : |Louis, Guillaume, et Pierre (1).

---

(1) *Guillaume*, dit Guillot, eut pour apanage Mons et Laval. Il épousa Catherine, fille de Anne de Rivoire, seigneur de Pressin en Dauphiné, dont il n'eut point d'enfant, quoiqu'ils eussent demeuré bien longtemps ensemble. Sans espérance d'en avoir, il fit une donation réciproque, l'an 1441, avec Louis, son frère aîné, pour la conservation de sa maison, par laquelle, ils consentaient tous deux que tous leurs biens demeurassent au survivant, sans pouvoir en disposer autrement. Ainsi ces biens furent pour Louis, car Guillaume mourut sans hoirs, l'an 1478. — *Pierre* fut envoyé, dès sa jeunesse, en l'université de Paris, où il se rendit fort savant ; aussi étudia-t-il longtemps, car, en 1447, il était encore au collège et avait pour le moins trente et un ans. Il fut de l'ordre de Saint-Antoine et commandeur de Moningues ou Memmingen, en Bavière (1452). (*Mémoires de la Diana*. Tome IX.)

LOUIS I (1416)

Louis Iᵉʳ de nom succéda en très bas âge à tous les biens de son père. Après avoir été sous la douce tutelle de sa mère et ensuite sous celle trop négligente de son parent le baron de Montagny, il fut envoyé jeune encore dans la maison du duc de Bourbon et élevé avec le jeune comte de Clermont. Celui-ci, après la mort de son père, étant devenu duc de Bourbon, fit de Louis le chef de son conseil d'abord, et plus tard le créa chambellan, maréchal, et enfin sénéchal de Bourbonnais. Pressé par le duc d'entreprendre une affaire contre son honneur, il lui remit tous ses emplois et se retira de son service pour ne point entrer dans la faction qu'on lui proposait.

Charles VII connut ce beau désintéressement et cette franche probité ; aussi bien, honora-t-il notre Louis de la grande dignité de panetier.

Louis XI et Charles VIII appréciant les hautes qualités du seigneur de Chevrières le firent gentilhomme de leur chambre et n'eurent jamais à se repentir de leur libéralité à l'égard de ce noble chevalier, car il leur resta toujours très fidèle, malgré les sollicitations de plusieurs princes et grands seigneurs qui, conspirant contre le royaume, voulaient l'avoir pour eux.

Dévoué, corps et âme, à Louis XI, il suivit le parti du roi de France toujours et contre tous ceux qui tentaient de renverser son trône. C'est ainsi que, en 1465, Louis XI, mécontent de Jean II, duc de Bourbon et comte de Forez, l'un des chefs de la

Ligue ourdie contre sa couronne et sa vie, appela à son secours François Sforza, duc de Milan ; et, aidé de ses troupes, ayant à ses côtés Louis Mitte I, il ravagea les provinces du comte Jean, mettant à feu et à sang un grand nombre de villes et de châteaux.

Mais le duc de Bourbon et comte de Forez, Jean II, usant bientôt de représailles contre les seigneurs (1) qui avaient pris parti pour Louis XI, mit sur pied toutes les troupes dont il disposait, et, secondé par les Foréziens victimes du récent pillage, il prit une revanche éclatante sur les Lombards de François de Sforza. Après avoir dévasté les terres et démantelé les châteaux des partisans du roi, il incendia ce qu'il ne pouvait détruire. La tradition, et avec elle l'histoire des ducs de Bourgogne (T. II, p. 265) (2), vont jusqu'à dire que le duc de Bourbon, ayant repoussé ses ennemis jusqu'au Mont-Pilat, les tailla en pièces à Saint-Genest-Malifaux, dans une localité qui porte encore, de nos jours, le nom de *cimetière des Lombards*.

Nous pensons très vraisemblement, avec M. Aug. Broutin, l'érudit auteur des *Châteaux historiques du Forez* auquel nous devons un grand nombre de précieux documents, que ce fut dans cette sanglante poursuite que les troupes du duc de Bourbon attaquèrent Chevrières, firent le sac du village et de son château-fort, et, partant, très probablement aussi, le sac de l'église paroissiale (1465).

Si l'on veut connaître la cause de la violence des

---

(1) *Mémoires et Documents sur le Forez*, Diana. — M. de Boissieu. Tome IX.

(2) La Mure et Chantelauze.

représailles du duc de Bourbon et comte de Forez, Jean II, contre Louis de Chevrières, qu'on la cherche dans la confiance dont le roi honorait ce dernier. Louis, en effet, était un des généraux de Louis XI.

Louis Mitte I avait épousé, en 1438, Françoise de Miolans, fille et héritière du comte Jacques et de Marie de Sassenage-Tallard, une des plus illustres familles de Savoie, connue depuis le xe siècle, et dont les seigneurs étaient si puissants qu'ils soutinrent souvent des guerres contre les comtes de Savoie ; leur piété a été grande, comme on le voit par plusieurs fondations, et leur maison a produit plusieurs grands hommes qui ont été gouverneurs en France et ailleurs (1). C'est à cette alliance que Louis Ier dut la haute dignité de maréchal de France dont l'honora le roi Louis XI.

Quelques auteurs font remarier Louis Ier, après un long veuvage, avec Anne de Layre de Cuzieu. Mais ce n'est pas Louis I ; c'est son fils aîné, Jean III, qui épousa Anne de Layre, fille de Louis et d'Agnès de Chalus, laquelle lui apporta en dot les seigneuries de Cuzieu, Unias et Doizieu-en-Forez, en 1474.

Parvenu à un grand âge, il laissa, de son vivant, à Jean, son fils aîné, le gouvernement de toutes ses terres.

La chronique raconte que les jours de son veuvage ne furent par exempts de faiblesses. Nous ne savons à quel point il fut adonné aux plaisirs. Mais, ce qui nous paraît vraisemblable, c'est qu'il sut faire oublier quelques écarts par les bienfaits qu'il répandit autour

---

(1) *Mémoires et Documents sur le Forez*. — *Diana*. — M. de Boissieu. Tome IX.

de lui. C'est Louis Ier, en effet, qui, entr'autres œuvres pies, fit construire, dans l'église de Chevrières, la chapelle de Notre-Dame, laquelle, comme nous l'avons dit plus haut, avait été détruite, en 1465, par les bandes armées du duc de Bourbon. Il portait pour emblème un pélican avec sa piété sur un bûcher, et, pour devise : *Nul n'a tant fait pour moi*. Il mourut, l'année 1489, à Paris. Sa dépouille mortelle, ramenée à Chevrières, gît dans la chapelle de Notre-Dame qu'il avait fait reconstruire.

C'est la cinquième sépulture seigneuriale faite dans l'église de Chevrières.

JEAN III (1489)

Des huit enfants qu'il laissa de Françoise de Miolans, savoir : Jean, Louis, Jeanne, Claude, Isabelle, Louise, Françoise et Claude, Jean seul, son fils aîné, dénommé Jean III, est digne d'attirer notre attention (1). Il restait seul héritier du nom de Chevrières, et de toutes les terres dont son père lui avait déjà laissé le gouvernement à cause de son grand âge. Marié, comme nous l'avons dit précédemment, à Anne de Layre, en 1475, il devint, par son épouse, seigneur de Cuzieu, Unias et Doizieu-en-Forez, et aussi de Chaignon-en-Lyonnais.

Cette Anne de Layre, fille de Louis et d'Agnès de

---

(1) On ne sait rien de *Louis*. — *Jeanne* épousa Guillaume de Rochefort, seigneur de la Valette-en-Forez, lequel vivait en 1487. — *Claude* fut mariée à Charles de Miolans, ou plutôt de Montlians-en-Dauphiné. — *Isabelle* eut pour époux Jean, seigneur de Choizieu-en-Forez. — *Louise* fut religieuse à Marcigny. — *Françoise* et *Claude* apparemment moururent jeunes. (*Mémoires de la Diana*. Tome IX.)

Chalus, appartenait à une très ancienne famille issue des seigneurs de Cornillon. Nous savons que Raclet de Layre épousa, le 19 juillet 1377, Béatrix de Sausac, ou Salzac, fille et héritière d'Hugues, seigneur de Cuzieu, et qu'elle eut de son père, Bernard de Layre, seigneur de Cornillon, la seigneurie de Doizieu pour apanage (1).

A un esprit élevé, elle joignait une âme très charitable. C'est ainsi qu'elle se plaisait à élever autour d'elle douze pauvres demoiselles de qualité, depuis l'âge de huit ans jusqu'à celui de vingt. Elle les nourrissait, faisait leur éducation, et les dotait pour les marier ensuite à quelques gentilhommes, afin qu'elles n'eussent pas le chagrin de perdre leur noblesse.

Rien de plus original que cette figure de châtelaine entourée, à l'exemple d'Anne de Bretagne, comme d'une cour de jeunes filles, que sa maison surnommait plaisamment : *Chaperons de velours*, sans doute à cause de la forme et de l'étoffe de leurs coiffures.

Elle mourut, en l'année 1506, et élut sa sépulture dans l'église de Cuzieu. Remarquons, en passant, que Anne de Layre mourut dans son château de Grézieu-le-Marché, qu'elle habitait avec son noble époux, depuis que le manoir de Chevrières était devenu un amas de ruines, après les violentes représailles du duc de Bourbon. C'est de cette demeure princière qu'elle se fit transporter à Cuzieu, sept ans après la mort de son mari.

Comme ses ancêtres, Jean III portait au cœur

---

(1) Id., Tome IX.

l'amour de la France et de son roi. Aussi bien, ne ménagea-t-il ni son courage ni son sang pour leur défense. Le 4 août 1479, à Guinegatte, il fit des prodiges de valeur. Partout où il y avait quelque bonne cause à soutenir, il était là, avec son épée et sa bravoure. C'est pourquoi, après cinq ans de mariage, en cette même année, 1479, il fut fait chevalier, et, sans nul doute, sur le champ de bataille de Guinegatte.

Non seulement il sut garder toute sa célébrité au nom déjà si illustre des Chevrières, par la magnificence avec laquelle il recevait en son château de Cuzieu, mais il fut encore assez heureux pour conserver l'amitié du roi Charles VIII. Chose plus extraordinaire encore, le roi de France voulut bien honorer de sa royale présence le château de Grézieu-le-Marché, que Jean III habitait, en attendant que celui de Chevrières sortît de ses ruines. On dit même qu'en l'année 1496 il reçut et régala très splendidement, en ce vieux manoir, Charles VIII, avec tous les princes et seigneurs de la cour.

Les dons de la nature s'alliant avec ceux de l'esprit et de la fortune, faisaient de Jean III de Chevrières un des plus remarquables seigneurs de son temps. D'une grande et forte taille, le visage plein et coloré, il passait pour le plus brave et le plus adroit des chevaliers que l'on eût vus, à la guerre et dans les tournois. A la lutte, dit la chronique, il ne connut jamais de vainqueur.

Au mois de septembre de l'année 1499, il fit l'acquisition des seigneuries de Lignon-en-Velay et de Sauzi-en-Lyonnais, de Jean de Rochebaron, seigneur desdits lieux, de la Planche et de la Verdure, lequel demeurait à Montreuil-en-Picardie (1).

Revenant de Lyon, où il avait signé l'acte notarié, il fut surpris par la maladie et contraint de s'arrêter à Riverie (Rhône), où il mourut, le premier jour de février, après avoir été, pendant dix ans, le chef de sa maison.

Son corps fut porté à Chevrières, et enterré auprès de ses ancêtres, avec toute la pompe que méritait un tel seigneur. C'est la sixième sépulture seigneuriale dans l'église de Chevrières. Il laissa neuf enfants, cinq filles et quatre fils, savoir : Louis, Pierre (2), Hugues, Jean, Jacques, Marguerite, Béatrix, Louise, Bénigne.

(1) *Mémoires de la Diana*. Tome IX.

(2) *Pierre* fut héritier universel de sa mère, et ainsi seigneur de Cuzieu. Il épousa Perrine de Saint-Germain, de la maison d'Apchon, dont il n'eut point d'enfants ; ainsi tous ses biens furent réunis à la maison de Chevrières. — *Hugues* mourut jeune. — *Jean* (voir ci-après). — *Jacques*, nommé Didier par Bosio, fut chevalier de Saint-Jean de Jérusalem, pour lors dit, Rhodes, et aujourd'hui Malte. Il fut très renommé par trois excellentes qualités, qui faisaient espérer qu'il serait un jour grand maître de son ordre (étant alors commandeur de Verrières et de Chazelles). Il était sage dans ses œuvres, vaillant aux armes, et en troisième lieu, savant dans les lettres. Il fut envoyé par le grand maître, Philippe Villiers de l'Isle-d'Adam, au pape Adrien VI, pour lui porter la triste nouvelle de la prise de Rhodes par le sultan, Soliman II, à qui elle fut rendue par composition, le 24 décembre 1522, après un siège de six mois, où les Turcs perdirent plus de cent mille hommes. Le grand-maître s'étant retiré l'année suivante avec cinquante voiles, s'arrêta à Candie, puis en Sicile, d'où ils furent rappelés par le pape, à Viterbe, qui leur donna cette ville où le brave Jacques mourut de la peste, l'an 1534. — *Marguerite* fut mariée à Hugues de Marzé, baron dudit lieu, et de Belleroche, en Beaujolais. — *Béatrix* fut promise au baron de Sassenage ; mais, quelques raisons ayant rompu le mariage, elle épousa Jean III, seigneur d'Amanzé, en Bourgogne. — *Louise* eut pour époux Zacharie de Saint-Symphorien, seigneur de Chamousset, en Lyonnais. — *Bénigne* fut religieuse à Saint-Pierre de Lyon, et ensuite abbesse de Chazeau, paroisse de Firminy-en-Forez, après sa tante Gabrielle de Layre. Cette abbaye avait été fondée, en 1310 ou 1315, par Luce de Beaudiner, dame de Cornillon, sous la règle de Sainte-Claire ; puis, étant transférée à Lyon, en 1620, elle fut mise sous celle de Saint-Benoît. Bénigne fut aussi prieure de l'Argentière, où, apparemment elle est morte, puisqu'elle y est enterrée ; ce qui arriva en 1535. Marguerite d'Amanzé, sa nièce, lui succéda dans son abbaye. (*Mémoires et Documents sur le Forez. — Diana. —* Tome IX.)

LOUIS II (1499)

Louis II, seigneur de Chevrières, Grézieu, Sauzi, Lignon, Viricelles, Mons, Faramans, Ornacieu, Laval, Chaignon, Doizieu, Unias et pays de Cuzieu, fut le chef de sa famille, en 1499. Il avait épousé, le 22 novembre 1508, Madeleine de Crussol, fille de Jacques, sénéchal de Beaucaire et de Nîmes, capitaine de deux bandes d'archers de la garde du roi, et de Simone, vicomtesse d'Uzès.

Il fut fort peu de temps avec son épouse, étant toujours au service du roi, chargé de missions, obligé de marcher à la tête des troupes dont Louis XII lui avait confié le commandement.

Le 14 mai 1509, il combattit si vaillamment avec ses cinq cents hommes, à Aignadel, en Italie, que le roi, content de lui, augmenta sa troupe de cinq cents autres soldats, et l'envoya à l'assaut de Brescia assiégée par les troupes du duc de Nemours, en février 1512. La même année, il fut à la prise de Ravenne contre le même duc, perdit beaucoup de gens et fut blessé d'un coup de pique. Lorsque les Espagnols, les Anglais et les Suisses, jaloux des triomphes de Louis XII, se jetèrent sur la France, le seigneur de Chevrières fut nommé lieutenant du roi, à Lyon, afin de pourvoir à la défense de cette ville, dans le cas où elle serait assiégée (1513).

L'année suivante, 1514, il se trouva à Abbeville au mariage du roi, veuf d'Anne de Bretagne, avec Marie d'Angleterre, et s'y distingua au tournoi par sa merveilleuse adresse, tant et si bien que François Ier, après avoir succédé à son royal beau-père (1515), l'ayant pris en vive estime et affection, le fit capitaine de ses gardes françaises et sénéchal de Bourbonnais (1), honneurs et dignités que Louis II avait vaillamment achetés au prix de son sang ; car, à la bataille de Marignan, il eut un cheval tué sous lui et reçut plusieurs blessures à la tête, ce qui l'obligea de porter perruque ; et s'il ne put, à son grand regret et à cause d'une maladie, se trouver à la bataille de Pavie, du moins il sut encore, par ses constants et généreux services au trône, mériter la haute dignité de chambellan et de chef du conseil privé du roi, avec le chancelier Duprat.

L'an 1522, le roi lui confia la mission de faire rentrer dans leur foyer tous les aventuriers qui étaient sous ses ordres, dans les environs de Lyon, et de les tailler en pièces, s'ils refusaient de se retirer. Ce à quoi le seigneur de Chevrières s'employa avec zèle et succès (2).

Deux ans après, en 1524, il prit le nom des Miolans et écartela ses armes de celles de cette famille illustre, telles qu'on peut les voir, de nos jours, dans le bel écusson qui surmonte la porte du château de Chevrières : *Au premier et quatrième, d'argent au sautoir de gueules, bordé de sable à huit fleurs de lis d'or, qui est de Mitte ; au deuxième et troisième, de gueules à trois bandes d'or, qui est, le premier et le quatrième, de Miolans.* La seigneurie de Miolans, en Savoie, lui

---

(1) Avec ordre de poursuivre le Connétable de Bourbon et de le saisir. Ce qu'il fit jusqu'à Chantilly, mais il ne put l'atteindre. *Mémoires et Documents sur le Forez. — Diana. —* Tome IX.

(2) *Mémoires et Documents sur le Forez. — Diana. —* Tome IX.

venait de sa grand'mère, Françoise de Miolans, qui l'avait apportée en dot à son grand-père, Louis Mitte Ier, en 1438.

Créé bailli du Gévaudan, en 1528, il se démit dans la suite de cette charge et de tous les autres emplois et honneurs, fit son testament, le 9 avril 1529, instituant son fils Jean, son héritier, avec charge de porter les noms de Mitte et de Miolans, et il mourut, le 30 mai de la même année, à Chevrières, où il gît avec ses ancêtres. C'est la septième sépulture seigneuriale dans l'église paroissiale.

Quant à sa personne, les Mémoires du temps racontent qu'il était grand, avait le visage beau, ouvert et arrêté ; qu'il parlait peu, et qu'il était homme de très bon conseil. François Ier lui avait donné presque toutes les charges dont il a joui, sans qu'il les eût demandées, et l'appelait *son sage chevalier*. Lorsque le roi lui ordonnait de dire son avis, dans le conseil, pour les affaires d'importance, Louis demandait toujours un quart d'heure pour y songer.

C'est lui qui fit bâtir, tout entier et à neuf, le château-fort de Chevrières, lequel, comme nous l'avons dit plus haut, avait été démantelé et ruiné par les sanglantes représailles du duc de Bourbon, Jean II, en 1465.

Et c'est lui qui habita le premier le nouveau manoir, lequel, ayant perdu ses fossés, ses remparts et ses mâchicoulis, n'offrait plus que l'aspect d'une gracieuse et paisible demeure seigneuriale.

C'est sans doute à cette époque que disparurent les fortifications qui, flanquées de hautes tours, protégeaient le château-fort. Elles ne furent cependant pas démolies de fond en comble pour faire place au mur d'enceinte dont on voit encore aujourd'hui une partie s'élever du côté de l'ancien cimetière, et près de l'église, puisque les archives de la préfecture de la Loire nous assurent que les fossés qui entouraient ces fortifications, et probablement aussi leurs larges bases, existaient encore en 1756, comme nous l'avons raconté plus haut.

C'est, précisément, des deux tours principales qui commandaient, au Sud-Est, le château-fort, qu'est venu le nom *de Tournelles* donné au quartier du bourg qui échelonne ses maisons sur la route de Chevrières à Saint-Héand.

Nous avons vu précédemment que Louis II avait épousé Madeleine de Crussol. Cette très digne châtelaine mourut, deux ans après son cher époux, en 1531. Elle avait fait son testament le 7 novembre de la même année.

Dans ce testament, où elle fait divers legs à ses serviteurs, plusieurs fondations pieuses à l'église de Chevrières, et où elle fait la part de chacun de ses enfants, elle témoigne le désir d'être inhumée *au tombeau dudict seigneur de Chevrières, son seigneur et mary*, et laisse *mille livres tournois pour ses faictz funéraires.*

Madeleine de Crussol fut inhumée dans la chapelle du château, nouvellement reconstruite, auprès de son mari. C'est la huitième tombe creusée dans l'église paroissiale. Les exécuteurs testamentaires de la veuve de Louis Mitte II de Chevrières furent Claude d'Armanzé, précenteur de l'église de Lyon, et Jehan de Cuzieu, son beau-frère, seigneur dudict lieu, et doyen de la même église. A propos de Jehan de Cuzieu, quatrième fils de Jean III et frère de Louis II, nous dirons que c'est lui qui fit bâtir à neuf l'église de Chevrières, telle à peu près que nous la voyons aujourd'hui. Plusieurs clefs de voûte, un cul de lampe, deux ou trois chapiteaux portent en relief ses armes, dont l'écu porte *un lion chargé d'un lambel trois pendants, accompagné d'une crosse passée en pal par derrière.*

Jean fut protonotaire apostolique, comte et doyen de l'église de Lyon, en 1525, par la mort d'Antoine d'Albon-Saint-Forgeux, et abbé de Saint-Pierre-de-Clérac, en Agenais (1). Cette abbaye qui a été réunie à Saint-Jean-de-Latran, de Rome, valait pour lors six mille écus. Il eut encore plusieurs autres bénéfices et la coadjutorerie de l'archevêché de Vienne. On comprend très bien qu'il ait pu restaurer à ses frais l'église de Chevrières.

Après la mort de son frère Pierre, il eut plusieurs difficultés avec son aîné, touchant la succession de Cuzieu dont il jouit enfin, son frère Louis étant mort (2) dans ce temps-là, si bien qu'il en prit le nom et les armes, et voulut être enterré auprès de sa mère, dans l'église de Cuzieu, dit le généalogiste de la Maison de Saint-Chamond. Ce qui arriva en l'année 1533 (3).

---

(1) Il avait été reçu chanoine le 13 janvier 1509 à la sollicitude du roi Louis XII.

(2) *Mémoires et Documents sur le Forez.* — *Diana.* — Maurice de Boissieu. Tome IX.

(3) La Mure, *Histoire du Forez*, dit qu'il fut enterré à Chevrières. Nous pensons de même.

D'où il est facile de déduire que l'église de Chevrières, dont il est le fondateur, n'est point postérieure à cette date 1533, puisqu'il la fit élever de son vivant. C'est Jean de Cuzieu qui posa les fondements du bel hôtel de Chevrières, à Lyon, hôtel que les transformations du quartier de Saint-Jean ont laissé à peine debout.

Louis II eut trois fils et trois filles, savoir : Jean, Antoine, Gaspard, Claudine, Jeanne et Françoise (1).

JEAN IV (1529)

Jean IV succéda à tous les biens de son père, et, dès l'âge de quinze ans, fut donné comme page à François 1er. Il suivit le roi dans ses guerres d'Italie,

---

(1) *Antoine* eut la terre de Cuzieu pour son partage, et en prit le nom et les armes ; il fut chevalier de l'ordre du roi et épousa en premières noces Anne de Saint-Chamond, fille de Jean II, et en secondes, Michelle de Bouchavanes veuve Montmorency. — *Gaspard*, qui fut un des plus doctes de son temps, fort savant dans l'antiquité et grand historien, écrivit beaucoup sans permettre qu'on imprimât ses ouvrages. Il était fort solitaire, mais d'un grand jugement et d'un bon conseil. Il fut chanoine, archidiacre et comte de Lyon, n'ayant jamais voulu accepter aucun évêché, quoique Jacques Mitte de Chevrières, son neveu, lui en eût procuré les brevets du roi, ne voulant avoir charge d'âme que la sienne, ni même dire la messe, s'en jugeant indigne, quoiqu'il fût fort savant en grec et en latin, et grand homme de bien. Il fonda plusieurs saluts dans la Primatiale et y donna des ornements d'étoffe d'or, les plus beaux qui eussent encore paru dans cette église. Il vécut un grand âge, 92 ans, et laissa à son neveu une grosse somme de ses épargnes. Il mourut l'an 1605, et il gît dans son église. C'est lui qui a rédigé les Mémoires historiques et généalogiques de sa Maison. Il fit aussi continuer l'hôtel de Chevrières, à Lyon. — *Claudine* fut mariée, le 1er mai 1524, à Louis de Talaru, seigneur de Chalmazel, qui ayant été lieutenant des gardes du corps sous son beau-père, en fut après lui capitaine en chef. Elle fut d'une grande économie et mourut au château de Chalmazel, en 1566. Elle eut un fils nommé Claude, qui fut doyen de Lyon, après son oncle Claude d'Amanzé, fils de Béatrix Mitte : et lui, eut pour successeur Hector de Crémeaux, qui descendait de Louise Mitte, femme de Zacharie de Saint-Symphorien. — *Jeanne*, dame de Belleroche en Beaujolais, par sa tante Jeanne de Crussol, héritière de son mari Théodore de Marzé, qui épousa, le 13 mai 1542, Philibert de Nagues, marquis de Varennes, etc., bailli du Beaujolais et capitaine de l'arrière-ban de la province. Elle mourut en 1591. — *Françoise* qui fut religieuse, puis prieure de Marcigny-les-Nonnains, morte en odeur de sainteté en 1579. (*Mémoires de la Diana*. Tome IX.)

et signala si bien son courage et sa valeur, au siège de Fossan, que Gaillot, grand écuyer, le choisit, entre plusieurs, pour lui donner l'enseigne de sa compagnie de cent hommes d'armes, laquelle il mena d'abord après à Marseille, où il demeura tout le temps que dura le siège de Charles-Quint.

Henri II l'eut en si grande estime qu'il lui envoya chez lui sa cornette blanche sans qu'il l'eût demandée. Or (1), le roi avait refusé cet étendard précieux à plusieurs gentilshommes de distinction. Jean IV porta cette cornette royale avec tout l'honneur possible, sous trois rois, dans dix-huit campagnes et avec le titre de gentilhomme de la chambre.

Il borna là son ambition, bien qu'il eût pu pousser plus loin sa fortune. Il préféra la douceur du repos et la tranquillité dont il espérait jouir dans sa maison à tout ce qui engage la noblesse à quitter la solitude des manoirs. Il se retira donc de la Cour et vécut ses dernières années dans son château de Chevrières, en compagnie de sa noble épouse, Françoise Maréchal, fille et héritière de Jacques, chevalier, seigneur du Parc Saint-Martin, Senozan, La Salle et le Deau en Mâconnais, et de Laurence de Luyrieu, baronne de la Vellière.

Ce fut Jean Mitte IV qui, le 23 mai et le 31 août 1536, acquit, par échange et au prix de neuf vingt (2) livres tournois (actes reçus par Pierre Bruyas, notaire à Chevrières), d'Antoine Lorissy et de noble Antoine de Crémeaux, seigneur de Serre, des terres et bois

---

(1) *Mémoires et Documents sur le Forez.* — *Diana.*

(2) *Mémoires et Documents sur le Forez.*— *Diana.*— M. de Boissieu. Tome IX.

sis à Chevrières, au lieu de Monjasso, aujourd'hui Monjassou, lesquels terres et bois sont de nos jours encore la propriété de la famille Elisée Neyrand, de Saint-Chamond.

Jean IV fit son testament, le 27 décembre 1571, et mourut le 25 avril 1574; sa femme le suivit de près et mourut le 1er novembre 1575. Ils avaient vécu ensemble quarante-deux ans dans la plus parfaite union, élevant une très nombreuse famille. Tous deux reposent auprès de leurs ancêtres, dans la chapelle dite du château. Ce sont là les neuvième et dixième inhumations seigneuriales faites dans l'église paroissiale.

Jean Mitte IV et Françoise Maréchal laissèrent après eux quinze enfants, six garçons et neuf filles : François, Antoine, Jean, Gaspard, Louis, Jacques, Françoise, Anne, Marie, Françoise la jeune, Jacqueline, Lucrèce, Madeleine, Claudine, Catherine (1).

(1) *François* l'aîné, *Jean*, *Louis*, *Jacqueline* et *Lucrèce* moururent jeunes.— *Antoine* prit le parti des armes. Fait prisonnier à la bataille de Saint-Quentin, l'an 1557, il finit par se faire tuer dans les premiers troubles des Huguenots à la journée de Dreux, à l'âge de 23 ans et en l'année 1563. — *Gaspard* fut gentilhomme de la chambre du roi. Blessé à la bataille de Moncontour, il se retira à Parthenay, en Poitou, pour s'y faire panser et y mourut âgé de 23 ans, l'an 1569 et le 5 octobre. On voit son tombeau dans l'église des Cordeliers. — *Anne* épousa Antoine de la Goutte de Saint-Purgean, seigneur de Saint-Polgues, chevalier de l'ordre du roi, etc. — *Marie*, voir ci-après. — *Madeleine* fut religieuse et prieure de Marcigny suivant la généalogie de la Maison de Saint-Chamond, bien que ce nom ne figure pas dans le catalogue des prieures de ce monastère.— *Claudine* entra dans le couvent de Saint-Pierre de Lyon, d'où elle fut tirée pour être prieure de Sainte-Colombe, près de Vienne. Elle trouva ce monastère si ruiné par les guerres civiles, qu'il était ouvert de tous côtés. Il n'y restait que deux religieuses, lesquelles du reste n'étaient pas de fort bon exemple. Elle y établit la clôture, le jour de son entrée, et y mena avec elle, de Lyon, sa nièce de Simianes de Gordes et deux sœurs de Maugiron. Comme la vertu de cette nouvelle prieure et de ses trois compagnes était en très grande estime, toutes les meilleures maisons des environs recherchèrent avec soin d'y mettre leurs filles, si bien qu'en très peu de temps, cette communauté compta trente religieuses. L'église et le couvent furent rebâtis et les revenus augmentés par les dons et charités des parents, et surtout par le zèle de Jacques, frère

Bien que nous renvoyions ordinairement aux annotations (1) les détails biographiques de tous les personnages qui ne sont pas les aînés et les héritiers principaux des noms et de la fortune des seigneurs de Chevrières, nous ne passerons cependant jamais sous silence certains détails intéressants, certains faits et événements remarquables dont les acteurs ne sont que des personnages secondaires. Ainsi, à propos de Marie, neuvième enfant de Jean Mitte IV et de Françoise Maréchal, nous dirons qu'elle fut regardée comme l'une des plus sages et des plus pieuses filles de son temps. Dans le monde où elle ne fit, pour ainsi dire, que passer, puisque la mort la ravit très jeune à sa famille, elle parut toujours comme un prodige de vertus. Mais voici à son sujet un détail des plus intéressants. Elle fut marraine de la fameuse cloche de Saint-Jean, qu'on appelle encore de nos jours la *Grosse Cloche* ou le *Bourdon*. Cette cloche qui date du XIII° siècle, et qui avait été refondue vers 1305, et en 1508, ayant eu à cette époque pour marraine Anne de Bretagne, femme de Louis XII, qui lui donna le nom de Marie, fut encore et pour la troisième fois refondue, en 1555, par les soins du Chapitre. Or, à cette époque, le Doyen des Chanoines et Comtes de Lyon était précisément un

---

de notre prieure, et de Melchior, son neveu. Après avoir joui de la tranquillité que la vie religieuse et ses travaux lui avaient acquise, elle résigna son prieuré à sa nièce de Simianes, et elle mourut le 22 juin 1612. — *Catherine* fut mariée en premières noces à Jean de Priest, baron dudit lieu et chevalier de l'ordre du roi, duquel elle n'eut point d'enfant ; son mari étant mort en 1576, elle se remaria avec Gaspard de Simianes de Gordes, seigneur de Veynes, Monchal, Jaunages et autres terres. Elle en eut plusieurs enfants et mourut au dit Jaunages. *Mémoires et Documents sur le Forez.* — *Diana.* — Tome IX.

(1) *Mémoires et Documents sur le Forez.*— *Diana,* — Tome IX.

Chevrières, Gaspard Mitte, oncle paternel de Marie. C'est lui sans doute qui, chargé d'acheter le métal et de traiter avec le fondeur, choisit sa nièce pour être marraine de la nouvelle cloche. Le 24 juin de cette même année 1555, la cloche fut donc refondue dans la maison dite de *Coloignat*, au prix de 200 écus d'or soleil. Peu de temps après, avait lieu, sous les voûtes gothiques de la Primatiale, la bénédiction du bronze remarquable, œuvre de Gaspard Monier, de Viverols, en Auvergne. Et comme on le bénissait, Marie dit qu'elle estimerait fort heureuse la première personne qui le ferait sonner. Or, ce prétendu bonheur fut précisément pour elle, jeune marraine. Car peu de jours après la cérémonie de la bénédiction, elle mourut âgée seulement de quinze ans, l'an 1555. Et la grosse cloche, à peine installée dans l'antique beffroi de Saint-Jean, fut sonnée, pour la première fois, aux funérailles de Marie Mitte de Chevrières (1).

JACQUES (1574)

Mais revenons à Jacques, le cadet des enfants de Jean Mitte IV, et l'aîné et l'unique héritier, par la mort de ses cinq frères, des terres de Chevrières, Chatelus, Viricelles, Lavalla, Doizieu, Grézieu, Le Sauzi ; des Garets en Beaujolais, de Mons et Lignon en Velay, du Parc, Senozan, Saint-Martin, et la

---

(1) *Mémoires et Documents sur le Forez.* — *Diana.* — Tome IX. — Tout le monde sait que cette cloche, qui portait le nom de *Marie*, ne fit entendre ses belles notes que pendant 67 ans. En effet, en 1622, comme elle était fendue et discordante, on la fit refondre avec le même métal par Pierre Recordon : C'est celle qui existe aujourd'hui, en 1895. Elle pèse, dit-on, 18.000 kilogr. Elle eut pour marraine Marie-Anne d'Autriche. (*Les Cloches de Saint-Jean*, par Morel de Voleine.)

Salle en Mâconnais, Ornacieu et les Coutannes en Dauphiné, Jarcieu, Serves, d'Anjou, Faramans, de Miolans en Savoie et de la Vellière en Bresse.

Il vint au monde le 28 août 1549 et, en recueillant la succession de ses parents, il sut dans la suite faire revivre toutes les vertus des illustres ancêtres dont il était l'héritier. Courageux à la guerre, où il commandait avec la plus grande habileté à des soldats jugés les plus beaux et les meilleurs de l'armée, il se signala au siège de La Rochelle, sous Charles IX ; à Viemaury, contre les Reîtres, sous Henri III, en 1587 ; si bien que, peu de temps après, il fut fait capitaine de cinquante hommes d'armes, puis maréchal de camp de Sa Majesté ; enfin, il fut investi plusieurs fois du commandement en chef dans les provinces de Dauphiné, Lyonnais, Forez et Beaujolais, où il prit le Bourg-Duisan (1) et la ville de Vienne, avec les châteaux de Pipet et de la Bastie, força ceux de Riverie, Montrond, Thizy, Rochetaillée, Charlieu, etc. Il aurait certainement fourni d'autres preuves éclatantes de sa valeur militaire, si le détestable parricide de Henri III, arrivé en 1589, n'eût fait échoir la couronne à Henri IV, prince appartenant à la religion réformée. Le nouveau parti, dit *la Sainte-Union*, formé dans le but de réunir sous le drapeau du nouveau roi (2) les catholiques et les huguenots, trouva Jacques de Chevrières inébranlable dans ses croyances. Il préféra sa foi à son roi, et s'acquit une parfaite confiance parmi les principaux chefs, et

---

(1) Le Bourg-d'Oisans (Isère).

(2) *Mémoires et Documents sur le Forez.* — *Diana.* — Tome IX.

surtout auprès d'Henri II, duc de Guise, qui, voulant toujours l'avoir auprès de lui, le prit à son service. Après quelque temps, renvoyé dans sa province par le duc, il en fut fait lieutenant-général. Or, le duc de Nemours était gouverneur du Forez, au moment où Jacques revenait en Forez, et déjà s'y faisait une grande réputation d'autorité et de savoir-faire. Un jour, Nemours devint jaloux des succès de Jacques de Chevrières ; il le fit accuser par Anne d'Urfé de vouloir trahir *la Sainte-Union* et méconnaître l'autorité du roi, et le fit enfermer dans le château de Pierre-Encise, à Lyon. Mais, à la réquisition de la noblesse du pays, Jacques, après trois semaines de prison, fut rendu à la liberté.

Une fois maître de lui, Jacques fit achever, pour la sûreté de sa famille, les bastions du château de Saint-Chamond, que son beau-père Christophe avait commencés. Il arma ce château-fort d'un canon de batterie et de plusieurs pièces de campagne. Et pour se mettre à l'abri des coups de ses ennemis, et afin qu'à l'avenir les envieux ne pussent faire aucun mal ni à lui ni aux siens, il obtint d'Henri IV, avec qui il s'était réconcilié, lors du sacre à Chartres, le 27 février 1594, des lettres par lesquelles Sa Majesté déclarait vouloir et entendait que le sieur de Chevrières et les siens jouissent à jamais pleinement et paisiblement, sans en pouvoir être recherchés (1), des bastions et canons ci-devant dits. Ces lettres exceptionnelles lui furent données à Amiens en 1597.

Le roi Henri IV ne borna pas là ses faveurs envers

---

(1) *Mémoires et Documents sur le Forez*. — *Diana*. — Tome IX. — Et J. Condamin, *Histoire de Saint-Chamond*.

le seigneur de Chevrières qu'il avait en haute estime. Sa Majesté le fit son lieutenant royal en Velay (1595). Il était déjà conseiller d'Etat depuis le 12 juillet 1594. C'est lui qui eut l'honneur de réduire entièrement, sous l'obéissance du roi, tout le Velay, Lyon et toute la province.

Le colonel d'Ornano ayant voulu ursuper, en supprimant certaines dépêches, la gloire qui revenait toute à Jacques de Chevrières, d'avoir soumises au roi les deux sus-dites provinces, fut provoqué en duel par ce dernier. Mais, grâce à l'intervention de quelques bons amis, ils ne purent jamais se rencontrer.

Mais il arriva que Henri IV, venant à Lyon, leur ôta à tous deux le gouvernement pour le donner à Philibert de la Guiche, à qui succéda le duc de Vendôme, fils du roi, tandis que la lieutenance générale fut donnée au seigneur de Chevrières, qui la garda le reste de ses jours. (Lettres du 15 février 1601.)

Déjà, sur la fin de l'année 1595, le roi l'avait mandé de se rendre auprès de lui, le premier jour de l'année suivante, pour recevoir l'ordre du Saint-Esprit.

Jacques s'excusa de ne pouvoir répondre à l'invitation royale, à cause de la maladie de son épouse.

Celle-ci mourut, en effet, quelque temps après. Et ce ne fut que le 3 janvier 1599 que cet honneur lui fut conféré dans l'église des Augustins, de Paris (1).

En 1602, le roi l'envoya en ambassade extraordinaire (2) pour faire jurer au duc de Savoie la paix

---

(1) Il était déjà chevalier de l'ordre de Saint-Michel.

(2) *Mémoires et Documents sur le Forez.* — *Diana.* — Tome IX.

qu'il avait traitée, l'année précédente, avec le roi, à Lyon. On dit qu'à cette occasion jamais ambassadeur n'apparut avec tant de magnificence, et que jamais aussi plus brillante réception n'avait été faite à un représentant de la France.

Les mérites de Jacques de Chevrières faisaient entrevoir pour lui le plus brillant et le plus opulent avenir, car le roi lui avait fait la promesse de le nommer officier de sa couronne, lorsque la mort vint le surprendre et le coucher dans la tombe, anéantissant d'un seul coup toutes ses plus belles espérances. En effet, après avoir testé, le 2 mai 1606, il mourut, en son château de Septème, en Dauphiné, où il était allé respirer le bon air, le 9 du même mois et de la même année, à l'âge de cinquante-sept ans. Son corps fut apporté à Saint-Chamond pour y être enterré dans la chapelle des Capucins, après avoir séjourné et reposé dans l'église de Longes, toute la nuit du mercredi, 10 mai.

La dépouille mortelle de Jacques de Chevrières une fois arrivée à Saint-Chamond, ne pouvant pas être inhumée dans la dite chapelle (1), parce que la règle de Saint François d'Assise défend expressément les sépultures relevées, fut portée dans l'église des R.R. P.P. Minimes.

Il avait épousé, en premières noces, Gabrielle de Saint-Chamond, fille unique et héritière de Christophe. Cette épouse lui donna sept enfants, savoir : Jean, Claude, autre Claude (2), morts tous trois jeunes,

---

(1) Qu'il avait fait construire au bout de son jardin. (Gaspard de Chevrières, généalogiste.)

(2) *Mémoires et Documents sur le Forez.* — *Diana.* — Tome IX.

Melchior, Louis mort aussi jeune, Gaspard (1) et Anne morte dès l'enfance.

Gabrielle de Saint-Chamond, après avoir testé le 12 décembre 1596, était morte le 11 janvier 1597. Mais, en 1601, Jacques épousait, en secondes noces, Gabrielle de Gadagne, fille de Guillaume, seigneur de Bouthéon, comte de Verdun, lieutenant général au gouvernement de Lyonnais, Forez et Beaujolais, sénéchal de Lyon, capitaine de 50 hommes d'armes, chevalier des ordres du roi, et de Jeanne de Sugny (2). Le contrat de mariage fut passé à Lyon en l'habitation du sieur de la Baulme, le 26 février de ladite année, et le même jour avait lieu la cérémonie religieuse dans l'église de Sainte-Croix, à Lyon.

Jacques de Chevrières eut quatre enfants de ce

---

(1) *Mémoires et Documents sur le Forez*. — *Diana*. — Tome IX. — Gasparde fut mariée, fort jeune, le 24 décembre 1595, à Jean Timoléon de Beaufort, marquis de Canillac, lieutenant pour le roi en Auvergne, dont elle eut un fils unique, nommé Jacques. Veuve à l'âge de 17 ans, elle eut un procès à Paris pour la tutelle de son fils, et fut obligée d'en faire le voyage. Pendant le séjour qu'elle y fit, elle plut à Claude de l'Aubépine, marquis de Châteauneuf, en Berry, qui l'enleva de force pour en faire son épouse. Ayant obtenu sa liberté au bout de six semaines, par l'intermédiaire de son père, qui avait envoyé le seigneur de Chalmazel, le seigneur de Nérestang, et enfin son neveu Simianes de Montchal, elle vint à Saint-Chamond pleurer, et prier son père de se joindre à elle pour faire une justice exemplaire du sieur de Châteauneuf. Jacques de Chevrières-Miolans partit pour la cour et alla demander justice pour sa fille au roi qui, influencé par les ministres auxquels Châteauneuf était parent, ne parla que d'accommodement. Dans cet intervalle, Gasparde mit au monde une fille qui mourut. Cependant, la parenté du marquis voulait un accommodement. D'autre part, Gasparde, persuadée par des personnes de distinction que le seul moyen de tout réparer c'était d'épouser Claude de l'Aubépine, malgré son père, malgré son frère Melchior, qui cherchait Châteauneuf pour se battre en duel et ainsi venger sa sœur outragée, Gasparde consentit à épouser une seconde fois ledit Châteauneuf, dont elle eut une fille, et beaucoup de déplaisir pendant qu'ils vécurent ensemble. Mais enfin Châteauneuf mourut et, deux ans après, elle se remaria à Henry de la Chastre, comte de Nancey, chef de sa famille, ancienne et illustre dans le Berry, et enfin mourut elle-même à Nancey, le 13 juillet 1624, sans postérité de ce dernier mari. Elle fut enterrée aux Minimes d'Issoudun, où elle avait fait quelques fondations.

(2) Gabrielle de Gadagne était de l'illustre famille de ce nom laquelle était déjà des premières de Florence, en Toscane, en 1200. Cf. les savantes recherches de M. le comte de Charpin, sur cette famille.

second mariage, savoir : Jean-François, et Marie, Claudine et Jacques, morts tous trois en bas âge.

Il faut dire ici à la louange du seigneur de Chevrières-Miolans que, s'il fut un homme d'épée, il fut aussi un chrétien capable de bonnes œuvres. Ainsi, la première année de son mariage, qui dura cinq années, à la naissance de son fils Jean-François, il voulut pourvoir à sa dernière demeure, et, se ressouvenant qu'il était chargé, par le testament de sa première femme, d'employer six mille livres en œuvres pies, telles qu'il lui plairait, il crut ne pouvoir mieux les placer qu'en fondant un couvent de Capucins. Ce qu'il fit, à Saint-Chamond, *au bout de son jardin*, où il en fit commencer le bâtiment, l'an 1601. Son fils Melchior le fit continuer par les dortoirs, et les habitants contribuèrent pour l'achèvement de l'édifice, car il est bien évident que les six mille livres dont il est parlé plus haut ne constituaient pas une somme assez forte pour la complète installation d'un couvent de religieux.

« Jacques Mitte de Chevrières-Miollans, baron de
« Saint-Chamond, homme de caractère et d'action,
« plus doux que son beau-père et prédécesseur Chris-
« tophe de Saint-Chamond, moins brillant que son
« fils Melchior, appartient à cette génération qui vit
« les guerres civiles et religieuses du xvie siècle, et
« qui y prit part; génération batailleuse, en théologie
« comme en politique, dont le grand Corneille, qui en
« put connaître les derniers survivants, allait transpor-
« ter au théâtre la subtilité, l'énergie et la flamme. » (1)

---

(1) J. Condamin, *Histoire de Saint-Chamond et de la Seigneurie de Jarez*.

Gabrielle de Gadagne était la cinquième et la dernière fille de la famille, et, à cause de cela, la plus chérie, la plus choyée de ses parents. Aussi bien, gouverna-t-elle leur maison, dans leur vieillesse, et avec une prudence de femme expérimentée. Son habileté, son intelligence, son tact dans les affaires furent d'un grand secours à son mari, qu'elle trouva embarrassé de la tutelle du jeune marquis de Canillac (1), de plusieurs dettes et de quantité de procès.

Entrée belle-mère dans la famille des Mitte de Chevrières, elle se conduisit comme une vraie et bonne mère, traitant les enfants du premier lit comme les siens, et ne leur ménageant ni l'affection ni le dévouement.

Elle n'eut point de repos qu'elle n'eût acquitté les charges tant de la Maison de Saint-Chamond, à la succession de laquelle elle ne pouvait rien prétendre, que celles de feu son époux, dont elle espérait quelque bien pour ses enfants.

Chargée de trois procès difficiles : le premier, au sujet de la décharge de la tutelle du jeune marquis de Canillac; le deuxième, au sujet de la transaction que son mari avait faite avec le comte de Cardès, sa partie, et était entré en possession de toutes les terres de la substitution de Miolans, faite au profit de l'aîné; le troisième, au sujet des habitants de Saint-Chamond

---

(1) *Jacques-Timoléon de Beaufort-Canillac* était le fils de Jean, époux de Gasparde Mitte de Chevrières, sixième fille de Jacques de Chevrières Mitte de Miolans et de sa première femme Gabrielle de Saint-Chamond. Ce Jacques de Beaufort-Canillac fut condamné à mort par les Grands-Jours d'Auvergne le 25 janvier 1666, et exécuté en effigie. (*Mémoires de Fléchier sur les Grands-Jours d'Auvergne.* Chéruel, p. 259 et suivantes. — *Mémoires et Documents sur le Forez.* — Tome IX.

qui avaient révoqué et mis en litige les droits seigneuriaux de son illustre Maison, elle ne craignit pas de faire le voyage de Paris et, à force d'heureuses démarches, en rapporta trois arrêts fort avantageux.

Enfin, après avoir payé, soit avec ses propres épargnes, soit avec l'argent de la vente de plusieurs terres, toutes les dettes de la Maison de son cher époux, elle eut la joie de vivre avec lui, cinq années, dans une douce tranquillité.

Nous avons vu, plus haut, que Jacques de Miolans, dont la santé était chancelante, passa de vie à trépas, en son château de Septême, en Dauphiné, en l'année 1606.

En mourant, Jacques de Miolans ne lui laissait plus qu'un fils, Jean-François, des quatre qu'elle avait eus. Elle fut sa tutrice, et le fit élever et instruire dans les lettres et la vertu.

Sur l'aveu qu'elle fit à Melchior, son beau-fils, de la droiture et de la bonne conscience qu'elle avait apportées au maniement des affaires de la Maison de Chevrières, celui-ci la fit juge des différends qu'il pouvait avoir avec son jeune frère, la priant de les régler elle-même. Ce qu'elle fit sans plaider, à l'amiable.

Ainsi, grâce à la haute sagesse et au dévouement sans borne de leur noble mère, Jean-François et Melchior, quoiqu'enfants de divers lits, vécurent toujours dans la plus parfaite intelligence.

Gabrielle avait même créé et nourri, entre ces deux frères, une union si étroite, que la mort de Jean-François, tué au siège de Montauban, faillit coûter la vie à l'aîné Melchior.

La mort d'un fils unique qu'elle aimait d'une

affection toute particulière fut un malheur dont elle ne put jamais se consoler dans le monde. C'est pourquoi nous la voyons se retirer dans la solitude, autant que ses devoirs de famille le lui permettent, pour ne s'occuper que de ses chers défunts.

Puis, voulant perpétuer la mémoire de son mari (1) et celle de son fils, et leur procurer à jamais le bienfait des prières pour le salut de leurs âmes, elle fonde, en 1622, le couvent des RR. PP. Minimes, de Saint-Chamond, élève les mausolées qu'on y a vus jusqu'en 1793, et fait une rente de 4.000 livres perpétuelle et rachetable au sort principal de 20.000 francs.

Quant à Melchior, parce que sa belle-mère faisait cette fondation à Saint-Chamond plutôt qu'à Mâcon où elle résidait pour le reste de ses jours, il voulut contribuer à la bonne œuvre, en donnant tout le bois nécessaire pour la construction dudit couvent et en hâtant cette construction, qui se fit, la même année, au profit des Pères Minimes.

Ce n'est pas tout : Gabrielle de Gadagne fonda encore, en l'année 1624, dans la ville de Lyon, le monastère des filles de l'Annonciade, appelées Célestes, et les obligea d'y recevoir gratis et entretenir à perpétuité trois religieuses, dont ses successeurs auraient à jamais, sans prescription, la nomination de deux, et le chapitre celle de la troisième.

Gabrielle de Gadagne qui avait été élevée au couvent de Jourcey-en-Forez et qui demeura la femme la plus accomplie de son temps et de son sexe par ses grandes

---

(1) *Mémoires et Documents sur le Forez*. — Tome IX.

vertus, après cinq heureuses années passées en la compagnie de son noble et digne époux, au château de Chevrières, vint de Mâcon, où elle choisit sa demeure pour le reste de ses jours, mourir à Lyon, le mercredi 7 novembre 1635, sur les quatre à cinq heures du matin. Le lendemain, son corps fut inhumé dans l'église du petit collège, de Lyon, dont elle était la fondatrice. Son oraison funèbre fut prononcée par le R. P. Balthazar Flotte, de la Compagnie de Jésus, dans la chapelle même du petit collège, le 10 novembre 1636 (1).

MELCHIOR, *dit* PÈRE DE LA PATRIE (1606)

De tous les enfants que Jacques de Chevrières avait eus successivement de ses deux épouses, seuls Melchior, le quatrième, et Gasparde, mariée au marquis de Canillac, étaient vivants (2).

---

(1) *Gabrielle de Gadagne* donna encore de son vivant 24.000 livres aux Pères Jésuites du collège de la Trinité, à Lyon, pour l'établissement de trois basses classes, aux fins d'y enseigner la jeunesse en ceste ville du côté de Fourvières. Plus tard elle demanda au Consulat de l'autoriser à ce que fut basti un petit collège, avec une chapelle et bastimens capables de contenir et loger tant les escolliers qui yront estudier, que les Pères et régens nécessaires à cest effet.

De nos jours une rue voisine de l'ancien Petit Collège porte encore le nom de rue de Gadagne. (*Mémoires et Documents sur le Forez*. — Tome IX.)

(2) Leur frère, *Jean-François*, du second lit et qui porta le nom de Miolans que son frère Melchior lui avait laissé en échange de la terre de Doizieu, afin qu'il fît revivre la mémoire de cette illustre maison de Savoie, était de très bon naturel, prudent, courageux et adroit à toutes sortes d'exercices, et plein de savoir. Il eût certainement mis en relief la noble famille qu'il représentait par ses hautes qualités, s'il eût vécu. Il rendit tant de témoignages de sa valeur aux sièges de Saint-Jean-d'Angély et de Clérac, contre les rebelles en 1621, que le roi le jugea digne de commander un régiment de mille hommes de pied et lui en donna la charge au siège de Montauban. Mais cet emploi fut le commencement et la fin de sa fortune : car l'éclat d'une mine lui ravit la vie, à ce siège ; ce fut le 19 octobre 1621, et le dix-neuvième de son âge. Son corps fut porté à Saint-Chamond et déposé dans l'église Saint-Pierre, avec tous les honneurs

Melchior, dit Père de la Patrie

Melchior, devenu par la mort de ses frères l'unique héritier de ses parents, unit en sa personne les deux maisons de Mitte et de Saint-Chamond.

Obligé, par le contrat de mariage de son père et de sa mère, de porter le nom et les armes de Saint-Chamond, il ne voulut cependant point quitter celui de Mitte de Chevrières, qu'il a restreint pour l'avenir en la personne des aînés de ses descendants.

Ainsi il s'est fait nommer, dans tous ses contrats, *Melchior Mitte de Chevrières*, marquis de Saint-Chamond, et il a ajouté : comte de Miolans et Anjou, après la mort de son frère Jean-François, à qui il avait laissé le nom et la terre de Miolans pour son partage.

Il naquit, à Chevrières, le 19 septembre 1586, l'année qu'on appelle *de la grande peste*. Et parce que ses père et mère avaient perdu tous leurs autres enfants, à l'exception de Gasparde, qui avait été tenue sur les fonts par des pauvres, ils en firent de même du baptême du petit Melchior, lequel ils élevèrent avec grand soin pendant son enfance, à cause de la délicatesse de son tempérament, qui l'avait rendu sujet à beaucoup de fluxions et de maladies. Il perdit sa mère, à l'âge de dix ans, et fut en même temps envoyé par son père à Avignon pour y étudier : là il y employa si bien le temps, qu'il fit ses humanités et son cours

---

dus à son rang et à son mérite, et dans la suite il fut transporté dans l'église des Pères Minimes, où il gît. (*Mémoires et Documents sur le Forez*. Tome IX.) C'est ce Jean-François de Miolans qui fut parrain de la plus petite des trois cloches du beffroi de Chevrières, laquelle porte le millésime de 1602, date de la naissance de ce jeune seigneur. C'est lui encore qui fit don peut-être, et aussi fut parrain, vers la même époque, d'une des cloches de Grammond, datée de 1602.— Sur l'un et l'autre bronze, on lit : *A esté parrain noble Jean-François de Miolans, 1602.*

de philosophie en sept ans. Il sortit du collège, en 1603, et, une année après, il alla en Italie pour y apprendre ses exercices.

A son retour, qui fut en 1606, il trouva son père mort, ses charges perdues, sa Maison en état d'entrer en grand procès avec Gabrielle de Gadagne, sa belle-mère, et son honneur engagé à venger Gasparde, sa sœur, comme nous avons dit ci-devant, dans son article.

Le premier soin qu'il prit, en arrivant à Saint-Chamond, fut de rendre les derniers honneurs au corps de son père et, deux jours après, il partit pour le Berry pour vider l'affaire du marquis de Châteauneuf, ravisseur de sa sœur. Ce procédé, quoique violent, fut tellement approuvé d'Henri IV, qu'il le jugea dès lors capable de parvenir aux plus grandes charges de son royaume, quoiqu'il n'eût que vingt-quatre ans; et il l'honora de caresses si fréquentes et si particulières, que les plus vieux courtisans lui portaient envie.

Il lui restait son partage à faire avec son frère Jean-François, qui n'avait que cinq ans. Pour cela, ils entrèrent en procès, pour ne pas s'entendre; mais l'assiduité avec laquelle il voyait tous les jours sa belle-mère, à Paris, et son frère, leur donna lieu de s'accorder; et ils s'unirent si bien d'intérêts, que, dans la suite, rien ne fut capable de les brouiller; bien loin de là, ils vécurent ensemble avec une amitié si mutuelle, que cela donna lieu à Gabrielle de Gadagne de lui faire tous les grands biens dont nous avons parlé ci-dessus.

N'ayant donc aucune affaire dans sa Maison, il se

tenait ordinairement à la Cour, où il était aimé et estimé de tout le monde. Le roi même le regardait comme un des plus savants de son âge et de sa condition. C'est de quoi il rendit une admirable preuve à Fontainebleau, un jour de Saint-Pierre, 29 juin 1608, où le roi ayant la goutte et lui ayant commandé de mener M. de Castelnaud de Chalosse, gascon et huguenot, au sermon du P. Pierre Coton, jésuite, confesseur et prédicateur de Sa Majesté, ils rencontrèrent au retour, dans le cabinet du roi, un des plus fameux ministres du Languedoc, nommé Gigor, qui, voulant entrer en dispute de la foi, par la prière du sieur de Castelnaud, s'adressa à M. Melchior, sur la réalité du Saint-Sacrement de l'autel : celui-ci lui fit des réponses et des arguments si forts, que le roi et toute la cour virent et jugèrent le ministre convaincu, et les sieurs de Castelnaud et de Chaumond, bibliothécaires du Louvre, allèrent après peu de jours à la messe et attribuèrent leur conversion, après Dieu, à M. Melchior. Cette dispute fut imprimée sur papier volant et l'on peut en lire encore des témoignages dans un livre intitulé : *Les Discours politiques et militaires du sieur Millet.*

La lieutenance du roi, vacante par la mort de Jacques Mitte, ayant été donnée à Charles de Neuville d'Alincourt, qui pour lors était ambassadeur à Rome, la province demeura sans gouverneur jusqu'à son retour, si bien que toute la noblesse, pendant ce temps-là, prenait Melchior Mitte, tant qu'il était dans le pays, pour arbitre de leurs querelles, ce qui était un présage de l'autorité qu'il y devait bientôt avoir.

Comme il reconnaissait que toutes ces grâces lui venaient de la bonté de Dieu, il ne voulut pas demeurer longtemps sans lui en rendre quelque hommage. Pour cet effet, la vingt-unième année de son âge, il acheva le couvent des Capucins, que son père avait commencé à Saint-Chamond ; et, se ressouvenant des recommandations de sa mère et de son grand-père, il fit bâtir, l'année suivante, l'église paroissiale Saint-Pierre, que la nécessité des guerres civiles avait fait abattre, comme nous avons dit ci-devant, en parlant de Christophe ; et après y avoir fait enterrer ses prédécesseurs suivant leur intention, il la fit ériger en collégiale (1) et y fonda dix chanoines, quatre enfants de chœur, un bâtonnier et un secrétaire du Chapitre, mais cette fondation ne dura pas longtemps, comme nous le dirons ci-après.

A vingt-trois ans, il fiança dame Isabeau de Tournon, fille de Just-Louis de Tournon, comte de Roussillon, bailli de Vivarais, et grand sénéchal d'Auvergne, et de Madeleine de La Rochefoucaud. Les deux maisons sont si connues, qu'il y aurait trop à dire sur leur grandeur et ancienneté : ainsi, on peut voir les historiens là-dessus.

M. Melchior ayant reçu des défenses du roi de se marier sans sa permission, Sa Majesté lui ayant dit qu'il lui voulait servir de père, il fut contraint de l'aller trouver avant de passer outre : tellement qu'il ne l'épousa que l'année suivante, dans l'église paroissiale de Saint-Vincent, au château de Tournon, le 30 janvier 1610. Ils reçurent la bénédiction nuptiale

---

(1) Le 28 mai 1610 et le 14 septembre 1619.

des mains d'André de Le Beron, évêque de Valence (1). Et dans le même temps que sa femme faisait sa bienvenue à Saint-Chamond, le roi lui envoya une commission de cent chevau-légers, pour l'aller servir à la conquête qu'il prétendait faire du duché de Milan. Ainsi, laissant le soin de ses affaires domestiques, il prit celui de la mettre sur pied et la fit la plus belle de toute l'armée ; mais elle ne passa pas les monts et fut incontinent licenciée à l'occasion du détestable parricide commis le quatorze mai 1610, en la personne sacrée de ce grand roi, qui mit fin par cet horrible coup à ses grands et généreux desseins.

Cette perte fut si sensible à M. Melchior qu'il en fut malade, et ses regrets redoublèrent lorsqu'il sut, par le sieur de la Moulière, capitaine des gens de pied, que ce grand monarque, le jour de devant sa mort, voyant l'état de son armée d'Italie et rencontrant le nom de Melchior, s'arrêta un quart d'heure à en dire toutes sortes de biens à la reine, comme si, présageant son malheur, il le lui eût voulu recommander. Il alla donc rendre le plus tôt qu'il

---

(1) Le contrat fut passé le 30 janvier 1610 en présence de R. P. en Dieu, messire André Gala (de Galas de Leberon), évêque et comte de Valence, messires Just-Henry de Tournon, comte de Rossillon, Gaspard dit Armand, seigneur vicomte de Polignac, noble Christophe Harenc, seigneur de la Condamine, Claude Loys Allemand, seigneur de la Lévratière, Jacques de Gontard, écuyer, noble Marc-Antoine Ferriol, sieur de Reveux, juge général de Saint-Chamond, etc. Le dit seigneur de Saint-Chamond de l'avis de noble Floris de Gontard, seigneur de Saint-Martin-la-Plaine, son curateur.— Dot d'Isabeau de Tournon : 135.000 livres. Don de 6000 livres par le futur époux pour les joyaux. Reçu Ravachol, notaire à Saint-Chamond (communiqué par M. W. Poidebard).

Just de Tournon donna, en outre, à sa fille, tout le droit de justice sur la maison et domaine de l'Horme, et les villages des Guillots, Moinasson, Martian et Fontachard, tout le fief et autres droits qu'il a sur le domaine de la Barge, sauf la justice qu'il se réserve. (Registres de la Collégiale, communiqué par M. Journond.) (*Mémoires de la Diana*. Tome IX.)

put ses derniers devoirs à son bon maître et les premiers à son successeur Louis XIII, son fils, et à la reine, sa mère, régente du royaume, laquelle, voulant seconder les bonnes volontés du feu roi, son mari, érigea la même année la terre de Saint-Chamond en marquisat (1), en lui confirmant son ancien titre de premier baron du Lyonnais, dont les lettres patentes sont aux Archives parmi les titres d'honneur ; et, l'année suivante, elle lui donna une pension de trois mille six cents livres, qu'elle lui augmenta jusqu'à six mille livres, l'an 1616 (2). Les deux brevets sont dans une boîte de fer blanc aux dites Archives (3).

Le seigneur d'Alincourt, Charles de Neuville, ayant acheté la charge de gouverneur en chef de Lyon et pays de Lyonnais, etc., du duc de Vendôme, au prix de deux cent quarante mille livres, demanda permission à la reine de tirer récompense de la lieutenance du roi dont il jouissait, ce qu'elle lui accorda moyennant qu'il la remettrait au marquis de Saint-Chamond, quoi qu'il n'eût pas encore pour lors vingt-cinq ans accomplis ; il y consentit, pressé par les députés de Lyon, qui le portèrent à en donner six-vingt mille francs. Ainsi il en fut pourvu, en 1612, et l'exerça sept ans, y rendant plusieurs services signalés et s'y étant fait aimer plus que nul autre par la noblesse et

---

(1) Au mois de septembre 1610. — Cf. J. Condamin, *Histoire de Saint-Chamond*.

(2) Au mois de mars.

(3) Le 28 septembre 1615, Melchior de Chevrières jura d'observer les franchises de Saint-Chamond « en l'église Saint-Pierre, avec salve d'arquebusades ». (*Mémoires de la Diana*. Tome IX, page 139.)

par les peuples de la ville et du pays, n'ayant jamais voulu consentir, pendant son temps, qu'on fit aucune imposition extraordinaire pour lui ni pour les siens. Aussi, lorsqu'il lui arrivait quelque maladie, comme il en eut une très grande à Tours, au retour de Bordeaux, après le mariage de Louis XIII, en 1616, on ne voyait que larmes et prières générales et particulières pour sa santé, laquelle ayant été recouvrée, elles furent changées en joie et cris publics. Dieu avait conservé le père de la patrie.

La faiblesse que la maladie lui laissa l'obligea à demander congé à Leurs Majestés pour venir reprendre ses forces en sa maison, ce qu'il obtint, avec ordre de retourner à la Cour dès qu'il le pourrait et avec raison : car Henry de Bourbon, prince de Condé, qui avait nouvellement quitté les armes, s'était acquis un tel crédit, que la reine-mère ne put trouver autre moyen pour le lui faire perdre qu'en se servant du nom du roi pour le faire arrêter. Ce qui fut exécuté le 1er septembre suivant dans le Louvre, et causa un tel trouble aux Parisiens (dont le prince était fort aimé), qu'ils eurent envie de prendre les armes et d'assiéger le Louvre pour le dégager, à quoi le roi voulant obvier, envoya promptement les princes et grands seigneurs qui se trouvaient auprès de lui, pour commander chacun dans un quartier. Melchior eut pour partage celui de l'Université, depuis la Porte-Neuve jusqu'au pont Saint-Michel, et de là à la Porte dudit Saint-Michel. Il trouva qu'on avait déjà pris les armes à la rue de la Huchette et en celle de Sainte-Geneviève; il les leur fit quitter par ses remontrances, mais avec bien de la peine, et au péril de sa vie, moyennant quoi il les remit tous à leur devoir.

A vingt-six ans, il fut nommé pour être chevalier du Saint-Esprit et reçut l'Ordre, sept ans après, à la première cérémonie qui en fut faite (1).

A vingt-sept ans, il fut fait conseiller du roi en ses conseils d'Etat et privé (2).

A vingt-huit ans, le roi le fit capitaine de cinquante hommes d'armes et, peu après, de cent (3).

A vingt-neuf ans, il fit ériger la terre d'Anjou en comté en faveur de son frère Jean-François, et obtint la survivance de sa lieutenance de roi pour son fils Louis, quoiqu'il n'eût pas encore cinq ans.

La même année il eut aussi commission pour lever un régiment de douze cents hommes de pied, qu'il conduisit à l'armée du roi, devant Nevers; il prit, chemin faisant, le château de Villard, près Saint-Pierre-le-Moustier, et commanda toute l'infanterie de l'armée, en qualité de lieutenant-colonel.

En ce temps-là, l'intérêt de quelques-uns de ses amis, qu'il a toujours préféré aux siens propres, le mit en division, puis en procès, après en querelle, et enfin en guerre ouverte, avec Charles d'Alincourt, gouverneur de la province, qui pour lors était très bien en cour, étant fils de Nicolas de Neuville, seigneur de Villeroy, premier secrétaire et ministre d'Etat, et cousin de Nicolas Brulard de Sillery,

---

(1) Nommé en 1612, il fut reçu dans l'église des Grands-Augustins, à Paris, le 13 décembre 1619.

(2) En 1613.

(3) 1614-1615.

chancelier de France, desquels dépendaient tous les autres secrétaires et conseillers d'Etat (1).

Après trois ans et quatre mois de troubles, cette grande affaire fut entièrement pacifiée, et, parce que le marquis de Saint-Chamond avait fait de grandes dépenses et s'était engagé pour plus de quatre cent mille francs, il demanda permission au roi de tirer récompense de sa lieutenance de roi, ce qu'il obtint. Et en même temps, en confirmation de bonne intelligence, il la remit à M. d'Alincourt pour le comte de Bury, son second fils, qui lui en donna deux cent vingt-cinq mille francs et trois mille six cents livres pour son secrétaire.

Ces mouvements, quoique très pénibles et de grande dépense, n'empêchèrent pas que M. Melchior ne travaillât à l'augmentation du culte divin et à l'embellissement de Saint-Chamond. Car, en ce temps-là, il y établit, bâtit et fonda le monastère de Sainte-Ursule, qu'on dit être des premiers de France, et l'église paroissiale de Notre-Dame-des-Ponts. Melchior et Isabeau firent faire la place Marquise, celle de Beaujeu, et plusieurs belles rues; ils rendirent faciles aux chariots les avenues du château qui étaient pour lors presque inaccessibles et le firent rebâtir entièrement, peindre, meubler et orner, comme on l'a vu jusqu'à la grande Révolution.

Après cet accord, il s'occupa quelque temps à liquider sa Maison. Mais il en quitta le soin à la trente-cinquième année de son âge, sur l'ordre qu'il

---

(1) Le récit détaillé de cette querelle de Charles d'Alincourt avec Melchior Mitte de Chevrières, marquis de Saint-Chamond, se lit dans le Tome IX sq., p. 143, du *Recueil de Mémoires et Documents sur le Forez*. Nous y renvoyons le lecteur.

reçut du roi de l'aller trouver, lorsqu'il voulut commencer la guerre contre les rebelles, en 1621, où il l'accompagna, comme volontaire, au premier siège, qui fut celui de Saint-Jean-d'Angély. Et à la première occasion qui s'y présenta, qui fut au faubourg de Taillebourg, Melchior y entra des premiers, en pourpoint, avec le sergent qui allait reconnaître ; et, suivi de quelques autres volontaires, il fit quitter trois barricades aux ennemis, se logea, malgré eux, à vingt pas de la quatrième qu'ils tenaient, et, après trois heures de combat, la leur fit quitter, et se fût jeté pêle-mêle avec eux dans la ville, si ceux qui commandaient l'armée eussent voulu le laisser suivre par les troupes ; mais ils furent retenus pour empêcher plusieurs seigneurs volontaires qui se seraient jetés dans ce péril. Ce qui fut jugé, par tous les chefs de l'armée, une des plus grandes hardiesses qu'on pût avoir. M. Melchior y reçut une mousquetade en sa manchette et deux en chaque côté de sa ceinture. Le sergent, qui y donnait avec lui, y fut tué et tomba sur lui, sans qu'il eût aucun mal. Le soir, allant trouver le roi à qui l'on avait fait un récit très avantageux de cette action, Sa Majesté lui dit en l'embrassant : « Vous venez de faire une bonne folie ; mais je vous en sais bon gré. »

Quelques jours après, au même siège, en l'attaque de la tenaille de Saint-Eutrope, il fut des premiers à monter dessus, avec force gens blessés et très près de lui ; il en fut quitte pour un coup de pierre qu'il reçut sur la tête, qui l'incommoda un peu, mais ne l'empêcha pas de se trouver en toutes les occasions honorables du siège, comme tous les historiens qui en ont écrit en font foi : ce qui donna sujet au roi de l'envoyer, après le siège, à M. le prince de Condé pour commander dans l'armée du Languedoc dont il était général, en qualité de maréchal de camp. Mais l'armée ayant été plus tôt licenciée qu'assemblée, le roi fit offrir à M. Melchior un régiment de mille hommes de pied, pour servir au siège de Montauban. Sur quoi, il pria Sa Majesté de le donner à son frère Jean-François, ce qui lui fut accordé. Mais celui-ci ne le commanda que bien peu de temps, car un éclat de mine le tua dans ce siège, le 19 octobre 1621 (1), ce qui affligea tellement Melchior, dans le temps qu'il partait pour être à ce siège et qui fut celui auquel on lui apporta cette nouvelle, qu'il faillit en mourir de chagrin.

Cependant, il lui fallut bientôt reprendre ses forces pour aller, par ordre du roi, être maréchal de camp sous M. de Lesdiguières, dans l'armée de Dauphiné et de Vivarais, laquelle il assembla, en janvier 1622, à Valence et aux environs. Et, ayant eu avis que M. de Montbrun, chef des rebelles du pays, avait assemblé beaucoup de troupes pour passer le Rhône et aller joindre en Languedoc ceux de son parti, il alla pour les combattre et les mit en déroute, au seul bruit de sa venue, à la porte d'Orange, où le gouverneur les avait retirées; il lui fit connaître ce qu'il devait au roi et l'intimida tellement, qu'il lui promit de ne jamais se départir des intérêts de Sa Majesté.

A son retour, le duc de Lesdiguières lui ordonna d'aller camper vis-à-vis du Pouzin, le long du Rhône;

---

(1) Voir notre note de la page 122 ci-dessus.

ce qu'il fit. Les ennemis lui blessèrent trois chevaux sous lui, deux d'une mousquetade et un d'une volée de fauconneaux qui lui frisa le poil sur la croupe ; et comme les ennemis tenaient une île dans le Rhône, d'où ils endommageaient les nôtres, Melchior résolut de la leur ôter et y alla, en plein jour, dans des bateaux, en tua une vingtaine, amena deux prisonniers, dont l'un était le lieutenant d'une compagnie, et la plupart des autres se noyèrent, voulant se sauver dans la ville.

Après cela, il eut ordre d'aller attaquer le Pouzin, et comme il fallait passer le Rhône (dessein de difficile exécution), plusieurs crurent que c'était un artifice des huguenots qui étaient près de M. le duc de Lesdiguières, pour le perdre ; se souvenant de la haine que Christophe de Saint-Chamond portait à leur religion, et voyant que Melchior, son petit-fils, ne les aimait pas davantage, ils haïssaient fort son nom et sa personne, et disaient hautement qu'il périrait dans l'exécution. Mais leurs mauvais souhaits lui portèrent bonheur, car, s'étant embarqué au-dessus de la ville avec les régiments du comte de Sault, du comte de la Baume et du sieur de la Grange, il traversa le Rhône à la vue des ennemis, essuya toute leur mousquetade, mit le premier le pied à terre, et, l'épée à la main, à la tête des premiers mousquetaires qui purent aborder, il gagna le premier retranchement et se rendit maître du bord. Le lendemain, à l'aube du jour, il commença les approches, les fit en plein jour, cinq heures durant, et se logea sur le bord du ruisseau qui vient de Privas et leur sert de fossé ; ce qui leur donna une telle épouvante, qu'ils ont avoué qu'ils se fussent rendus le même jour, si les huguenots qui étaient auprès du duc de Lesdiguières n'eussent obtenu de lui une trêve de trois jours, pendant lesquels ils se fortifièrent d'hommes et de terrain, et, après, se laissèrent battre à coups de canon, soutinrent un assaut, et enfin se rendirent quinze jours après (1).

Pendant que Melchior faisait les approches, on construisait par son ordre un pont de bateaux sur le Rhône, ce qu'on n'avait point entrepris dans ce lieu-là depuis Jules César : il y fit travailler avec tant de diligence que, le troisième jour, on y passa dessus à cheval. Peu de jours à près, Bais-sur-Bays se rendit, et Privas fit une trêve et laissa le passage du Rhône libre au commerce.

Au mois de juillet suivant, ayant plu à Dieu d'inspirer au duc de Lesdiguières de quitter l'hérésie, dans laquelle il avait vécu jusqu'à l'âge de soixante-dix ans, pour se convertir à la religion catholique, le roi lui envoya les provisions de la charge de connétable de France et l'ordre du Saint-Esprit, par M. de Loménie, prévôt et maître des cérémonies de l'ordre, et envoya une commission, scellée du sceau de l'ordre, au maréchal de Créqui et au marquis de Saint-Chamond, tous deux commandeurs de l'ordre, pour le donner de sa part au connétable : ce qu'ils firent dans l'église cathédrale de Grenoble, avec grande solennité. Comme pareille cérémonie n'a jamais été faite que par le roi, la nouveauté de celle-ci donne lieu d'en faire le détail. Voici comment :

M. le duc de Lesdiguières fut reçu connétable, après avoir ouï la messe ; le lendemain, il assista à vêpres,

---

(1) Le siège du Pouzin commença le 4 mars 1622 ; la ville fut prise le 17.

où étaient le Parlement en corps et la Chambre des comptes, qui cédèrent les premières et les plus honorables places aux chevaliers. Le prévôt de l'ordre, à la fin des vêpres, vint prendre le maréchal de Créqui et le marquis de Saint-Chamond en leurs places et les conduisit sous le haut dais, où, s'étant assis, le prévôt revint, au bas du chœur, quérir M. d'Alincourt, aussi commandeur de l'ordre, qui, pour lors, se rencontra à Grenoble : lequel amena le connétable au bas du haut dais, où il se mit à genoux devant les deux commissaires qui, chacun d'un côté, tenaient le livre des Evangiles, sur lequel le connétable prêta et signa son serment. Après quoi, le marquis de Saint-Chamond prit des mains du prévôt le grand manteau de l'ordre et le mit sur les épaules du connétable, lui disant les paroles portées par les statuts de l'ordre; et le maréchal de Créqui lui donna le grand collier, prononçant aussi les paroles de la cérémonie. Ensuite tous deux l'embrassèrent en signe d'union et de confraternité, et M. d'Alincourt, avec le prévôt, le mena au bas du chœur prendre possession de sa place dans les hautes chaires. Cette solennité fut faite avec applaudissement de la part de tout le monde, et la commission en est aux archives, datée du 20 juillet 1622, et donnée à Castelnaudary, en Languedoc (1).

Cet emploi est un des plus honorables qu'un gentilhomme puisse souhaiter, puisqu'il représente la personne du roi et voit un connétable à genoux devant lui.

---

(1) La réception eut lieu le 25 juillet. Le marquis de Saint-Chamond l'annonce au roi, en lui demandant ses ordres pour la levée de son régiment. (*Mémoires de la Diana*, Tome IX, p. 166.)

Mais en voici un autre tout différent et bien périlleux, dont le marquis de Saint-Chamond fut chargé avant que de sortir de Grenoble, où il reçut un exprès de la part de Sa Majesté, portant commission pour lever un régiment de mille hommes de pied et ordre de le venir servir comme maréchal de camp en Languedoc, près de sa personne. Ce qu'il exécuta avec tant de diligence que, le 15 août suivant, il s'embarqua à la queue d'Ainay à Lyon, ayant, outre son régiment, celui du marquis de Nérestang, deux millions de livres, et trois cent milliers de poudre, dont le roi n'avait voulu fier la conduite qu'à lui seul. Il partit avec quatre-vingts bateaux et, sur l'avis qu'il eut que les rebelles l'attendaient à Soyon et Beauchâtel, il fit débarquer huit compagnies qui firent quitter leurs postes aux ennemis; puis, s'étant rembarqués, ils arrivèrent tous heureusement à Beaucaire, où ils trouvèrent les compagnies de chevau-légers de M. de Laurière, cadet de Pompadour, et de M. de Bussi-Lamet, et celle des carabins de M. de Schomberg, surintendant des finances, et celle du sieur Desplan, qui toutes avaient ordre d'accompagner le convoi et faire ce que le marquis de Saint-Chamond leur ordonnerait. De là, il se rendit à Lunel, où était le roi, dans deux jours, marchant toujours en bataille et en très bel ordre, à cause que le duc de Rohan, chef des rebelles, avait à Nîmes et aux environs ses principales forces; mais ils n'osèrent l'attaquer.

Il est aisé de juger avec combien d'applaudissements il fut reçu à son arrivée, puisqu'il conduisait l'argent pour la montre générale de l'armée et un si grand renfort de bons hommes et de munitions.

Peu de jours après, le roi fit le siège de Montpellier et partagea son camp en trois quartiers : un, où était le régiment de ses gardes, et MM. de Bassompierre et Valençay pour maréchaux de camp ; l'autre, où était le régiment de Picardie et MM. Damet et le marquis Desportes, maréchaux de camp ; et le troisième était celui de M. Melchior, du côté du pont Juvénal, où il était seul maréchal de camp et avait son régiment, les deux de Henry de Bourbon, prince de Condé, premier prince du sang et général de l'armée, celui du vicomte de Lestranges et ceux de MM. de Saint-Brest, La Roquette et La Chapelle-Villard.

Aux premières approches, ayant été résolu au conseil qu'il fallait se loger à l'Aire-Saint-Denis, MM. de Bassompierre et de Valençay eurent ordre d'y donner et l'emportèrent heureusement avec leurs troupes ; et le marquis de Saint-Chamond, qui ne voulut pas perdre l'occasion de s'y trouver, quoique ce ne fut pas dans son quartier, donna comme volontaire à la tête des troupes ; puis, après que les nôtres furent logés, il s'avança avec deux ou trois de ses domestiques, et, à la faveur de la nuit, malgré les mousquetades de la courtine, prit lui-même une sentinelle perdue des ennemis sur le bord de leur fossé et la mena au maréchal de Praslin, lieutenant-général de l'armée ; cette sentinelle s'appelait David la Croix, un des plus séditieux de la ville.

Le lendemain, les assiégés firent, en ce lieu-là, une grande sortie sur les nôtres et les chassèrent entièrement. M. de Montmorency y fut blessé et le duc de Fronsac, fils du comte de Saint-Paul, de la maison de Longueville, y fut tué avec quatre-vingts ou cent seigneurs et gentilhommes distingués. Le roi indigné d'une si grande perte, et voyant de quelle importance il lui était de regagner ce poste, en donna l'ordre à M. Melchior, ce qu'il fit très heureusement, malgré le travail des ennemis qui avaient déjà fait un fossé. Il y posta si bien sa garde, qu'ils ne trouvèrent aucun moyen pour pouvoir l'attaquer; mais le terrain ayant été trop difficile pour y faire des tranchées, le roi lui commanda d'en retirer ses troupes jusqu'au pont Juvénal, où il bâtit un fort pour empêcher le secours qui pourrait venir de ce côté, et en fit encore d'autres au Mas et Cytade, au pont Tinguet, au pont de Latte, et enfin garda, tout le long du siège la rivière de Lès, depuis le pont de Castelnaud jusqu'à la mer, et n'eut point batterie en son quartier; c'est pourquoi il faisait tous les jours des escarmouches, où il allait des premiers à pied et à cheval et y avait toujours de l'avantage sur les ennemis, qui ne purent lui faire d'autre mal que de blesser ses chevaux sous lui et donner des mousquetades dans ses habits.

Sa charité parut admirable à l'égard des pauvres soldats blessés et malades : car il fit dresser un hôpital dès le commencement du siège, voyant qu'il n'y en avait point, et il y faisait donner à ses dépens tout le secours possible à ceux qui s'y réfugiaient, ayant destiné pour les servir la moitié de ses officiers et amené, outre son aumônier ordinaire, deux Minimes, dont l'un était le Père Pierre de la Mure, pour avoir soin de leur salut, et les soulager dans leurs maux en tout ce qu'ils pourraient ; il s'est trouvé quelquefois dans son hôpital trente mille quatre cents malades (1).

Cela ne l'empêcha pas de faire une très grande et honorable dépense d'ailleurs, car il tenait une des meilleures tables de l'armée, ce qu'il continua après la paix, qui fut faite à la fin du siège. Lorsque le roi vint à Lyon y trouver les deux reines qui l'y attendaient, il avait tous les jours les princes et principaux seigneurs de la Cour à sa table, lesquels s'y voyant si bien traités envoyèrent leur train en avant les attendre à Briare, ne faisant d'autre ordinaire que celle de M. Melchior.

Le roi étant de retour à Paris, le marquis de Saint-Chamond y demeura trois ou quatre mois, et la paix étant bien rétablie en 1623, il demanda congé à Sa Majesté pour venir pourvoir à ses affaires domestiques en sa Maison, où, pendant qu'il y était, le comte de Soissons, Louis de Bourbon, venant prendre possession de son gouvernement de Dauphiné et étant en mésintelligence avec le connétable de Lesdiguières qui en était lieutenant de roi, il fut choisi par eux et prié par le premier président, accompagné de huit conseillers, au nom du Parlement, et par les principaux des Etats du pays, de vouloir être l'arbitre de leurs différends ; lesquels il composa si heureusement, que, quoique leurs aigreurs fussent réduites à telle extrémité qu'il ne se parlait,

---

(1) Erreur évidente du copiste. — Dans une généalogie des Mitte de Chevrières, on lit : « Il fit dresser à ses dépens un hôpital où il s'est quelquefois trouvé plus de 400 malades ». (*Mémoires de la Diana*, Tome IX, p. 170.)

de part et d'autre, que de faire un grand carnage dans Grenoble, il empêcha par sa prudence tous ces malheurs et les porta à se visiter et à vivre paisiblement ensemble, pendant six semaines que le comte de Soissons fut à Grenoble. Le roi lui en sut très bon gré et le remercia par ses lettres, approuvant tout ce qu'il avait fait et négocié; la province lui en fut obligée et les deux parties l'en remercièrent, après que leur colère fut un peu apaisée. Et même le comte de Soissons, pour lui en témoigner plus de ressentiment, ne voulut pas retourner à la Cour sans l'aller visiter dans sa maison; mais ne pouvant, à cause des glaces, passer par les montagnes pour aller à Saint-Chamond, il voulut que ce fut à son château d'Anjou, où il le reçut, aux fêtes de Noël, en 1623, avec toute la noblesse du pays, et si splendidement qu'on ne pouvait rien y ajouter, quoiqu'il n'eût été averti de sa venue que trois jours auparavant et qu'il n'eût jamais habité cette maison, où il fallut, pour lors, porter des meubles de Saint-Chamond afin de recevoir cette compagnie.

Il retourna à la Cour sur la fin de l'année 1624, et n'y fut pas sitôt arrivé, que la voix publique et le souhait général de tous les gens de bien lui donnèrent, par un bruit commun, la surintendance des finances, qui avaient été depuis fort longtemps très mal administrées; mais il s'en éloigna autant qu'il le put et aima mieux servir le roi dans ses armées et en des charges moins exposées à l'envie générale de tout le royaume.

L'année suivante, 1625, le pape Urbain VIII, désirant terminer la guerre d'Italie, envoya le cardinal

François Barberin, son neveu, légat *a latere*, en France, pour traiter la paix. Le roi, souhaitant le recevoir avec toutes sortes d'honneurs et voulant avoir auprès de lui une personne capable, choisit le marquis de Saint-Chamond pour aller, à Lyon, lui faire de sa part la bienvenue dans son royaume et l'accompagner tant qu'il y demeurerait. Sa Majesté lui donna ses officiers de la bouche, maréchaux des logis, exempts et archers du grand prévôt, et à tous commandement de lui obéir (1). Il s'acquitta si dignement de cette conduite, qu'il gagna entièrement le cœur du légat et découvrit en chemin la plupart de ses intentions. Il obtint de lui, pendant six mois qu'il demeura en France, plus de deux cents grâces ou dispenses, et fit expédier à Rome, par son entremise, pour trente mille écus de bulles gratis pour ses amis, et, bien souvent, il lui a accordé des choses qu'il avait refusées aux principaux de la Cour. Enfin, par son industrie, il renoua trois fois le traité de paix, qui était entièrement rompu.

Il arriva de très grandes difficultés pour les rangs, à l'entrée du légat à Paris, tant avec MM. du Clergé qui tenaient leur assemblée, qu'avec les compagnies souveraines de la ville. Le roi en commit toute la charge au marquis de Saint-Chamond, qui les termina par sa prudence fort heureusement. Il y eut d'autant plus de peine, qu'il ne se trouva aucun registre en France des réceptions des autres légats; tellement que, pour remédier à l'avenir à cet inconvénient, Sa Majesté lui ordonna d'en faire un dis-

---

(1) Voir les notes intéressantes des pages 172 et 173 du Tome IX des *Mémoires de la Diana*.

cours, de quoi il se défendit fort; mais, pressé par divers commandements, il obéit et en écrivit si particulièrement, qu'à l'avenir on ne trouva rien à disputer en pareille cérémonie qui n'y soit compris; ce discours est dans les Archives.

Dès que le légat fut parti pour son retour, le roi voulut envoyer M. Melchior, son ambassadeur ordinaire en Angleterre, auprès de la reine, sa sœur, nouvellement mariée à Charles 1er; mais jugeant que cette charge était au-dessus de lui et qu'elle le tiendrait trop longtemps éloigné de la Cour, il s'en excusa jusqu'à trois fois qu'il en fut pressé.

La grande estime qu'on faisait de son mérite, et qui avait obligé le public à lui souhaiter la surintendance des finances, lui fit encore donner par le même bruit toutes les charges de sa portée qui vaquèrent, en l'année 1626, quoique ses plus chers amis se trouvassent accusés, et plusieurs convaincus, de la conjuration qui fut découverte contre l'Etat; mais on reconnut bientôt qu'il n'y avait aucune part. C'est pourquoi le roi, qui se méfiait fort de M. le duc d'Orléans, son frère (Gaston-Jean-Baptiste de France), alors âgé de dix-huit ans, voulut le lui remettre entre les mains, lui donnant la charge de premier gentilhomme de sa chambre et surintendant de sa maison, en la place du maréchal d'Ornano, qu'on venait d'arrêter au bois de Vincennes.

Quoique Monsieur fût fort jaloux des officiers que le roi lui donnait et auxquels il semblait se mieux confier, il aurait cependant reçu avec plaisir le marquis de Saint-Chamond; mais lui, qui connaissait que cette place était trop glissante pour y subsister longtemps, s'en excusa auprès des deux ; disant au roi « qu'il voyait leurs intérêts si différents et tant « d'antipathie en leurs honneurs, qu'il était impos- « sible de les servir tous deux ; qu'il agirait contre sa « conscience, en manquant envers Sa Majesté, et « contre son honneur, en ne servant pas fidèlement « Monsieur, étant son officier; et qu'il préférait un « état où on ne pourrait le blâmer envers aucun « des deux ». Il dit à Son Altesse Royale « qu'il « avait été toute sa vie trop bon ami de M. d'Ornano, « pour accepter de son vivant ses charges ; qu'encore « qu'il fût prisonnier, il pouvait être élargi et sortir « glorieusement après une bonne justification, « comme il lui était déjà arrivé; qu'outre cela, tous « les serments et surtout celui de l'ordre du Saint- « Esprit, l'obligeaient à ne prendre état, ni pension, « que du roi ; qu'il ne laisserait pas néanmoins « d'être toujours son très humble serviteur. »

Peu de temps après, toutes ces charges furent données au duc de Bellegarde, pair et grand écuyer de France et gouverneur en chef de la Bourgogne ; mais quinze jours après, il s'en repentit par les continuels mécontentements et le peu de satisfaction qu'il recevait, tantôt du roi, et tantôt de son frère, ce qui lui fit blâmer la grande facilité qu'il avait eue à accepter ces emplois, et louer tacitement la prudence et la conduite de ceux qui les avaient refusés.

Cependant, Monsieur conserva toujours de la bonne volonté pour le marquis de Saint-Chamond, quoiqu'il n'eût pas voulu accepter ses offres, et eut toujours une forte envie de l'approcher de lui et de l'engager à son service. Pour cela, quand il épousa Marie de Bourbon, duchesse de Montpensier, souveraine de Dombes, il le fit, de son propre mouvement, son chevalier d'honneur ; mais il s'en excusa par les mêmes raisons que ci-dessus, résolu de n'avoir jamais d'autre maître que le roi.

Peu de temps après, les ministres d'Etat lui proposèrent l'ambassade ordinaire de Rome ; mais lui, qui voyait que leur intention était de l'éloigner d'auprès du roi, pour n'avoir aucune charge ni gouvernement vacant, quoiqu'il s'en fit des gageures à la cour, en témoigna son mécontentsment et prit congé de Sa Majesté pour se retirer chez lui, lui renouvelant sa parfaite fidélité. Il lui en donna bientôt une preuve, car, ayant appris une entreprise des huguenots sur Moras en Dauphiné, et le paquet qu'un rebelle portait lui ayant été remis, il l'envoya aussitôt au roi, qui lui en témoigna sa reconnaissance par des lettres, louant sa fidélité inébranlable.

Elle parut dans une autre occasion qui mérite d'être rapportée. M. Melchior, allant dans son château et terre de Miolans, fit rencontre du duc de Savoie, qui l'entoura beaucoup et le loua sur les heureux succès qu'il avait eus dans les emplois qui lui avaient été confiés ; il lui dit qu'il espérait que dans la suite, en faisant les affaires du roi de France son maître, il se souviendrait qu'il était pareillement le sien et qu'il ménagerait ses intérêts. — « Je ne recon-
« nais, répondit le marquis de Saint-Chamond, qu'un
« seul maître qui est le roi, et rien au monde ne
« saurait diminuer la fidélité que je lui dois. »

Ce qui piqua au vif le duc, qui lui fit commandement de sortir, dans deux fois vingt-quatre heures, de ses Etats. M. Melchior, sans s'étonner, lui dit qu'il ne lui en fallait pas tant ; que deux heures lui suffisaient : ce qu'il fit. Il eut la prévoyance d'envoyer à Miolans le sieur Jacques Royer, agent de ses affaires, pour en tirer les papiers et autres titres, et ce qu'il y avait de plus précieux. Il fit une si grande diligence que le tout fut enlevé avant que les gens du duc de Savoie y fussent arrivés, qui furent bien fâchés d'avoir été prévenus et de n'y rien trouver.

On laissa les meubles dans le château d'Anjou en Dauphiné, et les terriers furent portés aux archives de Saint-Chamond. Le roi, informé de la réponse de M. Melchior au duc de Savoie, lui écrivit une lettre de remercîment et lui marqua qu'il était charmé de sa prudence à mettre à couvert les titres de sa terre, et qu'il prendrait soin de ses intérêts, ce qu'il fit quelques années après, dans le second article du traité de Querasque, passé entre le roi et le duc de Savoie, le dernier de mars 1631, et que je rapporte tout au long :

« La mémoire de tout ce qui s'est passé en la
« dernière guerre demeurera éteinte et assoupie, et
« tous actes d'hostilité cesseront de part et d'autre,
« et aussi généralement les sujets de M. le duc de
« Savoie qui ont servi le roi et ceux de Sa Majesté
« qui ont servi M. le duc de Savoie, seront rétablis
« en leurs biens et honneurs, et pareillement le
« comte de Luzerne, nonobstant toutes représailles
« et dons qui pourraient avoir été obtenus, si les
« biens sont encore en nature, en vertu du présent
« traité, et, à cette fin, toutes lettres nécessaires
« seront expédiées, si besoin est ; et des choses

« passées, à l'occasion de cette dernière guerre, l'on
« ne pourra les rechercher, sous quelque prétexte
« et occasion que ce soit. Comme aussi les prison-
« niers qui se trouveront d'un côté et d'autre avoir
« été pris en ces dernières occasions, seront inconti-
« nent mis en liberté, sans payer ancune chose, et
« M. le marquis de Saint-Chamond et autres sujets
« de Sa Majesté, qui auront des biens dans les Etats
« de son Altesse, et ceux de son Altesse dans la
« France, en jouiront paisiblement, et tout ainsi
« qu'ils ont fait avant cette guerre. — Signé :
« Bouthillier, conseiller du roi en ses conseils et
« ministre d'Etat, secrétaire des commandements de
« Sa Majesté. »

Les Etats de Mantoue et de Montferrat tiennent de la prudence du marquis de Saint-Chamond les souverains qui les gouvernent. Il rompit, par la force et l'éloquence de son raisonnement, une ligue conclue entre l'empereur et les princes d'Allemagne, et donna lieu à la France de faire une paix avantageuse à la chrétienté.

Il rétablit et maintint la religion catholique dans les villes de Vezel et Buric, sur le Rhin, et dans celles de Minden et d'Osnabruc, en Westphalie. Sa conduite et son courage l'ont fait trois fois général en chef des armées du roi, et il a eu l'honneur de commander en cette qualité devant Nancy, en présence de Sa Majesté ; il a eu aussi celui d'être son ambassadeur en vingt-trois ambassades, dont il a lui-même écrit les mémoires, qui sont entre les mains de M. et Mme la marquise de Saint-Chamond.

Voici un résumé succinct des charges, emplois

et missions dont fut honoré M. le Marquis de Saint-Chamond (1).

Melchior Mitte de Chevrières alla à Mantoue le 22 février 1627, soutint les droits du duc de Nevers à la mort de Vincent de Gonzague, assista au mariage du duc de Réthelois avec Marie de Gonzague, le 24 décembre, s'efforça de déjouer les intrigues des Espagnols, des Italiens, du duc de Savoie, etc. Il fut fait maréchal de camp au siège de La Rochelle, le 2 juillet 1628, entra des premiers dans la place, le 30 octobre, avec le maréchal de Schomberg, les seigneurs de la Curée, de Vignolles, du Hallier, de Marillac, etc. Le 11 décembre, gouverneur de la ville, il publia une ordonnance contre les protestants qui, défaits à La Rochelle, se réunissaient de nouveau dans l'île de Ré, etc.

Nommé ambassadeur à Bruxelles, le 4 août 1631, et au commandement de la Picardie et de l'Artois en 1632, il traitait, le 9 avril, avec l'Electeur de Trèves, qui s'engageait à payer et entretenir dans son pays 1200 hommes de pied français et 50 carabins... — A son retour, il fut nommé lieutenant-général en Provence ; ses lettres de provision sont du 18 avril 1632. Le 22 mai de la même année il fut envoyé, en qualité d'ambassadeur extraordinaire, en Angleterre, rétablit le cardinal de Richelieu dans les bonnes grâces du roi, mais ne put remettre en faveur auprès de la reine l'ambassadeur ordinaire, M. de Fontenay. Rappelé le 10 juin, il fut nommé au commandement de la citadelle et de la ville de Calais ; il se démit de ce

---

(1) Pour les détails, voir *Mémoires de la Diana*, Tome IX, et l'*Histoire de Saint-Chamond*, déjà citée, *passim*.

gouvernement au mois d'octobre. En 1633, nommé le 10 février conseiller d'Etat, et lieutenant-général des armées du roi, il reprit la campagne de l'Electorat de Trèves, battit le comte de Mérode, le 28 mai, au camp d'Hérissen, se trouva au siège de Nancy, etc ; la Lorraine conquise, il fut appelé au commandement des Trois-Evêchés, et, en 1634, envoyé par Richelieu, comme ambassadeur en Allemagne, Suède, Westphalie et Basse-Saxe, il conclut le 20 mars 1636, à Weimar, avec Oxenstiern, un traité important en dix-neuf articles : alliance offensive et défensive, libre passage des troupes du roi, etc.— En 1636, il se démit de la lieutenance générale de Provence. — Ambassadeur extraordinaire à Rome, en 1644, le marquis de Saint-Chamond réussit dans ses négociations auprès d'Urbain VIII. Mais, à la mort de ce pape, il ne put empêcher l'élection du cardinal Panfili (Innocent X) considéré comme favorable à l'Espagne et hostile à la France ; il fut alors disgracié et rappelé.

Si la haute intelligence de Melchior Mitte de Chevrières, marquis de Saint-Chamond, se manifesta dans les difficiles et honorables charges dont l'honorèrent Henri IV et Louis XIII, et sa bravoure militaire dans vingt diverses batailles, sa religion et sa piété parurent dans les églises de Saint-Pierre et de Notre-Dame, qu'il fit bâtir à Saint-Chamond, et dans celle de Saint-Jean-Baptiste qu'il fonda en église collégiale et chapitre, pour honorer, à perpétuité, les reliques de ce grand saint et plusieurs autres qui étaient conservées dans le château dudit lieu, depuis plus de cinq cents ans.

Il avait jeté les fondements de cette collégiale dès

l'année 1632, et on commença d'y chanter et faire l'office divin la veille de Noël 1642, auquel jour fut reçu, premier doyen, messire François de Saint-Chamond, comte de Lyon, fils cadet de M. Melchior, fondateur, qui mourut l'année suivante 1643, âgé de vingt-deux ans. La place de doyen demeura vacante jusqu'en 1673.

Quelque temps après l'établissement du Chapitre, pendant les troubles et mouvements de 1648, le marquis de Saint-Chamond fut appelé à Paris pour y exercer d'honorables emplois et surtout celui de ministre d'Etat.

Il se rendit à Paris ; 'mais la mort le prévint et ne lui donna pas le temps de donner de nouvelles preuves de son savoir, de son courage et de sa valeur.

Ce fut dans son hôtel qu'il mourut, le 10 septembre 1649. Il avait fait son testament le 15 juin de la même année (1).

Son corps fut apporté de Paris à Saint-Chamond, pour y être inhumé dans son Chapitre. Son cœur repose dans l'Eglise des dames Ursulines dudit Saint-Chamond, dont il fut aussi le fondateur.

M. Melchior s'était réservé d'y nommer, et ses successeurs après lui, une religieuse gratis, à perpétuité.

Il laissa d'Isabeau de Tournon, son épouse, qui décéda en 1662 et qui gît auprès de son mari, cinq fils et deux filles : Louis, Lyon-François, Just-Henry, François, Jean-Armand, Gasparde-Françoise et Marie-Elisabeth.

---

(1) Lire ce testament, du plus haut intérêt, dans les pièces justificatives du Tome IX (page 378) du *Recueil des Mémoires et Documents sur le Forez*.

LOUIS MITTE

Louis Mitte de Chevrières de Saint-Chamond, fils aîné de Melchior et d'Isabeau de Tournon, était un seigneur qui marchait dignement sur les traces de ses aïeux. Il donna des preuves de son courage en plusieurs occasions. Notamment un jour où, relevant le défi que le jeune duc de Meilleraye avait jeté à son père, il ne craignit pas de se battre en duel avec l'insolent provocateur du marquis de Saint-Chamond et lui fit deux graves blessures.

Le duc, sa famille, le cardinal Mazarin son oncle lui-même, conçurent de cette malheureuse affaire un si grand dépit, qu'ils n'oublièrent jamais de susciter des difficultés à la maison de Saint-Chamond.

Leur première vengeance fut de rompre le mariage arrêté avec Mademoiselle d'Alincourt, sœur du maréchal de Villeroy, à laquelle il était fiancé. Il se retira en Italie, où il donna de grandes preuves de son courage et y mourut sans alliance, âgé d'environ 24 ans, aimé de tous ceux qui avaient eu le bonheur de le connaître et pleuré de son père qui l'a toujours regretté (1).

---

(1) Une missive sur papier, des Archives des Clérimbert, nous apprend qu'il mourut à Grenoble le 16 juillet 1639, à l'âge de 27 ans. Son corps apporté à Saint-Chamond fut inhumé dans la Collégiale. En 1632, il avait reçu du Roi un régiment, dans lequel, le 22 août, il offrit une compagnie à M. de Clérimbert.

JUST-HENRY MITTE (1649)

Just-Henry Mitte de Chevrières (1), marquis de Saint-Chamond et de Montpezat, troisième fils de Melchior, marquis de Saint-Chamond, et d'Isabeau de Tournon, comte de Roussillon, de Miolans et d'Anjou, premier baron de Lyonnais et Savoie, seigneur de Chevrières, Châtelus, Trocezard, Fontanès, la Rajasse, le Sauzi, Grézieu, Gerzieu, Viricelles, Piquecos et Cos, la Salle, le Parc, Senozan, Saint-Martin près de Macon, la Barge, Thorenc, Andance, Pavezin, la Bastie, la Valla, les Farnanches, Saint-Just-Doizieu, Saint-Martin-à-Coallieu, Saint-Julien, la Terrasse, la Revolanche, Isieu et autres places, marié le 6 juin 1640, à Catherine de Grammont, gouvernante des enfants de Monsieur, frère unique du roi, fille d'Antoine de Grammont, maréchal de France, chevalier des ordres du roi, souverain de Bidache, vice-roi de Navarre et lieutenant général pour sa Majesté en Béarn, et de Claude de Montmorency-Bouteville, sa seconde femme.

Just-Henry fut obligé de vendre les terres de Chevrières (2), Châtelus, la Rajasse, Trocezard, Fontanès, le Sauzi (3), Grézieu, Gerzieu, Viricelles, la

---

(1) Lyon-François Mitte de Chevrières de Saint-Chamond, deuxième fils de Melchior et d'Isabeau de Tournon, fut tenu sur les fonts baptismaux par le prévôt des marchands et échevins de la ville de Lyon. Il était abbé de Boissonnel ou Boissonville, prieur aussi de la Voulte de Chillac, mourut peu de temps après son père. Il git auprès de lui dans le chapitre de Saint-Chamond où il a fondé à perpétuité quatre messes basses par semaine.

(2) Vers l'année 1656.

(3) Le Sauzi étant une annexe de la Commanderie de Chazelles-sur-Lyon.

Salle, le Parc, Senozan, Saint-Martin en Mâconnais, Septème, Drême, Anjou, les baronnies de Thorenc, Andance et leurs dépendances, l'hôtel de Chevrières de Lyon, Pavezin, la Bastie, la terre d'Isabelle près la Rochelle, la Revolanche, l'hôtel de Saint-Chamond à Paris, les bois de Tournon et du Bessat, les bois de Carrôt, la Farra et la Scie, une rente noble à la Valla, et d'aliéner beaucoup de rentes pour acquitter les dettes que son père avait faites dans le cours de ses vingt-trois ambassades et autres emplois qu'il avait et pour lesquels la cour lui devait neuf cent mille livres, dont il n'a jamais pu être remboursé.

Just-Henry mourut sans enfant, le 11 décembre 1664, et gît dans le château de Saint-Chamond. D'après un document conservé à la Bibliothèque de Lyon (Mss. n° 17357), Just-Henry, capitaine des Gardes françaises, ensuite lieutenant-général des armées du roi, aurait été nommé, par brevet du 28 juillet 1652, chevalier des ordres du roi, sans avoir été reçu. Sa femme, Catherine de Grammont, mourut le 30 juillet 1688.

C'est le dernier possesseur de la seigneurie et du château de Chevrières, qui furent vendus, nous l'avons dit plus haut, avec un grand nombre d'autres terres, pour acquitter les dettes que Melchior Mitte avait contractées au service du Roi et de la France, en 1656, à Laurent de la Veühe, trésorier général de France, baron de Curys, lequel prit alors le titre de Comte de Chevrières.

Du reste, il arriva au château de Chevrières ce qui était arrivé à celui de Grézieu. De même que la reconstruction du premier, vers 1520, par Louis Mitte II de Chevrières et seigneur de Miolans, avait fait négliger, puis vendre le second, de même aussi la seigneurie de Saint-Chamond et surtout les agrandissements et les embellissements que Jacques Mitte et Melchior, son fils, firent à ce dernier et magnifique château, durent faire délaisser le séjour de Chevrières.

Toutefois, nous savons par le généalogiste de la maison de Saint-Chamond, que les descendants de Just-Henri Mitte de Chevrières, marquis de Saint-Chamond, conservèrent toujours leur vieux et cher titre *de Chevrières*, et qu'ils se faisaient grand honneur de lui donner le premier rang, chaque fois qu'ils signaient leurs quartiers de noblesse.

Chevrières, en effet, était le berceau de la noble et puissante famille des Mitte ; Saint-Chamond n'était qu'un fleuron ajouté à sa couronne déjà si brillante, fleuron le plus beau sans doute, et le plus riche, mais fleuron dont l'éclat faisait ressortir davantage, sans les faire oublier, les grâces de cette couronne princière.

JEAN-ARMAND MITTE (1664)

Après la mort de Just-Henry qui ne laissa pas d'enfants, le cinquième fils de Melchior et d'Isabeau de Tournon, Jean-Armand(1), fut héritier du mar-

---

(1) Le 4ᵉ fils de Melchior et d'Isabeau de Tournon était *François Mitte*, qui s'appliqua à l'étude des belles-lettres, fut chanoine et comte de Lyon et mourut le 5 octobre 1643, à 22 ans, plein de mérites et fort regretté de tout le monde. — L'aînée des filles de Melchior fut *Gasparde-Françoise*, qui prit l'habit des religieuses de Sainte-Marie, à Lyon, le 30 Juillet 1634, âgée d'envi-

quisat de Saint-Chamond et de tous les biens de son frère. Marié à Gasparde de la Porte, il mourut le 18 juillet 1685, laissant un fils et deux filles (1).

JUST-HENRI-MELCHIOR MITTE (1685)

Ce fils qui fut aussi son héritier avait nom Just-Henry-Melchior. Il mourut jeune et sans postérité des suites de blessures reçues, le 4 octobre 1694, à la bataille d'Ensheim, près Strasbourg. Ce fut un seigneur des plus accomplis par sa bravoure et son grand cœur, et le dernier rejeton mâle de la grande famille des Mitte. Avec lui s'éteignait cette race de pieux chevaliers et de grands chrétiens, dont les hauts faits d'armes, l'amitié constante des Rois, les alliances les plus illustres, et par dessus tout la foi et la multitude des fondations pieuses et des œuvres de charité, avaient fait une des premières et des plus célèbres familles de la noblesse française.

Le marquisat de Saint-Chamond passa lui-même aux mains des La Vieuville par le mariage, en 1684 (2),

---

ron 14 ans. Elle mourut le 21 février 1667. — La deuxième fille de Melchior fut *Marie-Elisabeth*, mariée à Louis de Cadillac de Lévy, comte de Bioules, lequel mourut après son épouse en 1666.

(1) Les deux filles de Jean-Armand Mitte de Chevrières de Saint-Chamond, étaient *Marie-Anne* et *Marie-Hyacinthe*. Cette dernière mariée en 1690 à Guy-Henri de Bourbon, marquis de Malauze, mourut en couches au mois de mai 1691, laissant une fille unique : Marie-Geneviève-Henriette-Gertrude qui épousa en 1715 Ferdinand-Joseph, comte de Poitiers, de qui elle eut une enfant : *Elisabeth-Philippine*, mariée elle-même à Guy-Michel de Durfort de Lorge, duc de Randan. Or, de ce mariage naquit encore une fille unique : *Marie-Jeanne-Geneviève* qui épousa, en février 1751, Jean-Bretagne-Charles Godefroy de la Trémoille, duc de Thouars, pair de France, prince de Tarente, etc...

(2) Le contrat de mariage, passé à Paris et reçu par Marquis Denost et son confrère, notaires, le 20 septembre 1684, portait que le premier fils qui naîtrait, porterait le nom et les armes de Saint-Chamond.

de Marie-Anne Mitte, fille aînée de Jean-Armand Mitte, petite-fille de Melchior, avec Charles-Emmanuel de la Vieuville qui le transmit à son fils, Charles-Louis-Joseph, lequel le fit passer lui-même à son unique héritier, Charles-Louis-Auguste.

Or, ce dernier vendit, céda et abandonna, le 24 mars 1768, à Messire Jean-Jacques, marquis de Gallet et de Montdragon, toutes les terres et marquisat de Saint-Chamond et dépendances, moyennant la somme de 650.000 livres et le droit, réservé par le vendeur et son épouse, de continuer à porter pendant leur vie le nom de *marquis et marquise de Saint-Chamond,* et le survivant d'eux avec eux (1).

§ III. — DE LA VEÜHE-CHEVRIÈRES

Revenons à Chevrières. Nous avons dit plus haut que Just-Henry Mitte de Chevrières, marquis de Saint-Chamond et de Montpezat, troisième fils de Melchior et d'Isabeau de Tournon, avait vendu la seigneurie de Chevrières à Laurent de la Veühe.

Or, Laurent de la Veühe, dit M. Auguste Broutin dans ses *Châteaux historiques du Forez,* « appartenait à une bonne famille forézienne. Les de La « Veühe devinrent seigneurs de Collonges (Saint-« Victor-sur-Loire), de Montagnac (2), près de Saint-« Bonnet-le-Château, de Sury-le-Comtal, Saint-

---

(1) Cf. le savant et intéressant ouvrage de M. le chanoine Condamin : *Histoire de Saint-Chamond et de la Seigneurie de Jarez.*

(2) Cf. J. Condamin et Langlois : *Histoire de Saint-Bonnet-le-Château,* Tome I, p. 322-331.

« Marcellin-sur-Loire, Saint-Romain-le-Puy, de
« Chevrières et d'Aunoy-en-Brie.

« La famille de La Veühe a fourni un conseiller du
« roi, trésorier du domaine du pays du Forez, Jacques,
« en 1520; un chevalier de l'ordre du roi, trésorier-
« général de France, Jean de la Veühe, en 1630,
« dont le tombeau était autrefois dans l'église de
« Saint-Rambert.

« Sur une dalle d'environ deux mètres de longueur
« sur un mètre de largeur, on lisait, en lettres coulées
« en fer, l'inscription suivante : *Hic jacet nobilis vir*
« *Johannes de La Veühe, dominus de Collonges, ques-*
« *tor gallie in provincia Lugdunensis, mortem subiit*
« *XIX feb. 1638.* Jean de la Veühe eut pour fils
« Laurent de La Veühe qui était, dès l'année 1656,
« Seigneur de Chevrières. Il mourut en 1671.

« De son mariage avec Françoise de Rochefort
« de Saint-Vidal-d'Ailly, il laissa pour héritière
« Françoise de la Veühe, fille mineure (1).

« Françoise de Saint-Vidal-d'Ailly appartenait
« à une famille du Velay, héritière par alliance et
« substitution de la grande famille de la Tour-Saint-
« Vidal, dont le membre le plus notable, le fameux
« baron de Saint-Vidal, était le chef intrépide et
« l'âme de la Ligue dans le Velay (2). Un membre

---

(1) Haute et puissante dame Françoise de Rochefort-de-la-Tour-Saint-Vidal fut bienfaitrice de l'église de Chevrières et marraine de sa grosse cloche en 1674.

(2) Le nom de Rochefort de Saint-Vidal-d'Ailly venait à cette famille d'une alliance, en 1582, de Claire de la Tour-Saint-Vidal avec Claude de Rochefort d'Ailly. Les de Rochefort d'Ailly étaient une des grandes familles du Velay qui a donné trois évêques, à Bayonne, Cahors, et Châlons, un cardinal-évêque de Cambrai en 1753, un maréchal de camp en 1769.

Le château de Saint-Vidal (Velay) était une véritable petite forteresse, qui

« de cette famille de Saint-Vidal, Henri de la Tour-Saint-Vidal, était, vers la même époque (1660), seigneur de Poncins, par son mariage avec Gabrielle d'Apchon. Françoise de Saint-Vidal-d'Ailly étant veuve de Laurent de la Veühe, comte de Chevrières, se faisait souvent appeler Françoise de Saint-Miard, d'une rente que son mari lui avait léguée sur Saint-Médard, vulgairement appelé autrefois et encore de nos jours, Saint-Miard; rente acquise du prieur de Montverdun, dont relevait le prieuré de Saint-Médard (1).

« Le 24 février 1682, Mme de Rochefort-Saint-Vidal, en sa qualité d'usufruitière des biens de son mari, prêtait foi et hommage pour Chevrières, pour les rentes nobles de la Prunerie (Saint-Rambert et Saint-Maurice), de l'Hôpital-le-Grand, de Vidrieu, Lésigneux, et de Saint-Paul-d'Uzore. Ces dernières rentes furent plus tard vendues à Baillard du Piney, en 1759, et à Sonyer du Lac, en 1776.

---

soutint pendant la Ligue (1591) plusieurs sièges contre les troupes de Chambaud, le fougueux royaliste. Le château existe encore dans un état à peu près complet de conservation (Note de M. Auguste Broutin, de 1882).

(1) Il y aurait beaucoup de choses intéressantes à écrire sur les moines de Saint-Médard, aux xiiie siècle et suivants.

Saint-Médard était un ancien prieuré de Bénédictins, relevant de celui de Montverdun, auquel il fut uni plus tard, mais sous la dépendance de l'abbaye de la Chaize-Dieu. Il en est fait mention dans un acte de 1253. La Mure, dans son *Histoire ecclésiastique de Lyon*, au chapitre intitulé : « Catalogue des Bénéfices du diocèse de Lyon, fait sur des pouillés dressés depuis trois cents ans », nous apprend que plus tard Saint-Médard devint paroisse avec Aveyzieu pour annexe. Nous trouvons, en effet, à l'année 1387, un curé de Saint-Médard du nom de messire Jehan Stévenet, lequel, ami du curé de Chevrières, Jean Giroydon, signe comme témoin dans le testament que ce dernier fait avant de mourir par devant Mathieu Amasa, clerc juré des Cours de Lyonnais et de Forez (6 août 1387). — *Inventaires sommaires des archives départementales antérieures avant 1790*, par Auguste Chaverondier, page 170, Tome I,

§ IV. — DE LANGERON-MAULEVRIER-CHEVRIÈRES

« Françoise de la Veühe, fille unique de Laurent, se maria vers 1680 à François Andrauld de Langeron, seigneur de Maulevrier, et lui porta en dot la belle seigneurie de Chevrières.

« La famille de Langeron, originaire du Bourbonnais, était, au XVIII° siècle, possessionnée en Roannais, où elle était seigneur de Beaucresson, Minardière, Saint-Haon, La Molière (Armorial Gras).

« En 1698, Charles Andrauld de Langeron de Maulevrier était chanoine-sacristain, comte de Lyon, conseiller-aumônier du roi, vicaire-général de l'Archevêque de Lyon (1).

« Du mariage de Mlle de la Veühe avec François Andrauld de Langeron, naquit un fils appelé Jean-Baptiste ; il devint lieutenant-général des armées du roi, chevalier de la Toison d'or, ambassadeur d'Espagne.

« Une tradition rapporte qu'il prit du service dans les armées de la Russie et qu'il fut le fondateur de la ville d'Odessa.

« Il se maria vers 1720, à Elisabeth le Camus, fille ou sœur de Gaspard le Camus, seigneur de Fontanès. De ce mariage naquit Charles-Claude Andrauld de Langeron, marquis de Maulevrier,

---

(1) Monseigneur C. de Saint-Georges.

« comte de Chevrières, qui devint brigadier des
« armées du roi. En 1786, il prêtait foi et hommage
« pour la seigneurie de Chevrières. »

§ V. — DE LA CHANCE-CHEVRIÈRES

Vers 1788, la seigneurie de Chevrières passa par vente à M. Claude Chauvet de la Chance, co-seigneur de la Farge, Marlhes et Saint-Genest-Malifaux, par moitié avec les Courbon.

La famille Chauvet s'était enrichie dans le commerce des armes à Saint-Etienne ; elle a donné un lieutenant à l'élection de cette ville en 1742, Jean Claude, aïeul du seigneur de Chevrières. Il possédait, à l'est et auprès de Saint-Etienne, deux petits fiefs dits du Martinet et de la Croix, sur lesquels il fit construire le chateau de Chantegrillet, où est installée, de nos jours, l'Ecole des Mines.

Quant au fief de la Croix, il est remplacé, depuis longtemps, par les rues dites Royale, de la Croix, des Chappes (1).

Le souvenir de M. Chauvet, baron de la Chance, est encore vivant dans la mémoire de tous nos vieillards de quatre-vingts ans. Or, nous avons constaté, maintes fois, que ce souvenir est entouré de la plus haute considération et du plus grand respect.

Lorsqu'il vint prendre possession de sa nouvelle seigneurie, en 1788, les anciens racontent que les

---

(1) Nous devons ces pages sur les familles de la Veühe, Andrauld de Langeron et de la Chance à l'intéresssant ouvrage de M. Auguste Broutin : *Les Châteaux historiques du Forez*.

habitants de Chevrières lui préparèrent une réception exceptionnellement solennelle.

A la tête d'un groupe choisi de cavaliers villageois, un jeune homme, d'une des familles les plus considérées du pays (1), partit au devant du châtelain pour lui faire escorte. Et ce fut au milieu des rustiques refrains d'une centaine de jeunes gars et des gaies caracoles de leurs lourds coursiers que le baron, aux acclamations d'une foule heureuse, fit son entrée dans le village de Chevrières, dont les maisons cachaient leur modeste apparence sous des flots de guirlandes de verdure.

Ce qu'on ne dit pas, mais ce que l'on peut raisonnablement supposer, c'est que le baron Chauvet de la Chance, ému de l'accueil si sympathique et si brillant que lui avaient fait les braves gens dont il devenait le seigneur, ne tarda pas à leur témoigner sa reconnaissance, en leur ouvrant les portes de son château, et en les convoquant tous, petits et grands, à quelques paternelles et magnifiques agapes.

Mais la reconnaissance de M. Claude de la Chance ne s'arrêta pas là. La tradition en fait un homme accessible à tous, et toujours disposé à répandre le bien autour de lui.

Toutefois, lorsqu'arriva la période néfaste de la Terreur (1793), comme il ne partageait pas absolument toutes les idées réactionnaires du grand nombre de royalistes qui avaient demandé, moins à nos bois taillis qu'à la foi chrétienne et à la probité légendaire

---

(1) C'était Antoine Croizier, celui qui, plus tard appelé *le Roi*, sut, à la tête de partisans dévoués, soutenir, avec un courage digne d'éloges, la cause de Dieu et du Roi. — Voir notre brochure intitulée *Le Roi de Chevrières*. 1893. — Vitte, libraire, place Bellecour, 3, Lyon.

de nos paysans, un abri sûr contre le couperet de la Convention, il fit enlever au vieux manoir des Mitte tout ce qui pouvait rappeler la dîme et la royauté, en ferma les portes, et disparut.

Une fois les mauvais jours passés, il revint à Chevrières, fut élu maire de la commune, dès les premiers jours de l'Empire, jusqu'à l'année 1828 (1).

On parle encore, à Chevrières, de la sage et paternelle administration de ce dévoué magistrat.

Plus tard, grâce, sans doute, à des services rendus à la cause de l'empereur pendant l'exercice de ses fonctions de magistrat, en 1810, il fut créé baron. Et par suite de son alliance avec une famille de Paris, il y transporta ses pénates, en 1825, et vendit la terre de Chevrières, vers l'année 1828, à M. André Neyrand, chef d'une grande industrie métallurgique, à Saint-Chamond.

A la mort de M. André Neyrand, le château de Chevrières et toutes ses dépendances passèrent en héritage à M. De Fraix de Figon, qui, en 1852, l'échangea, avec M. Elisée Neyrand, contre deux domaines situés à Fontanay.

Elu maire de la commune, en 1856, M. Elisée Neyrand dont l'intelligence administrative et le dévouement n'eurent d'égale que sa charité, ce modèle des pères de famille, ce chrétien dont la joie était de faire des heureux, cet homme privé qui accueillait tout le monde avec bienveillance et qui n'épargnait

---

(1) Nous avons trouvé, dans nos livres de fabrique de l'année 1828, la signature de M. le baron de la Chance, à la date du 13 juillet, au bas d'une délibération concernant d'urgentes réparations à l'Eglise dont quelques murs menaçaient ruine. Et c'est, croyons-nous, la dernière fois qu'il signa des actes publiés comme maire et fabricien. (*Archives paroissiales*.)

ni son temps, ni son or, lorsqu'il s'agissait de tirer quelqu'un d'un mauvais pas, ce généreux fondateur de notre école libre de petits garçons, *l'œuvre de son cœur*, après avoir passé près de quarante années de sa vie à sauvegarder les intérêts de Chevrières, rendit sa belle âme à Dieu, avec la foi et la résignation d'un saint, le 7 avril 1891, laissant une famille éplorée. On pourrait dire que les malheureux et les bonnes œuvres perdirent en cet homme de bien leur vie et leur soutien, si les traditions de bienfaisance et de foi, qui se gardent depuis tant d'années dans la très honorable famille Elisée Neyrand, n'assuraient la perpétuité des bonnes œuvres et de la foi des pères(1).

Tels sont, depuis les temps les plus reculés jusqu'à nos jours (1091-1894), les divers possesseurs du fameux château de Chevrières.

On voit que si les premiers se sont illustrés, soit par les hauts faits d'armes qui font les preux chevaliers, soit par les actes importants d'une active participation au gouvernement des choses royales, soit encore par d'utiles et pieuses fondations au profit des œuvres chrétiennes, les derniers ne leur cèdent en rien pour le courage, le dévouement, l'intelligence, la foi et la charité.

Dieu soit béni d'avoir, dans notre village de Chevrières, sauvegardé en tout temps, la foi et les mœurs des petits, par les bons exemples des grands !

---

(1) Voir notre opuscule : *L'Ecole libre des petits garçons de Chevrières et son fondateur M. Elisée Neyrand*. — (Chez l'auteur, à Chevrières, Loire).

CHAPITRE IV

ORIGINE

ET

DIVERSES TRANSFORMATIONS

DE

L'ÉGLISE DE CHEVRIÈRES

CHAPITRE IV

ORIGINE ET DIVERSES TRANSFORMATIONS
DE L'ÉGLISE DE CHEVRIÈRES

La date de la construction de l'église de Chevrières se confond, avec celle de la fondation du château-fort, dans l'enceinte duquel elle s'élevait jadis.

Or, nous avons dit, au chapitre III de cet ouvrage, qu'un certain Pierre de Malvoisin, seigneur de Chevrières, signait, comme tel, une charte donnée vers l'an 1000 (1).

Donc le manoir qui abrita les Malvoisin, premiers possesseurs connus de la seigneurie de Chevrières, date au moins de ce XI° siècle qui vit l'Eglise instituer la Trêve de Dieu, la Chevalerie et les Croisades, pour remédier, autant que possible, aux désordres et aux violences de ces temps féodaux.

Et si, vers l'an 1000, nous voyons déjà nos collines dominées par les remparts et les donjons d'une dé-

---

(1) Charte concernant le prieuré de Randan, près de Feurs. — Cartulaire de Savigny, n° 124.

meure seigneuriale, nous pouvons, sans craindre de nous tromper, affirmer que, tout près des murailles du manoir, s'élevait aussi un oratoire seigneurial. Car les seigneurs de ce temps-là, tous gens de religion autant que gens d'épée, ne bâtissaient jamais leurs châteaux-forts sans élever, dans l'enceinte de leurs remparts, l'oratoire privé où ils allaient s'agenouiller avant que de courir ferrailler avec quelques ennemis voisins, ou au retour de quelques chevaleresques expéditions.

La fondation de la chapelle des Malvoisin marque donc l'origine de notre église paroissiale.

Dans le principe, cette chapelle privée, bâtie dans le style du château, était de dimensions assez restreintes. Le développement de son unique nef était proportionné aux besoins des nobles châtelains et de leurs gens de service.

Mais à peine les seigneurs s'étaient-ils enfermés dans les murailles épaisses de leurs remparts crénelés, que déjà des nuées de manants, cherchant travail et protection, avaient élevé, tout près de la somptueuse demeure des chevaliers, plusieurs groupes de pauvres cabanes.

D'autre part, le nombre des serviteurs de la seigneurie allait croissant avec les conquêtes, les alliances et les héritages...

De là, la nécessité pour les châtelains d'élargir, plus tard, l'enceinte du petit sanctuaire et d'en faire un monument capable de contenir la foule qui se pressait autour des remparts du manoir.

Or, les Malvoisin, illustres en piété autant qu'en valeur, comme nous l'avons vu au chapitre précédent, ne voulant pas que tous ces braves gens, serviteurs et vilains, fussent privés des secours de la religion, après leur avoir vraisemblablement ouvert les portes de leur petite chapelle, durent se décider à en élargir le vaisseau.

Mais, à qui confièrent-il le soin de cette église ? — C'est ce que nous dirons au chapitre VI de ce livre.

En attendant, voilà comment l'oratoire des Malvoisin, de par la force des choses et les nécessités du moment, devint, à Chevrières, l'église paroissiale, ouverte aux habitants du village naissant.

Cette transformation de la chapelle particulière des Malvoisin en église paroissiale ne fut pas l'œuvre d'un jour. Toutefois, d'après un Pouillé du Diocèse de Lyon, inséré dans le Cartulaire de Savigny (page 903, IIe partie), nous voyons qu'à la date de 1240, l'église de Chevrières était déjà citée parmi les églises paroissiales, et relevait directement de l'archevêque de Lyon.

En l'année 1318, un certain Pierre Godard de Relave fait un legs au luminaire de l'église de Chevrières, de douze deniers viennois (1). Donc, à cette époque reculée, la petite chapelle des seigneurs de Chevrières était devenue église paroissiale.

Il s'agit maintenant de suivre les différentes phases ou transformations de l'édifice à travers les âges. Or, voici les résultats de nos recherches sur cette délicate et difficile question.

---

(1) Testament de Pierre Godard de Relave — *Sepulturam suam elegit in cimiterio de caprariis. Item, luminari et candele dicti loci cuilibet duodecim denarios viennenses dedit et legavit semel* (vers 1318). — (*Inventaires sommaires des archives départementales de la Loire antérieures à 1790*, Tome II, par Auguste Chaverondier.)

Et d'abord, l'oratoire privé des Malvoisin, construit dans le goût et le style du vieux manoir, dut certainement, comme nous l'avons dit du reste, être élargi selon les besoins de la population toujours croissante.

Sans vouloir en faire un monument remarquable, les châtelains, sur le devis de quelque architecte, adaptèrent à l'unique nef, d'abord les deux chapelles du fond de l'église, dont les murs épais soutiennent la lourde masse du clocher où ils suspendirent les premières cloches (1); puis, ils se construisirent une *chapelle particulière* (2), dans cette nouvelle église faite toute entière de leur oratoire privé... Et peut-être enfin, pour régulariser leur œuvre, firent-ils une autre chapelle, au Nord, pour compléter le transept, au centre duquel ils ouvrirent un chœur.

Or, l'œuvre de la munificence des seigneurs de Chevrières demeura debout, sans qu'il y fût apporté aucun changement notable, jusqu'à la dernière moitié du xve siècle.

Voici les événements qui amenèrent la reconstruction, ou, pour parler plus exactement, le nouvel agrandissement et la transformation de la vieille église, laquelle comprenait une seule nef avec chœur, chapelles latérales, formant transept, et autres chapelles, pratiquées à droite et à gauche des arceaux, pour soutenir le beffroi.

---

(1) Probablement les deux plus petites, dont est veuf notre beffroi, et qui furent transportées, en 1793, à Roanne, pour passer dans le creuset de la fonderie Alcock, et servir à faire des canons pour la défense de la République.

(2) Sur l'emplacement de celle qui aujourd'hui est appelée *Chapelle du château.* »

La seigneurie de Chevrières, que la noble famille des Malvoisin possédait depuis au moins trois siècles, étant passée en dot à Catherine, fille unique et héritière de Hugues, celle-ci épousa, en 1331, Guillaume Mitte de Mons et de Laval, qui, dès lors, ajouta à ses titres de noblesse celui de seigneur de Chevrières (1).

Or, un des descendants de ce Guillaume Mitte de Mons, dont il était lui-même le trisaïeul, Louis I, Mitte de Mons, seigneur de Chevrières, gentilhomme de la Chambre, sous le Roi de France Louis XI, ayant pris parti, pour son prince et roi, contre le duc de Bourbon, et l'ayant aidé à ravager les provinces de ce dernier, en Forez, se vit lui-même peu après, en 1465, attaqué par les troupes du comte Jean II.

Les représailles du duc de Bourbon furent terribles. Il ravagea toutes les terres, pilla et démantela tous les châteaux des seigneurs partisans de Louis XI.

C'est dans cette guerre que les bandes du duc de Bourbon repoussèrent jusqu'au Mont-Pilat et taillèrent en pièces, à Saint-Genest-Malifaux, les troupes du roi de France, ainsi que nous l'avons dit au chapitre III de ce livre.

La chronique du temps ajoute que les soldats du duc s'acharnèrent avec fureur sur ceux que commandait Louis I Mitte, et les poursuivirent jusqu'à Chevrières, dévastèrent sa seigneurie, firent le sac de son château, et très vraisemblablement aussi le sac de l'église (2).

---

(1) Voir notre note sur les Mitte de Mons, à la page 87 de cet ouvrage.

(2) Voir ce que nous avons dit de cette question au chapitre III. « Des possesseurs du château de Chevrières ». Voir aussi l'*Histoire des ducs de Bourbon*, de La Mure, publiée par Chantelauze et Steyert, Tome II, page 265.

Ce qui le ferait supposer, c'est que, quelques années après ces graves événements, Louis I fit bâtir la chapelle de Notre-Dame, dans l'église de Chevrières (1).

Si Louis I Mitte de Mons fit bâtir une chapelle dans l'église du village, c'est donc que l'édifice des Malvoisin, élevé au xie siècle, agrandi aux xiiie et xive, avait été endommagé de quelque manière.

Or, nous venons de raconter les événements qui amenèrent la transformation de notre église à cette lointaine époque.

Louis I Mitte de Mons mourut, en 1489, et fut inhumé dans la chapelle de Notre-Dame, son œuvre, et avec *ses prédécesseurs*, ajoute le généalogiste de la Maison de Saint-Chamond (2). Cette manière de s'exprimer nous fait croire que Louis I n'eut pas la douleur de voir les tombeaux de ses ancêtres profanés par les bandes sauvages du duc de Bourbon, et qu'il put réédifier la chapelle sur les mêmes fondements jetés par les Malvoisin.

Mais, soit que ces constructions eussent été reprises sur leurs anciennes bases ; soit qu'elles aient été faites de toutes pièces, elles ne durèrent pas longtemps.

Nous ne savons ce qu'il advint entre la date de 1489,

---

(1) *Documents et Mémoires de la Diana sur le Forez*, Tome IX.

(2) L'auteur de cette précieuse *Généalogie* est, comme nous l'avons déjà dit, très probablement l'Abbé Royer, chanoine de la Collégiale de Saint-Jean-Baptiste, à Saint-Chamond, de 1717 à 1758. Il en existe deux *manuscrits*, connus par les érudits : l'un appartient à M. Maurice de Boissieu, qui l'a publié, en l'accompagnant de notes excellentes, dans le Tome IX des *Mémoires de la Diana* ; l'autre qui faisait partie de la riche bibliothèque du regretté Louis Chaleyer, a été exploité, dans l'*Histoire de Saint-Chamond et de la Seigneurie de Jarez*, par M. le chanoine J. Condamin, qui a su mettre à profit les recherches antérieures de son savant confrère de *La Diana*, et qui les a complétées.

qui est celle de la mort de Louis I Mitte de Mons, et la date de 1519, qui est celle de la construction d'une des chapelles latérales de l'église. Mais, ce que nous constatons, c'est que les constructions de l'édifice actuel sont toutes dans le goût de la Renaissance, style encore inconnu en France, à l'époque où vivait Louis I (1).

L'œuvre de Louis I avait donc subi une grande transformation, dès le commencement du XVIe siècle. Elle avait pris, sur un corps gothique, un vêtement *Renaissance*, comme nous le verrons plus amplement dans le chapitre de la monographie de l'église.

Or, voici par qui fut transformée l'église de Chevrières. C'est le généalogiste de la maison de Saint-Chamond qui parle :

« Jean Mitte de Cuzieu, troisième fils de Jean III
« Mitte de Mons et petit-fils de Louis I, protono-
« taire apostolique, comte et doyen de l'Eglise de
« Lyon (1525) (2) par la mort d'Antoine d'Albon
« Saint Forgeux et abbé de Saint-Pierre de Clérac
« en Agenais, à la fin de ses jours coadjuteur de
« l'archevêque de Vienne.... mourut en 1533, après
« avoir fait bâtir à neuf l'église de Chevrières (3) et
« commencé le bâtiment de l'hôtel de Chevrières à
« Lyon. »

C'est donc à la munificence du comte et doyen de la Primatiale de Lyon, que nous devons l'intéressant monument dont nous admirons encore

---

(1) Voir notre Introduction.

(2) Il avait été reçu chanoine le 13 Janvier 1509 à la sollicitation du Roi.

(3) Voir notre note sur l'inhumation de Jean de Cuzieu, page 107 de cet ouvrage.

aujourd'hui la belle structure, malgré les ravages inévitables de trois siècles et demi de durée.

Et si les parchemins nombreux que nous possédons ne suffisaient pas à prouver ce que nous avançons, nous pourrions renvoyer le lecteur à un examen sérieux de l'édifice lui-même. Les notions les plus élémentaires d'architecture lui permettraient de constater, par l'étude du style, par celle des armes que son fondateur y a gravées, et par la simple lecture des dates inscrites en relief sur ses pierres, que, vraiment, il a bien sous ses yeux un monument fondé aux XIIIe et XIVe siècles, et transformé dans les premiers jours de la Renaissance, au XVIe siècle.

Nous ne donnons pas à Jean de Cuzieu le titre de *fondateur* de l'église de Chevrières ; il est plus juste de le qualifier de *restaurateur* ou de *transformateur*.

Car l'examen approfondi que nous avons fait nous-même, aidé d'un homme de haute compétence (1), nous a convaincu que l'architecte de l'époque, regrettant, sans doute, de voir disparaître l'œuvre ogivale créée par les Malvoisin, proposa simplement de la transformer dans le goût de la Renaissance, qui s'implantait alors en France.

Le chapitre suivant nous mettra du reste devant les yeux, et nous rendra palpables, toutes les transformations du monument qui nous occupe en ce moment.

Et puisque nous avons parcouru les diverses phases par lesquelles l'église de Chevrières a passé, à travers les âges, nous n'aurons garde de nous taire

---

1) M. Dominique Girard, de Lyon, architecte.

sur l'époque de la grande Révolution. Et, en quelques lignes, nous essayerons de résumer ce que nous croyons devoir intéresser le lecteur.

L'église de Chevrières, comme du reste la plupart des églises en France, fut fermée au culte divin de par ordre de la Convention, pendant toute la lugubre période de la Révolution de 1793.

Cependant, nous n'avons pas trouvé de traces sérieuses du vandalisme sauvage qu'exercèrent, sur les édifices religieux, les bandes salariées de la Convention.

Et, pour dire toute la vérité, les seules marques encore visibles des mauvais jours de la Terreur ne se rencontrent que sur le bronze de notre grosse cloche, auquel un marteau sacrilège a enlevé les deux blasons qui, en rappelant le souvenir d'une famille noble (1), rappelaient aussi celui de la Royauté.

Des procès-verbaux de l'époque nous font sans doute connaître le criminel projet de sa destruction. On dit même que certains émissaires du farouche Javogue essayèrent de renverser la flèche de fer blanc de son clocher, d'enlever le toit de l'édifice et de le dépouiller de ses vitraux, de ses autels, de sa chaire (2).

Mais en somme, on délibéra beaucoup, on projeta plus encore, contre l'église et son trésor de pieux souvenirs ; et ce fut tout.

Les délibérations haineuses inspirées par les agents

---

(1) La famille des de la Veühe, à laquelle appartenait le château de Chevrières à l'époque où cette cloche était fondue (1674).

(2) Constatations du Conseil général du 22 fructidor an III. (*Archives de la Loire.*) — D'après les détails de la délibération signée ledit jour, on voit que l'église a souffert de quelques déprédations, mais en vérité peu importantes.

de la Révolution, les projets sacrilèges médités par les salariés de Javogue, n'aboutirent qu'à une simple vérification et à un facile inventaire du mobilier de l'Eglise, ayant, pour clause unique, son transport au chef-lieu du district (1).

Voici, du reste, cette pièce intéressante que nous nous faisons un devoir de respecter, et dans son orthographe et dans sa teneur :

« Sextide de la 3ᵉ décade de Frimaire, de l'an
« second de la République une et indivisible, le
« Conseil général de la commune de Chevrières
« étant assemblé en permanence au lieu ordinaire
« des séances, le procureur de la commune a dit
« qu'il existait, dans l'église, plusieurs effets en
« argent, qu'il fallait les sortir, en faire un inventaire
« pour être, les dits objets envoyés au district de Boën
« pour être employé au bien général de la République.

« La matière mise en délibération, et vérification
« faite des divers objets en argent, servant au culte
« de l'Eglise de Chevrières, il a été trouvé :

« 1° Deux calices avec leurs pateines ; 2° Deux
« ostensoirs ; 3° Deux ciboires ; 4° Un encensoir ;
« 5° Une croix ; 6° Un coffret ; 7° Une boîte ; 8° Deux
« petits vases. Le tout en argent ; lesquels objets
« seront envoyés au district de Boën.

« Arrête en outre que les autres objets en cuivre
« et plomb existants dans ladite Eglise, et les autres
« ornements seront déposés en la maison commune
« et qu'il sera demandé avis au district de l'emploi
« qu'il en sera fait.

---

(1) Boën était le chef-lieu du district auquel appartenait Chevrières en 1793.

« Fait et arrêté en la maison commune, mois et
« an que dessus, et ont signé ceux qui l'ont su
« faire (1) ».

Nous ne savons pas si les objets d'argent mentionnés dans cet inventaire furent réellement envoyés à Boën, pour y être utilisés au profit de la République..., mais, ce que nous savons, et ce que nous pouvons affirmer, c'est que les travaux d'art, arceaux, nervures, chapiteaux, figurines et bas-reliefs ne furent point mutilés et se voient encore, tels que trois siècles et demi d'existence les ont laissés.

Du reste, le roi de Chevrières était là, avec sa petite armée de partisans dévoués jusqu'au sang à Dieu et au roi. Nous savons, par nos anciens, que les soldats-paysans d'Antoine Croizier veillaient, avec autant de vigilance, sur l'église du village, que sur la personne sacrée d'une foule de prêtres et de nobles cachés dans leurs chaumières.

Plus d'une fois, ces *hardis vendéens de notre Forez* arrêtèrent les bandes révolutionnaires conduites à Chevrières par les agents dévoués à la Convention, pour y faire le sac de l'église.

Et s'ils ne parvinrent pas toujours à empêcher toutes les sacrilèges déprédations des sans-culottes, dont le rôle était de piller et de terroriser le pays, du moins, par leur dévouement et leur attitude énergique, et, pour tout dire, grâce à leur stratégie de guérillas, ils surent tenir en échec les troupes organisées de la

---

(1) Suivent les signatures. Ce document nous a été communiqué, avec un grand nombre d'autres, par le très obligeant et très aimable archiviste du département de la Loire, M. de Fréminville, à qui nous offrons l'expression de notre respectueuse et cordiale gratitude.

République, et conjurer plus d'un crime et plus d'un malheur (1).

Malgré le zèle que déployaient les agents de la Révolution pour convertir la maison de Dieu en temple de la Raison (2), nous savons par nos vieillards que l'Eglise, veuve des saints mystères, demeura déserte et absolument vide de tout concours de fidèles, pendant toute la période de la Terreur.

Les habitants de Chevrières, fermement attachés à la vieille et sainte foi de leurs pères, n'assistèrent jamais aux offices célébrés, dans leur église en deuil, par le prêtre constitutionnel, Antoine Hérail.

Ils demeurèrent constamment fidèles à leur ancien et vertueux pasteur, M. Antoine Guillot, lequel, ayant pu briser les chaînes dont le chargèrent un jour les gens d'armes de la République, se tenait caché dans la paroisse, mais était jour et nuit à la disposition de ceux qui avaient besoin de son ministère.

De sorte que, chose vraiment inouïe, dans nos montagnes chrétiennes et royalistes, le saint sacrifice de la Messe ne cessa pas d'être célébré, tantôt dans un hameau, tantôt dans un autre, et que les sacrements continuèrent à être administrés, pendant toute la période révolutionnaire.

Si bien qu'Antoine Hérail, le curé constitutionnel, appelé à succéder au bon M. Guillot, se voyant abandonné de tous les habitants, finit par s'ennuyer,

---

(1) Voir notre brochure : *Le Roi de Chevrières*; chez Vitte, 3, place Bellecour, Lyon.

(2) Une délibération du 24 Frimaire an III nous fait connaître qu'un certain tanneur de Font-Fort — lisez Saint Galmier — achetant 15 peaux de moutons à la commune de Chevrières, en laissa le prix pour être employé aux réparations du temple de la Raison. — (*Archives de la Loire.*)

n'ayant pas de ministère à exercer, faute d'ouailles. S'étant fait donner un certificat de civisme par l'autorité locale (1), le neuvième de Pluviôse an II, sans doute pris de remords autant que d'ennui, il quitta le pays et alla cacher sa honte dans quelque lieu retiré (2).

Comme on l'a compris, c'est donc grâce à la foi chrétienne et à la discrétion des habitants de Chevrières, grâce à la prudence des autorités locales, et surtout grâce au zèle de M. le curé, Antoine Guillot, secondé par les services précieux du *Roi* et de ses *partisans*, que notre Eglise est demeurée debout,

---

(1) Voici ce certificat de civisme : « Aujourd'hui 9 pluviose de l'an second de la République une et indivisible, le conseil général... assemblé en la maison commune..... sur la demande faite par le citoyen Antoine Hérail ci-devant curé de la commune, y étant domicilié, à ce qu'il plut au conseil général de lui délivrer un certificat de civisme.

« En conséquence, le conseil général de la commune certifie et atteste à tous, qu'il appartiendra que le citoyen Antoine Hérail a donné constamment les preuves du civisme le plus ardent et du plus pur républicanisme ; qu'il s'est toujours montré l'ennemi déclaré de l'aristocratie, du royalisme, du fédéralisme et du fanatisme, qu'il n'a cessé de combattre.

« En foi de quoi, il lui sera délivré extrait du présent pour certifier son civisme à qui il appartiendra, le renvoyant par devant le comité révolutionnaire du canton, pour reviser ledit certificat.

« Fait et arrêté en la maison commune les jours, mois et an que dessus, et ont signé ceux qui l'ont su faire. » Suivent les signatures. Pièce dont nous avons conservé le style et l'orthographe, communiquée par M. l'Archiviste du département de la Loire.

(2) Nous savons que Antoine Hérail, en quittant Chevrières, où il n'avait eu que des déboires comme curé constitutionnel (car jamais les habitants ne voulurent assister à sa messe ni user de son ministère, M. Guillot étant toujours, dans sa retraite cachée, à la disposition de ses fidèles paroissiens), nous savons qu'il se retira à Saint-Symphorien-sur-Coise, se rétracta plus tard, et vint même à Chevrières en 1826, à l'époque d'une grande mission, faire publiquement amende honorable pour tous les scandales qu'il avait donnés, en 1793. Absous et réintégré dans ses fonctions sacerdotales, on lui vit dire bien souvent la sainte-messe à Saint-Symphorien ; et nous connaissons MM. Besseney, Père Mariste, Flachard, curé de Barrais-Bussolles, Blanc, chanoine, curé de Notre-Dame de Saint-Chamond, qui la lui ont servie, étant enfants de chœur. Toutefois, disent ces témoins, le souvenir de ses défaillances était si bien noté, que personne n'aimait à assister à sa messe. Il avait une fille et non un fils, comme nous avons dit par erreur, dans notre *Roi de Chevrières*.

gardant à peu près intactes ses richesses artistiques, ses cloches si remarquables, et tout ce qui, en un mot, rappelle l'art d'un passé intéressant.

L'église de Chevrières fut réouverte, de par le Concordat du 15 juillet 1801, et reconciliée par M. l'abbé Albrand, chef de la Mission de Saint-Galmier, délégué par l'autorité diocésaine, le premier jour de janvier 1802 (1).

A cette heure solennelle, il y eut un combat de générosité et de dévouement, entre les habitants, pour rendre à leur chère église, profanée par la Révolution, sa dignité et les splendeurs d'un long passé de foi.

Chacun voulut mettre son obole dans la bourse du prêtre chargé par Monseigneur l'Archevêque d'ouvrir les portes du sanctuaire réconcilié, aux cérémonies du culte divin (2). Et bientôt l'on vit le saint lieu se meubler des objets nécessaires à la célébration des saints Mystères. Les cloches, muettes depuis si longtemps, égrenèrent leurs notes joyeuses dans les airs, pour convoquer à nouveau les fidèles aux saints offices. La foule, privée, depuis neuf ans, du bonheur de s'agenouiller aux pieds des autels, accourut en foule prier pour ses persécuteurs et chanter l'hymne de la reconnaissance.

En un mot, à cette heure bénie, l'église reprit ses

---

(1) « L'Eglise de Chevrières qui avait été profanée pendant la Révolution a été reconciliée le premier janvier 1802 par M. Albrand chef de la Mission de Saint-Galmier, ayant été autorisé à faire cette cérémonie par MM. les Vicaires Généraux du diocèse de Lyon. — Signé : Albrand, chef de mission. » Texte même de la pièce. (*Archives de la paroisse.*)

(2) Plusieurs procès-verbaux de fabrique nous révèlent le zèle et les sacrifices des habitants de Chevrières pour l'ornementation de leur chère et intéressante église. (*Archives de la paroisse.*)

plus beaux airs de fête, tout comme aux jours de paix et de foi.

En terminant ce chapitre, nous répondrons à une question qui se pose, naturellement et d'elle-même, au lecteur mis au courant des diverses phases de transformations de l'intéressante église dont, au chapitre suivant, il lira la monographie détaillée.

De quel archiprêtré relevait l'église de Chevrières, dès sa fondation ? ou, en d'autres termes, qui nommait, dès les XIIe et XIIIe siècles, à la cure de Chevrières ?

Un Pouillé du XIIIe siècle publié dans le Cartulaire d'Ainay et de Savigny (page 903, Tome II) classe cette église dans l'Archiprêtré de Jarez (1) et lui donne pour patron le prieur de Saint-Rambert (2).

Mais nous soupçonnons là une erreur, car les autres Pouillés insérés dans le même Cartulaire, par exemple celui du XVe siècle (page 963, même Tome), ceux des XVIe et XVIIe siècles (page 992) nous apprennent que l'église de Chevrières est à la nomination de l'archevêque de Lyon.

Enfin, un autre Pouillé de la fin du XVIIIe siècle, inscrit Chevrières au nombre des paroisses de

---

(1) C'est du même *Archiprêtré de Jarez*, dont le territoire était très étendu, que « ressortissait » la paroisse de Soucieu, qui se trouve dans le département du Rhône, et qui dépend aujourd'hui de l'Archiprêtré de Saint-Genis-Laval. Elle s'appelait, comme aujourd'hui, Soucieu-*en-Jarez* ; et l'on voit assez que ce nom lui venait, non de ce qu'elle se trouvait sur le territoire de la « Seigneurie de Jarez », puisqu'elle en était au contraire fort éloignée, mais de ce qu'elle relevait, sous le rapport de l'administration religieuse, de l' « Archiprêtré de Jarez ». Après cela, il est inutile de faire remarquer que les gens qui écrivent — car il s'en rencontre encore pour commettre cette erreur — Soucieu-en-JARRET, pour Soucieu-en-JAREZ, prouvent tout simplement qu'ils ignorent, également bien, l'orthographe du mot et son étymologie (*de Jaresio*, d'où *Jarez* ; comme *de Foresio* a donné *Forez*), et l'histoire de notre province.

(2) La date de ce pouillé remonte à l'année 1240 ou 1250.

l'Archiprêtré de Saint-Etienne, auxquelles nomme l'archevêque de Lyon.

Nous avons, du reste, sous les yeux, nos archives paroissiales et nous y lisons (1) les détails suivants qui prouvent que l'église de Chevrières avait bien pour patron l'archevêque de Lyon et appartenait à l'Archiprêtré de Saint-Etienne, au xviiie siècle, et sans doute bien auparavant :

« Le 18 novembre 1727 : Reçu — (le président « de fabrique) — la somme de vingt livres de la « veuve Rousset des Combes… laquelle somme sera « employée à la refonte des deux petits calices hors « d'usage et interdits par l'ordre de Monseigneur « l'archevêque de Lyon, *en sa visite pastorale.*

— « Vu par nous et approuvé les comptes de re-« cettes et dépenses, montant le premier à la somme « de 484 livres 19 sols ; et le second à la somme de « 525 livres 15 sols. A Chevrières, dans le cours de « *notre visite*, le 4 octobre 1730. De Saint-Nizier, « archiprêtre de Saint-Etienne. »

Maintenant, à ceux qui douteraient encore de l'ancienneté et de notre paroisse et de notre église, qu'il nous soit permis d'apporter une dernière et irréfragable preuve :

Dans les *Inventaires sommaires des Archives départementales antérieures à 1790* (Tome II, page 92), par Aug. Chaverondier, nous lisons ces lignes précieuses :

« Testament, à cause de mort, de Julienne, femme « de Zacharie de Chevrières (de Chaureyres) et fille

---

(1) Livre des recettes et dépenses du luminaire de l'église paroissiale de Chevrières. Année 1727.

« de feu Messire Aymar de Chagnon (Chaygnum).
« Janvier 1286.

« Testament de Pierre Godard, de Relave ; Sepul-
« turam suam elegit in cimiterio de Caprariis — Item,
« luminari et candele dicte loci cuilibet duodecim
« denarios viennensis dedit et legavit semel; anno
« 1318. (Ibid, page 105). »

Ordinairement, un testateur date ses dernières volontés, non du hameau qu'il habite, mais bien de la commune ou paroisse à laquelle il appartient.

Or, ici, Julienne se dit de Chevrières, dans son testament ; donc, déjà en 1286, ce lieu était regardé comme assez important pour que ses habitants pussent répondre à ceux qui les interrogeaient, quel village habitez-vous ? — Chevrières, c'est-à-dire la paroisse de Chevrières.

Et puis, trente-deux ans plus tard, en 1318, un Pierre Godard, habitant le hameau de Relave, lequel existe encore de nos jours, choisit sa sépulture dans le cimetière de Chevrières ; et même, il fait don de douze deniers viennois au luminaire de l'église dudit lieu.

Or, une église et son luminaire bien établis, un cimetière où les habitants d'un lieu veulent reposer après leur mort, tout cela suppose évidemment une paroisse, fondée depuis longtemps, et fonctionnant au moyen de toutes les ressources qui font la vitalité des nôtres, en ce XIXe siècle.

Ce n'est donc point s'aventurer que de dire, de la paroisse de Chevrières, qu'elle est très ancienne.

CHAPITRE V

SAINT MAURICE

PATRON TITULAIRE

DE

L'ÉGLISE ET DE LA PAROISSE

DE CHEVRIÈRES

CHAPITRE V

SAINT MAURICE PATRON TITULAIRE DE L'ÉGLISE
ET DE LA PAROISSE DE CHEVRIÈRES

L'Eglise de Chevrières est sous le vocable de saint Maurice, l'illustre chef de la légion thébaine, martyrisé pour la foi en Jésus-Christ, l'an 246 de l'ère chrétienne.

Outre ce patron titulaire, cette église honore encore saint Benoît comme patron secondaire.

Une vieille tradition, qui a pour défenseurs tous les anciens du village, essaie de soutenir que jadis saint Benoît était le patron titulaire de la paroisse de Chevrières, et par conséquent reléguait saint Maurice au second plan.

Et, pour preuve à l'appui de ce qu'ils racontent, nos vieillards affirment qu'ils ont entendu leurs aïeux mêler, dans la récitation du *Confiteor*, le nom de saint Benoît à ceux des apôtres Pierre et Paul, et dire : « Je confesse à Dieu... aux apôtres saint Pierre et saint Paul, à saint Benoît, patron de cette paroisse. »

Qu'à une certaine époque, relativement peu éloignée de la nôtre, les pieux paroissiens de Chevrières aient eu la très louable habitude d'invoquer saint Benoît et de lui rendre les honneurs dus seulement à un saint Patron, voilà un fait que nous ne contesterons pas, puisque la génération pleine de foi qui s'en va, nous l'affirme.

Du reste, loin de trouver extraordinaire et insolite la grande dévotion de nos ancêtres au célèbre abbé du Mont-Cassin, nous la regardons comme toute naturelle et toute indiquée, après les services que rendirent à la paroisse, aux XIIe et XIIIe siècles, les religieux bénédictins installés dans le petit prieuré dont nous avons parlé plus haut (1).

Mais, ce que nous refusons absolument de croire, c'est que saint Benoît ait jamais été le patron *titulaire* de l'église et de la paroisse de Chevrières.

Il n'y a, à notre humble avis, aucune raison pour que, parjures à toutes leurs promesses de respect et de reconnaissance envers les Malvoisin, leurs bienfaiteurs, l'église et la paroisse aient, à travers les siècles, changé de patron et de protecteur.

Si l'on nous objecte que le Comte et Chanoine Jean de Cuzieu a bien pu, à l'époque où il fit restaurer en grande partie l'église (2), lui donner un autre patron que saint Benoît, par exemple saint Maurice; nous répondrons que Jean de Cuzieu n'aurait pas pu agir ainsi, sans faire table rase de

---

(1) Au Chapitre IV. On comprend en effet que les fils de saint Benoît aient propagé, autour d'eux, le culte de leur illustre et saint fondateur.

(2) De 1500 à 1520.

tout un long passé de souvenirs pieux, et partant, éveiller les susceptibilités de toute une population attachée à une vieille dévotion aussi fortement qu'à un article de son symbole. Bien plus, le restaurateur généreux de l'église de Chevrières aimait et respectait trop ses nobles ancêtres, pour oser blâmer leurs œuvres et jeter autour d'elles le voile de l'oubli.

Et enfin, Jean de Cuzieu ne posait pas les fondements d'un édifice nouveau ; il le restaurait seulement, lui donnait de nouvelles proportions et un nouveau lustre.

L'ancienne chapelle, avec sa petite nef gothique, avait été vouée à saint Maurice ; mais, une fois agrandie et parée des ornements de la Renaissance, n'aurait-elle donc plus trouvé digne d'elle l'illustre martyr de la légion thébaine ?..

Pour tout dire, nous ne mettons pas en doute que les seigneurs de Chevrières, les Malvoisin, n'aient donné un patron de leur choix, au petit sanctuaire de famille qu'ils bâtissaient jadis dans l'enceinte de leur manoir, et nous croyons que leurs descendants respectèrent ce choix.

Mais pour quelles raisons choisirent-ils saint Maurice, soldat-martyr, pour patron de la chapelle qui devint plus tard église paroissiale ?

C'est ce que nous allons essayer de dire. Que le lecteur veuille bien être indulgent pour les preuves de la thèse que nous osons soutenir. Bien qu'elles ne soient que de convenance, cependant elles ne manquent pas de poids dans leur nouveauté et leur originalité.

D'après nos recherches et les documents que nous

possédons, saint Maurice a été, de tout temps, patron titulaire de l'église et de la paroisse de Chevrières ; et saint Benoît n'en a jamais été que le patron secondaire.

D'abord, on trouve dans tous les diocèses un bon nombre de paroisses avec un premier et un second patron.

Ensuite, quelqu'un oserait-il nier que le martyre héroïque de la légion thébaine n'ait eu un immense retentissement dans les Gaules, au troisième siècle ?

Et si ce mémorable événement vint étonner vainqueurs et vaincus, dans ce pays des Druides où le flambeau la foi chrétienne brillait déjà d'un vif éclat, qui donc refuserait de croire que les peuplades échelonnées le long du Rhône, rougi du sang de six mille soldats, ne furent pas les premières à vénérer le chef de tant de glorieux héros !

Oui, et c'est notre opinion, dès le IVe siècle nos populations, voisines du théâtre sanglant où fut immolée, pour le Christ, toute une légion de courageux chrétiens, avaient entendu parler du vaillant capitaine Maurice et de ses fidèles campagnons.

Oui, au lendemain de l'héroïque martyre de la légion thébaine, elles faisaient monter leurs supplications vers cette multitude de bienheureux, les implorant déjà comme des protecteurs.

Et lorsque, un peu plus tard, vers le milieu du IVe siècle, le grand thaumaturge de Tours (cet autre illustre guerrier qui avait quitté l'épée pour la croix) s'arrêtait dans nos contrées, avant de traverser les Alpes, il trouvait si vivant et si populaire, dans notre Forez, le souvenir de saint Maurice qu'il lui fut facile d'en faire accepter le culte aux nouveaux convertis (1).

L'histoire nous apprend, en effet, que les provinces du Bourbonnais, du Forez et une partie de celle du Lyonnais, furent évangélisées par le grand thaumaturge de Tours, lors de son passage au milieu des peuplades païennes de nos contrées, pour aller voir ses parents en Illyrie (2).

Et une pieuse tradition nous révèle la prédilection particulière du catéchumène Martin (3) pour le martyr

---

(1) Il paraît fort vraisemblable que ce fut en allant au concile de Saragosse ou au retour, que saint Martin passa, avec saint Victrice, évêque de Rouen, par Vienne en Dauphiné, où saint Paulin de Nole nous apprend qu'il eut le bonheur de les voir « Epistola XVIII. *Victricio Paulinus*. Patr. lat. Tome 61 col. 237. *Meminisse enim credo dignaris quia sanctitatem tuam, olim Viennæ apud beatum patrem nostrum Martinum viderim, cui te Dominus in œtate im pari, parem fecit...* (Ecrite en 399). — Cf. Saint Martin, par Lecoy de la Marche, sur l'Apostolat de saint Martin dans le centre des Gaules, p. 390.

(2) Ayant été averti en songe d'aller voir ses parents qui étaient encore païens, il partit avec la permission d'Hilaire, évêque de Poitiers, qui lui fit promettre de revenir. En passant les Alpes, il tomba entre les mains d'une bande de voleurs. *Histoire universelle de Rohrbacher*, Tome III, page 158...
Dans ce long voyage que le catéchumène Martin fit pour aller voir sa famille, il dut vraisemblablement suivre la grande voie romaine qui faisait communiquer Lyon, Vienne avec les cités du centre et de l'ouest de la Gaule. Or, cette voie romaine, dont les archéologues ont retrouvé de nombreux vestiges, passait sur nos collines. On en a reconnu des traces non loin du village de Pomeys. Le grand thaumaturge qui profitait de ce voyage pour prêcher l'évangile aux païens, s'est-il arrêté dans nos parages, et y a-t-il fait des conversions ? Nous inclinons fort à le croire. Ce qui prouverait sa présence au milieu de notre Forez, ce sont les nombreuses églises et chapelles, paroisses et hameaux, qui lui sont dédiés ou qui portent son nom. Dans notre région, on trouve la paroisse de Saint-Martin-en-Haut ; un hameau de Pomeys porte le nom de Saint-Martin. A Chevrières, dès le xiv° siècle (1362), une des chapelles de l'église était dédiée à saint Martin.
On cite même, autour de nous, des fontaines appelées « de Saint-Martin », et les habitants du hameau de la Guichardière, commune de Fontanay, gardent encore, avec un religieux respect, une auge de pierre dans laquelle la tradition dit que saint Martin aurait puisé de l'eau pour se désaltérer.

(3) La propagation, par l'évêque de Tours, de la dévotion à saint Maurice et à ses illustres compagnons nous est révélée par une légende curieuse, mais incertaine. Une lettre des chanoines de Saint-Martin, adressée, vers 1168, à l'archevêque de Cologne avec une relation inédite composée, vers le même temps, par Guibert de Gembloux, et le bréviaire de l'église de Tours, racontent les faits suivants : « Le pontife revenait de Rome, lorsque, après avoir passé les Alpes, il s'arrêta au monastère d'Agaune (Saint-Maurice-en-Valais)

Maurice, dont la vie militaire lui rappelait ses jeunes années au milieu des camps.

Aussi bien, n'est-il point téméraire de croire que dès qu'une bourgade païenne avait été convertie au christianisme, l'illustre disciple du grand Hilaire de Poitiers se hâtait de réduire en cendres les temples d'idoles, et de bâtir de pieux sanctuaires auxquels il donnait pour protecteurs un de ses deux saints préférés (1).

fondé depuis peu. N'ayant pu obtenir dans ce couvent des reliques des saints martyrs, immolés près de là...., il alla prier sur le champ du supplice. L'herbe lui apparut couverte d'une rosée rouge; et aussitôt, il remplit plusieurs fioles, apportées par un ange, de ce sang miraculeusement rendu, en sa faveur, par le sol qui l'avait bu, etc. » (Lecoy de la Marche, p. 230-231, *Vie de saint Martin*).

Il serait donc aussi difficile de nier que des reliques de saint Maurice et de ses compagnons aient été apportées en Touraine par saint Martin que d'affirmer la véracité des détails merveilleux racontés par les chanoines du xiie siècle. Nous devons conclure, comme l'a fait Gervaise, que la légende recueillie par eux a son point de départ dans un fait positif, mais entouré par la voix populaire de circonstances fabuleuses. En d'autres termes, le saint évêque dut recevoir, au monastère d'Agaune (fondé, d'après M. Aubert, vers l'année 360) une certaine quantité de sang des martyrs thébéens, gardé précieusement depuis leur glorieux supplice, et distribuer ensuite ce présent à différentes églises, etc. (Lecoy de la Marche, *Apostolat de saint Martin dans le centre*, p. 234).

Une autre tradition rapporte même, que saint Martin avait également une pieuse dévotion à un autre soldat-martyr : saint Julien.

Or, ce saint est précisément le patron de l'église de Châtelus (*castrum lucus*) voisine de celle de Chevrières, et bâtie, dit-on, sur les ruines d'un antique bois sacré. Aussi bien, qui empêche de croire que saint Martin, qui, dans ses voyages en Auvergne et en Dauphiné, ne pouvait pas passer de l'une de ces dernières provinces dans l'autre sans traverser le Forez, qui empêche de croire que le grand thaumaturge et zélé missionnaire, ait converti à la foi chrétienne les peuplades païennes fixées près du bois sacré et aux alentours, et leur ait consacré un temple sous le vocable de saint Julien ? La proximité des deux sanctuaires de Chevrières et de Chatelus, dédiés aux deux saints préférés du grand évêque de Tours, nous a inspiré toutes ces réflexions.

(1) Saint Hilaire fait saint Martin exorciste, l'an 356. Puis, saint Martin va dans son pays convertir ses parents. Or, à son retour de Hongrie, il séjourne en Italie. De là, il passe par Agaune, et obtient, par ce monastère, des reliques de saint Maurice et de ses compagnons. (Grégoire de Tours. *Liber de gloria confessorum*.)

— « Saint Martin fit une nouvelle dédicace de la basilique de saint Lidoire « (Litorius), deuxième évêque de Tours et prédécesseur immédiat de saint « Martin. Après l'avoir accrue, il la consacra à Dieu sous l'invocation de saint « Maurice et de ses compagnons, dont il y mit des reliques » (Gervaise).

Dès lors, rien de moins étonnant que de voir saint Maurice devenir l'objet de la vénération générale.

Et maintenant, vienne le moyen âge, avec ses chevaliers au cœur sans peur et sans reproche, mais à l'âme chrétienne aussi, et accessible aux douces émotions de la piété, s'étonnera-t-on de les voir s'agenouiller aux pieds de quelque image de saint pour se recommander à lui ? Leur reprochera-t-on d'avoir des préférences marquées pour ceux des bienheureux du ciel, dont les épaules ont porté la cuirasse de fer et dont les bras ont manié la lance ou l'épée ?

Et, s'il en est ainsi, quoi de plus naturel que de voir les Malvoisin, au XIIe siècle, choisir, pour protecteur de leur manoir et patron de leur chapelle seigneuriale, un saint dont la bravoure militaire et le courage chrétien, pouvaient leur servir de modèle, un saint dont le culte était populaire dans la contrée !

Et voilà tout simplement comment et pourquoi saint Maurice a été, dès l'origine, et est demeuré jusqu'à nos jours, sans aucune interruption, patron titulaire de l'église et de la paroisse de Chevrières.

Qu'on ne dise pas que le choix d'un patron guerrier, de préférence à tout autre, par les familles chevaleresques du moyen âge, soit une pure hypothèse, car nous répondrons que la chose a été constatée pour des paroisses dont les églises sont sous le vocable de saint Georges.

Quant à saint Benoît, que l'église de Chevrières honore encore aujourd'hui comme patron secondaire, nous affirmons qu'il n'a jamais eu le pas sur saint Maurice ! Son culte ne fut en honneur, à Chevrières, que du jour où les seigneurs de Malvoisin, voulant un prêtre pour desservir leur chapelle et y célébrer les saints offices, demandèrent, au prieur des Bénédictins de Saint-Médard, un ou plusieurs de ses religieux.

C'est alors, selon nous, que les moines desserviteurs de la chapelle, non loin de laquelle on leur avait construit un petit prieuré, introduisirent le culte de saint Benoît, fondateur de leur ordre.

Et il était tout naturel qu'il en fût ainsi.

Encore une fois, nous soutenons que saint Maurice, chef des guerriers de la légion thébaine, et pour lequel les preux de Malvoisin, croisés en 1097, sous Godefroy de Bouillon (1), avaient une dévotion particulière, fut dès l'origine le protecteur qu'ils donnèrent à leur famille et pour patron à leur chapelle seigneuriale.

Saint Benoît, nous le répétons, ne fut jamais qu'un patron secondaire, honoré d'un culte moins important. Après les preuves de convenance, voici quelques documents à l'appui de notre assertion. Et si ces documents ne prouvent pas, *a priori*, la préférence marquée des chevaliers de Malvoisin pour saint Maurice, du moins, ils nous apprennent que, dès les premiers jours de l'établissement de la chapelle seigneuriale, le chef de la légion thébaine recevait les honneurs qu'on rend à un protecteur et patron de premier ordre.

En l'année 1348, un certain Martin Farnas (*Farnasii*), de la Paroisse de Chevrières, fait dans

---

(1) Guillaume et Jean de Malvoisin qui paraissent appartenir aux Malvoisin de Chevrières, d'après les documents publiés au tome IX des *Mémoires de la Diana*, prirent part, en 1097, à la première croisade.

un testament à cause de mort, plusieurs legs entr'autres (1) : aux luminaires de la Bienheureuse Marie, de sainte Croix, du *bienheureux Maurice*, et du bienheureux Benoît de Chevrières, etc... (Mardi après la fête de saint Maurice, 1348).

Remarquons ici que, dans la nomenclature des legs faits aux divers luminaires de l'église, le legs en faveur du bienheureux Maurice a le pas sur celui du bienheureux Benoît, et vient immédiatement après ceux que le testateur laisse à la bienheureuse Marie, et à sainte Croix, par déférence, avant tout autre.

Or, le bienheureux dont le nom occupe la place d'honneur dans la pensée d'un pieux testateur, ne peut être que le nom d'un saint auquel un culte particulier est rendu.

Ce saint entouré ainsi d'honneurs spéciaux pourrait-il être autre que le Patron titulaire de la paroisse ?

En l'année 1372, et le 2 mars, noble Marguerite de Monts (*de Montibus*), damoiselle veuve de noble Robert d'Angerès, dans son testament, où elle choisit sa sépulture dans le cimetière de saint Bonnet-les-Oles, près de son cher mari, fait, entr'autres legs, un don spécial aux luminaires de la Bienheureuse Vierge Marie, de sainte Croix, du *Bienheureux Maurice*, et de saint Benoît de Chevrières, etc. (2).

Dans ce testament, nous voyons encore saint Maurice tenir la première place, après la Vierge

---

(1) *Inventaires sommaires des archives départementales de la Loire*, antérieures à 1790. Tome II, page 119, par Aug. Chaverondier.

(2) *Inventaires sommaires des archives départementales*. Tome II, page 153 par Aug. Chaverondier.

Marie, et la divine Croix, dans l'esprit de la testatrice et dans l'acte qui est l'expression palpable de sa pensée.

Elle n'invoque saint Benoît qu'après avoir rendu ses hommages à saint Maurice; elle se préoccupe des besoins de la chapelle et de l'autel de saint Maurice, avant que de recommander à ses héritiers les choses nécessaires au culte de saint Benoît. Il ne nous en faut donc pas davantage pour tirer cette conclusion :

De tout temps, saint Maurice a été le patron titulaire de l'église et de la paroisse de Chevrières (1).

Saint Benoît, dont le culte est toujours vivant au milieu de notre chrétienne population, n'a jamais été que le patron secondaire de la paroisse (2).

En terminant ce chapitre, et comme pour donner une dernière et concluante raison de ce que nous avons avancé, disons que la plus ancienne des cloches du beffroi de l'église porte le nom de saint Maurice, tout près de la date de 1537; et que, de temps immémorial, a existé une croix de saint Maurice, aux pieds de laquelle, chaque année, le 22 septembre, toute la paroisse se rendait en procession.

Une terrible peste ayant ravagé le pays, vers la fin du XVIe siècle, les populations affolées levèrent leurs mains suppliantes vers le ciel : elles firent des processions pénitentielles et entreprirent de pieux pèlerinages pour obtenir de Dieu la cessation du fléau.

---

(1) On invoque saint Maurice contre la goutte ; et il est le patron des teinturiers, apparemment parce qu'il est représenté vêtu de drap rouge. — *Caratéristiques des saints*, par le P. Cahier.

(2) Quant à saint Benoît, on apporte fréquemment les petits enfants malades, aux pieds de sa statue, et on leur fait baiser pieusement ses reliques, probablement parce que ce grand saint guérit un jour un enfant atteint de la lèpre. (*Vie de saint Benoît*.)

A Chevrières, on invoqua le saint patron de la paroisse et on se rendit processionnellement à la croix dite de saint Maurice.

Les supplications de nos religieux ancêtres furent sans nul doute exaucées. Et, depuis cette époque, jusqu'à la grande Révolution, les fidèles de la paroisse se firent un devoir, chaque année, d'exprimer leur reconnaissance à saint Maurice en allant s'agenouiller, tous ensemble et à la suite de leur pasteur, autour de la croix libératrice.

Cette procession ne se fait plus à la croix de saint Maurice, depuis 1793, sans que nous ayons pu en découvrir la raison. Mais elle a lieu, tous les ans, au jour de la fête de ce patron, autour de la croix de mission de 1854, plantée au chevet de l'église et tout près de l'entrée du presbytère.

Le culte de l'illustre chef de la légion thébaine est toujours cher à notre religieuse population de Chevrières. Ses reliques sont l'objet d'une vénération toute particulière; sa belle statue, aux jours de fête, est éblouissante d'or et de lumière, et son nom béni a toujours, dans le *Confiteor*, récité en famille, la première place après ceux des apôtres Pierre et Paul.

Puisse ce saint protecteur exaucer les prières de ceux dont il a la garde, et leur épargner les fléaux, les accidents, la disette et la mort subite !

Puisse-t-il, du haut du ciel, apporter aux familles la joie et la paix; donner aux champs l'abondance et la richesse !

Mais, surtout, qu'il veuille conserver à la paroisse dont il est le père et le patron, la foi et la pratique des œuvres qui sauvent les âmes !

CHAPITRE VI

—

MONOGRAPHIE

DE

L'ÉGLISE DE CHEVRIÈRES

Eglise de Chevrières

CHAPITRE VI

MONOGRAPHIE DE L'ÉGLISE DE CHEVRIÈRES

L'église de Chevrières dont le patron est saint Maurice (1), paraît n'avoir été à l'origine que d'une seule nef, ayant les proportions d'un simple oratoire de châtelains.

Les diverses chapelles collatérales nous semblent avoir été ouvertes et ajoutées successivement au gros œuvre, vers le XVe siècle, et à mesure que l'accroissement de la population nécessitait ces élargissements.

---

(1) Elle reconnaît pour patron secondaire, saint Benoît ; nous l'avons dit au chapitre précédent.

Les arcs des ouvertures, en ogives ou tiers-point, de cet intéressant édifice, portent tous des moulures caractéristiques du xve siècle. Leur largeur et leur hauteur différentes indiquent très bien que ces chapelles ont été percées à droite et à gauche de l'unique nef, selon le bon plaisir du constructeur.

Il y a soixante-dix ans, les chapelles étaient isolées et séparées entr'elles par des murs, auxquels étaient adossés de petits autels, accompagnés de leurs très pittoresques crédences, ou piscines (1).

Toutefois, les deux chapelles à droite et à gauche des gros piliers qui soutiennent le clocher, sont restées ce qu'elles étaient jadis. On n'a pas osé affaiblir le mur par une percée, à cause des fortes poussées du gros arc doubleau, supportant le mur dudit clocher.

Tout le chœur et la grande chapelle au midi, appelée encore, de nos jours, *chapelle du château*, ont été construits de l'année 1519 à l'année 1525, ainsi qu'on peut le constater par diverses dates gravées en creux et en relief, sur les parois intérieures des murs et, notamment, sur l'un des contreforts extérieurs de l'abside.

Cette nouvelle construction, due en grande partie aux libéralités de Jean Mitte de Cuzieu, chanoine, doyen des comtes de Lyon, fut édifiée dans le style de la Renaissance, récemment importé d'Italie, et qui remplaça, au xvie siècle, le style ogival (2).

---

(1) En l'année 1822 et le 5 mars, le Conseil de fabrique, M. l'abbé Bourge étant curé de Chevrières, prenait une délibération touchant l'agrandissement de l'église, devenue trop exiguë pour la population toujours croissante. — *Archives de la paroisse.*

(2) Jean Mitte de Cuzieu, fils de Jean de Chevrières et de Madeleine de Crussol, était mort en 1533, comme nous l'avons vu au chapitre des divers possesseurs du château.

Les demi-colonnes de la nef, pour faire symétrie avec celles du chœur, furent tout simplement plaquées contre les murs latéraux, à la séparation des chapelles.

On en voit la preuve dans l'appareil des pierres de ces colonnes, qui ne concordent nullement avec les archivoltes des chapelles, et n'ont aucune boutisse en prise dans la maçonnerie.

C'est dire que, dans cette partie du monument, le style de la Renaissance vient se marier au style ogival (1).

La façade de l'église présente une bizarrerie singulière. La porte n'a pas été percée dans l'axe de l'édifice, et se trouve de côté. De côté aussi, l'œil de bœuf qui s'ouvre au-dessus, bien qu'une restauration, assez mal entendue, ait essayé de lui enlever sa position originale.

Il est difficile de connaître les motifs qui ont décidé l'architecte à déroger ainsi aux lois les plus élémentaires de l'art de construire (2).

L'encadrement de la porte, et de son archivolte, présentent le caractère des moulures de la fin du xive siècle. L'amortissement de cette archivolte est soutenu par deux figurines grotesques, tenant un écusson.

---

(1) Louis I Mitte de Chevrières fit construire, dans l'église de Chevrières, la chapelle de Notre-Dame, laquelle avait été détruite, lors du sac du village par les bandes armées du duc de Bourbon en 1465. Or, à cette époque, le style de la Renaissance n'était pas encore en honneur sur la terre de France. Cette chapelle de Notre-Dame était certainement dans le goût ogival. Louis y fut inhumé en 1489, et nous savons que les premières constructions en style de la Renaissance ne datent chez nous que de l'année 1498 (château de Blois).— Voir notre Introduction à cet ouvrage et le chapitre des « Origines et transformations de l'église de Chevrières ».

(2) On peut constater aussi que l'architecte a incliné fortement d'un côté, la nef et sa voûte, sans doute pour rappeler l'*inclinato capite* du Christ mourant.

Les fenêtres du clocher, à plein cintre, n'ayant qu'un chanfrein pour toutes moulures, n'ont aucun caractère particulier (1).

Le clocher lui-même, à forme rectangulaire, surmonté d'un toit à quatre pans, n'offre d'intérêt que par son ancienneté. Il semble d'abord, et à première vue, qu'il soit difficile de lui assigner une date précise. Cependant, un examen attentif nous a amené à le faire remonter vers la première moitié du XIVe siècle, qui est bien l'époque où la chapelle des seigneurs de Chevrières, déjà insuffisante, fut agrandie par leurs soins et surmontée d'un beffroi, pour compléter l'église devenue paroissiale (2).

Les voûtes, sous le clocher, semblent appartenir également aux dernières années du XIVe siècle.

La chapelle, au midi du clocher, est du XVe siècle. Les moulures et les meneaux de sa fenêtre, ainsi qu'une petite piscine, ou crédence, appliquée contre le mur de cette baie gothique, l'indiquent suffisam-

PISCINE n° 1

---

(1) Les baies du clocher furent refaites à neuf, en 1733. — *Archives de la paroisse.*

(2) Cette époque est aussi celle où, dans nos archives et dans les « Inventaires sommaires d'Aug. Chaverondier (Tome 2, page 124), nous trouvons un des premiers curés de Chevrières dont le nom nous soit connu : Messire Pierre Chalboyl (1349). — Lire attentivement le chapitre suivant qui mentionne la liste des recteurs ou curés de la paroisse, depuis le XIVe siècle jusqu'à nos jours. — Autre preuve de l'existence d'une église paroissiale dès la première moitié du XIVe : les legs faits aux luminaires des chapelles de Sainte-Marie, Sainte-Croix, etc., le 21 septembre 1348 par un habitant de Chevrières du nom de Martin de Farnas. Si les chapelles existaient, donc aussi l'Eglise qui avait son cimetière, ses cloches, etc. (*Inventaires sommaires*, Aug. Chaverondier)

ment. Deux anges sculptés forment la retombée de la voûte.

La chapelle, au nord, est construite dans le même goût. La retombée des nervures est faite par des feuillages finement ciselés (1).

Piscine n° 2

La chapelle qui paraît la plus ancienne est celle qui, au midi, fait la troisième travée à partir de la façade.

Elle est du xv° siècle, avec ses contreforts exté-

(1) La première de ces chapelles, celle qui s'ouvre du côté du midi, est dédiée aujourd'hui, à saint François d'Assise, patron de la confrérie du Tiers-Ordre. L'autre, au nord, contient les fonts baptismaux.

rieurs, prouvant ainsi son isolement primitif des autres annexes.

On y voit une très jolie piscine, avec pinacles et archivoltes garnis de leurs fleurons et crochets, avec bases contournées et en pénétration, dans le goût du XVᵉ siècle.

Entre cette chapelle et celle du clocher, on est

Piscine nᵒ 3

venu plus tard, en 1519, ainsi que l'indique un cartouche d'angle de la voûte, bâtir une autre chapelle s'alignant extérieurement avec celle ouverte, au midi, et sous le beffroi.

Une petite crédence gothique y représente Adam et Eve, tentés par le serpent, sous la forme d'un homme à queue de reptile, s'enroulant autour d'un arbre, supporté lui-même, par une figurine ornée d'une croix. Le tentateur présente, d'une main, le fruit défendu à Eve. Adam se tient debout, dans l'attente. Les statuettes d'Adam et d'Eve, en ronde bosse, sont posées à droite et à gauche de l'arbre, sur un socle orné, et s'abritent sous un dais gothique.

La voûte de la chapelle est faite par des nervures faisant arcs formerets, arcs tiercerets et liernes, avec écussons chargés du monogramme du Christ et d'autres devises (1), aux rencontres d'arcs et figurines d'anges dans les retombées.

Les deux chapelles, au nord, faisant face à celles dont nous venons de parler, sont également de la même époque. La première de ces chapelles a pour meneau, à son fenêtrage, une fleur de lys, dans son tympan de pierre. La voûte, faite de deux arcs ogives et de formerets, étale une clef, avec écusson porté par deux anges (2).

Quatre autres anges portant écussons (3), forment également des culs-de-lampe ou retombées des nervures.

Piscine n° 4

---

(1) Ces devises écrites, en abrégé, sur les quatre petites clefs qui font saillie autour de la clef centrale, forment la phrase suivante : « Christus filius Dei vivi. »
(2) Cet écusson est chargé de lettres gothiques effacées et indéchiffrables.
(3) Sur l'un des écussons, on lit les initiales M. P. B.

On remarque une petite crédence, dans le style de la Renaissance, dont le sommet du fronton est fait d'une tête tenant entre les dents une guirlande tirée, dans le bas du fronton, par deux enfants formant acrotères sur les pilastres. Une coquille fait la demi-coupole de la niche.

La seconde chapelle, à la suite, présente les mêmes caractères, avec des anges pour retombées de voûte (1) et des nervures en formerets, tiercerets et liernes. La principale clef de voûte nous montre, dans un écusson de forme hexagone, un personnage nu, tenant, dans ses bras étendus, une banderolle flottante (2). Les quatre autres clefs secondaires varient leurs sujets. Deux d'entr'elles portent des têtes humaines, rappelant probablement les traits de la bienfaitrice et du bienfaiteur de ladite chapelle. La troisième montre un champ martelé et endommagé ; et, sur la quatrième, on lit le monogramme du Christ.

Piscine n° 5

Une crédence, ou piscine, style Renaissance, est sculptée dans un des montants de l'archivolte. Deux enfants, placés en acrotères sur les pilastres, tiennent

---

(1) Un de ces anges, qui font culs-de-lampe, joint les mains dans l'attitude de la prière ; un autre porte un écusson à champ vide ; un troisième tient un écu chargé du taf héraldique ; enfin, une quatrième retombée est faite de deux enfants qui s'égaient en jouant de la cornemuse.

(2) Peut-être un Christ sortant du tombeau, ou une Ascension.

chacun une guirlande qui sort de la gueule d'un dauphin, placé au sommet. Le fond de la crédence est fait par une coquille et une frise à ornements perlés, cordés, et en rais de cœur.

Jusqu'ici, nous n'avons vu que des appendices construits, au fur et à mesure des besoins de la population, et suivant les ressources de la paroisse et les dons volontaires des habitants.

Nous allons, maintenant, examiner la reconstruction entièrement neuve de la grande chapelle au midi, dite « chapelle du château » et du chœur de l'église : le tout élevé suivant le goût de la Renaissance.

La grande chapelle dite « du château », dédiée aujourd'hui au Sacré-Cœur de Jésus, forme deux travées, dont la première est ouverte du côté de la grande nef, tandis que la seconde n'a qu'une ouverture de $2^m,20$ de développement, sur un mètre environ de hauteur, pour laisser voir le maître-autel.

Cette disposition, qui rappelle celle de l'église de Brou, se trouvait complétée par une cheminée, qui a été supprimée depuis longtemps, et qui permettait aux seigneurs de Chevrières d'assister aux offices divins, sans avoir à souffrir des inconvénients du froid et de l'humidité.

De chaque côté de cette ouverture, sont sculptées en relief

Figurine n° 1
Ouverture de la chapelle dite « du château »

deux têtes grimaçantes, de grosseur naturelle. L'une, avec son chapeau relevé d'une façon gouailleuse, rit à gorge déployée, en regardant son partenaire, espèce de moine ou savant, appuyé sur un livre et un petit baril de vin, et qui, lui aussi, a l'air de goguenarder le personnage qui lui fait vis-à-vis.

Figurine n° 2
Ouverture de la chapelle dite « du château »

L'entrée de la nef est ornée de deux superbes demi-colonnes, reposant sur des stylobates très bas, avec griffes d'angle, bases, fûts, chapiteaux richement ornés, portant entablement, frise et corniche. Un des chapiteaux a la forme d'une corbeille, d'où s'échappent des volutes, avec guirlande perlée, contrevolutes et palmettes. L'autre chapiteau, également sculpté en forme de corbeille, est un des rares spécimens de cette gracieuse architecture.

Les volutes d'angle sont soutenues par deux anges cariatides, dont un seul porte un collier de perles, terminé par une petite croix, tous deux reposant leurs bras étendus sur des écus chargés des armes du bienfaiteur de l'église (1). Ce chapiteau est vraiment remarquable comme galbe et bon goût, et nous osons avancer, sans crainte d'être contredit par les

---

(1) Jean de Cuzieu dont nous avons dit un mot plus haut. Voir ces armes à la page 69.

connaisseurs, que la Renaissance n'a rien créé, dans le Forez, de plus pur ni de plus achevé.

Deux autres colonnettes, sous l'arc doubleau de la voûte, sont également couronnées de fort beaux chapiteaux.

Chapiteau « Renaissance » de la chapelle dite « du Chateau »

Trois culs-de-lampe remplacent les colonnes, dans les angles, et reçoivent les retombées d'arcs. Ces culs-de-lampe représentent des feuillages à jour et des figurines d'enfants, du plus gracieux effet. L'un d'eux, est à cheval sur une espèce de taureau, dont les cornes forment des volutes naturelles.

La voûte forme deux compartiments séparés par un arc doubleau. Elle est composée, à la manière du style ogival du XVIe siècle, d'arcs ogives, de tiercerets, de formerets et de liernes.

Chapiteau « Renaissance » de la Chapelle dite « du Château »

Les fenêtres moulurées suivant le style Renaissance sont à plein cintre et sans meneaux.

Une petite crédence ou piscine placée dans le mur est composée de deux pilastres avec bases, fûts, chapiteaux, entablement et attique, surmontés d'un fronton circulaire.

Une porte latérale, au midi, donne accès à cette chapelle et, par là même, à toute l'église. C'était, jadis, l'entrée particulière des seigneurs de Chevrières. Cette porte, ornée de belles moulures avec perles, torsades et attique au-dessus, est aujourd'hui en très mauvais état. La molasse qui a servi à sa construction

Piscine n° 6

s'est totalement désagrégée, sous l'influence des rudes hivers de nos montagnes ; si bien qu'on ne distingue plus que la place du large écusson, aux armes des Mitte, écartelées de celles des Miolans, qui ajoutaient encore à sa beauté.

Une grande partie des contreforts extérieurs de l'édifice ont également subi les injures du temps et des frimas. Deux des bases de ces contreforts montrent encore les vestiges d'animaux fantastiques rongés par le temps et surtout par les chocs trop fréquents des lourds véhicules qui les heurtent chaque jour.

La chapelle de la Sainte Vierge, qui fait face, au midi, à celle du Sacré-Cœur, dite *chapelle du château*, n'offre absolument rien de remarquable. Elle fut ouverte, en 1822, par M. le curé Bourge et en même temps que les nefs latérales, afin de donner à l'église plus d'ampleur ; car la population, à cette époque, comprenait de 1.500 à 1.600 habitants.

Faite dans le goût ogival, cette chapelle forme aussi deux travées, dont la première est ouverte du côté de la grande nef, tandis que la seconde n'a qu'une ouverture de 2^m,20 de développement, sur un mètre environ de hauteur, pour laisser voir le maître-autel.

Cette disposition est semblable à celle de la chapelle du château, à laquelle elle fait face et pendant. Nous ne trouvons ni colonnes, ni chapiteaux à l'entrée de la nef de cette chapelle, mais seulement de précieux restes de culs-de-lampe, très mouvementés et malheureusement mutilés par le marteau de l'entrepreneur, qui, en 1822, dut faire disparaître l'ancienne chapelle de sainte Anne, avec tous ses trésors gothiques, pour ouvrir la chapelle actuelle de la Sainte Vierge.

La voûte forme deux compartiments séparés par un arc doubleau. Elle est composée, à la manière du style ogival, avec nervures sans aucun caractère. Quatre culs-de-lampe, montrant des animaux fantastiques, remplacent les colonnes, dans les angles. Les fenêtres rappellent l'ogive, et le rétable en pierre blanche, où se tient debout la Vierge-Mère, fait penser au style du XIVe siècle. Malheureusement, tous les travaux de sculpture de cette chapelle sont en ciment comprimé. Ce qui leur ôte toute espèce de valeur.

Le chœur, construit en même temps que la chapelle dite *du château*, est conçu dans le même esprit.

Les bases des colonnes rappellent un peu le style ogival de la fin du xve siècle, comme aussi les rem-

Chœur et Abside de l'église de Chevrières

plissages des fenêtres. Mais les colonnes sont de la Renaissance pure.

Les chapiteaux des colonnes, tous variés d'ornements, ont un large tailloir mouluré, mais n'ont pas d'entablement au-dessus, comme nous en avons vu dans la chapelle dite *du château* (1). Les nervures, comme dans le style ogival, reposent directement sur le tailloir. Des têtes d'anges reçoivent les tombées d'arcs. Toute la voûte, comme celle de la nef, est faite avec nervures et arcs ogives, de formerets, tiercerets et liernes. Des arcs doubleaux correspondent aux colonnes.

Un Chapiteau du Chœur

La lumière pénètre dans le chœur par trois hautes fenêtres à un seul meneau qui, à partir de la naissance de l'ogive, va s'épanouissant pour faire une rosace en forme de quartefeuille.

Sous les fenêtres se développe une corniche de 0,20 centimètres de saillie, richement sculptée dans le goût de la Renaissance (2).

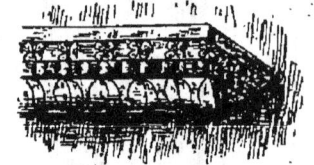

---

(1) L'un de ces chapiteaux offre une saillie soutenue par deux figurines d'anges aux ailes déployées, lesquels étendant leurs bras l'un vers l'autre, soutiennent, en même temps, une banderolle déployée.

La saillie du deuxième offre, comme point d'appui, deux cariatides également, tenant chacune une main étendue sur un écu, au champ vide.

Le troisième est fait de quatre élégantes volutes.

Le quatrième se compose de deux gracieuses volutes, soutenues par des figurines grimaçantes.

Les chapiteaux des colonnes de la nef sont aussi faits de volutes variées et gracieuses. L'un porte les armes de Jean de Cuzieu, l'autre présente un champ usé par le temps. Une des clefs de voûte porte encore les armes du fondateur de l'église, et une autre, un écu chargé de trois coquilles de saint Michel, il nous semble, car elles ne sont que très peu développées.

(2) Ces ornements se composent de trois bandes échelonnées en retrait, dont la première est faite de quarte-feuilles, la deuxième de perles, la troisième de rais de cœur, avec faible relief.

Une petite crédence, ou piscine, du même style, avec pilastres, attique et fronton circulaire, se voit, à droite du maître-autel.

Deux portes, à droite et à gauche, font communiquer, l'une avec le dehors et l'autre avec la sacristie. Celle de droite présente des montants formés de moulures et pilastres avec chapiteaux, style Renaissance (1). Les

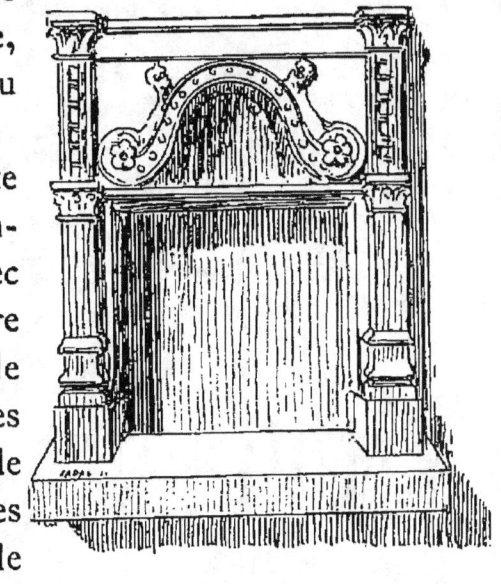

Piscine n° 7

montants de celle de gauche ne portent aucune moulure. Toutes deux cependant sont ornées de couronnements gothiques de la fin du xve siècle.

La date de 1787 qu'on lit au fronton de la porte, qui donne accès du dehors dans le chœur, a été gravée pour rappeler une réparation de la sacristie, laquelle, à cette époque, occupait l'emplacement du vestibule d'entrée et du petit réduit actuels (2).

Ce vestibule, ou passage du dehors au chœur, possède une jolie voûte, avec clef pendante. L'une

---

(1) Ces chapiteaux, remarquables par leurs détails, se composent l'un et l'autre d'un tailloir à ligne courbe, supporté par deux volutes d'angle, portées elles-mêmes par deux mignonnes cariatides tenant en mains un écu, chargé, l'un du monogramme du Christ, l'autre des lettres A. M. Au centre de la ligne courbe que décrit la face principale du tailloir, une quarte-feuille. Les deux volutes reliées ensemble par un perlé qui tombe en baldaquin sur chaque écu, font le plus gracieux effet.

(2) A la date de 1787, les archives de la Fabrique font mention d'une réparation de la nouvelle sacristie.

Porte dans le Chœur

des retombées présente un joueur de cornemuse. Une petite crédence, ou piscine, avec pinacles et archivoltes garnis de leurs fleurons, dans le style du xve siècle, fait penser qu'avant de devenir sacristie, cet emplacement était une chapelle.

Fronton de la porte de la Sacristie

De vieilles stalles, sans style, ou plutôt de simples bancs, portent la date de 1586, laquelle offre un intérêt tout particulier, parce qu'elle nous fixe, d'une manière certaine, sur l'achèvement complet de l'édifice entier. En effet, on ne meuble une maison que lorsque toutes les constructions en sont achevées.

Nous ne parlerons de la chaire que pour dire qu'elle est de facture récente et faite dans un style gothique, sans caractère particulier.

Quant aux vitraux, sortis, les uns, en 1863, et les autres, en 1868, de la fabrique Mauvernay, de Saint-Galmier, ils ont le mérite d'être une des premières œuvres de notre artiste forézien bien connu.

Dimensions de l'édifice, dans œuvre. — L'église

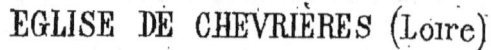

EGLISE DE CHEVRIÈRES (Loire)

Plan

Echelle de 0,02 par mètre.

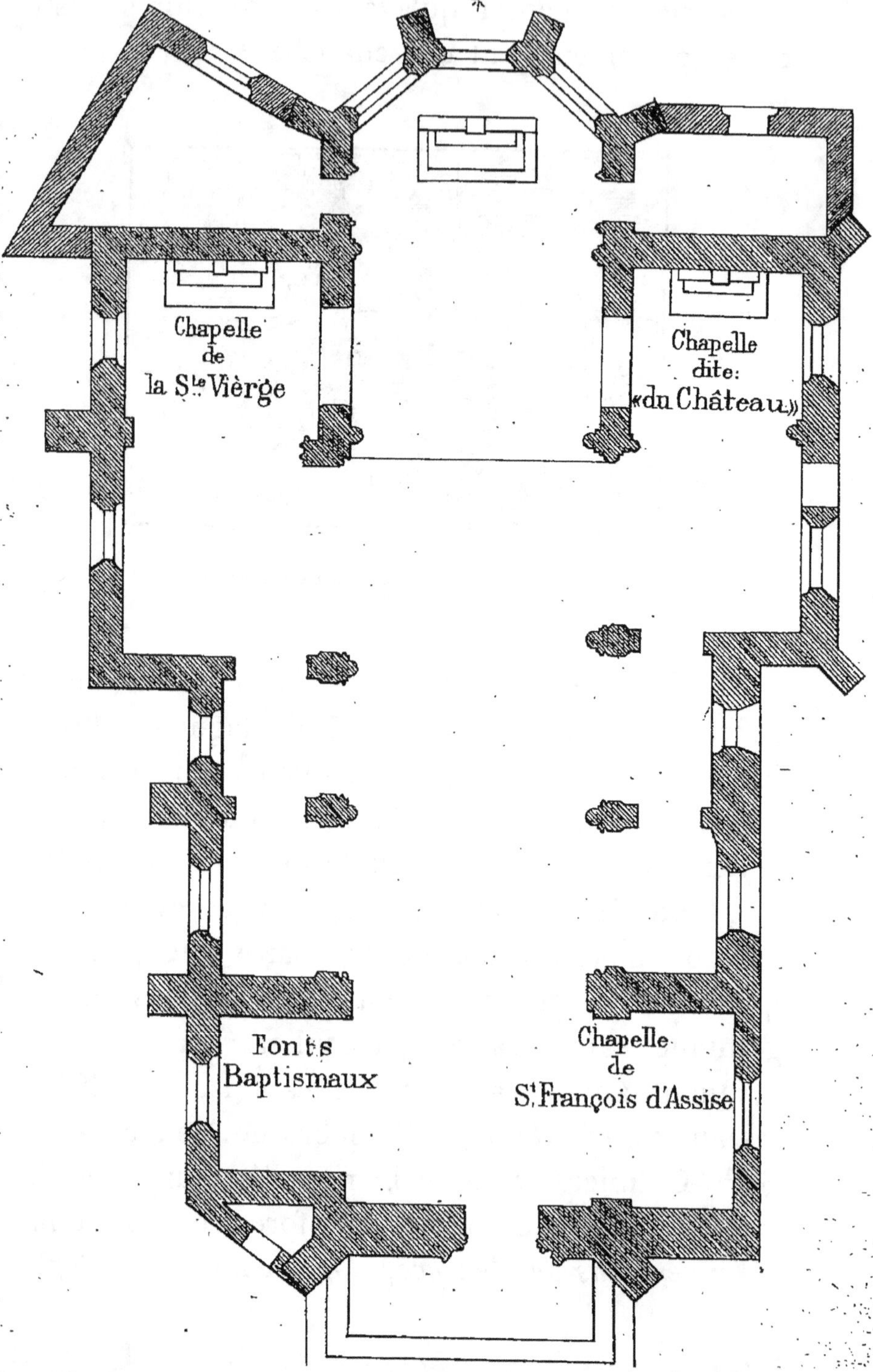

Chapelle de la St^e Vierge

Chapelle dite: «du Château»

Fonts Baptismaux

Chapelle de St François d'Assise

de Chevrières mesure dans œuvre, 28 mètres 50 cent. de longueur totale.

La grande nef, seule, se développe sur une longueur de 18 mètres et sur une largeur de 5 mètres 80 centimètres.

Les trois nefs réunies font ensemble un total de 12 mètres 10 cent. de largeur.

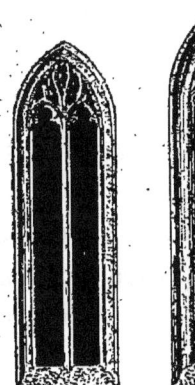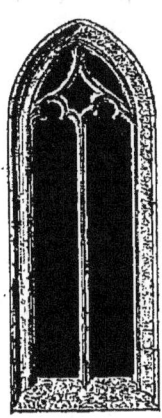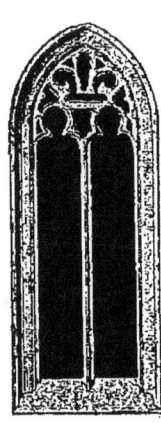

FÉNESTRAGE DES NEFS LATÉRALES

Les nefs latérales, ouvertes dans l'épaisseur des murs, contre lesquels étaient adossés les autels des anciennes chapelles, n'ont en moyenne qu'une largeur de 1 mètre 50 cent.

La voûte, du parvis à la clef, est haute de 8 mètres 50 centimètres.

Les deux grandes chapelles, au nord et au midi, dont le développement forme transept, mesurent chacune 9 mèt. 30 cent. de longueur. Leur largeur varie. Celle du midi mesure 4 mèt. 30 cent., et celle du nord 5 mèt. 35. La hauteur de leur voûte atteint à peu près 7 mètres 5o, tandis que les voûtes des anciennes chapelles, converties en basses-nefs, n'ont que 5 mèt. 25 cent. d'élévation.

L'église de Chevrières est actuellement insuffisante, et son vaisseau ne peut contenir que la moitié de la population, qui s'élève, d'après le recensement de 1891, à plus de 1400 habitants.

Malgré ses quatre siècles d'existence, malgré les ravages du temps et d'un rude climat, l'édifice pourra, après les intelligentes réparations que l'on vient d'y faire, rester encore longtemps debout, à la grande joie des paroissiens, qui aiment beaucoup leur vieille église, si pleine d'intéressants souvenirs.

Depuis quelques années, grâce au zèle des uns et aux généreux sacrifices des autres, notre chère Eglise s'est enrichie de plusieurs objets religieux qui, en relevant l'éclat de son modeste mobilier, lui donnent un air de jeunesse et un éclat qui vont très-bien à ses formes gothiques.

C'est ainsi que les nombreux et riches candélabres, qui brillent sur ses trois beaux autels, que les statues, du meilleur goût, qui ornent ses trois Chapelles, que le superbe Chemin de croix (1) dont les stations gothiques font un si merveilleux effet sur la robe grise de ses murs ; c'est ainsi que vingt autres utiles et agréables embellissements en font encore un des plus intéressants monuments de nos contrées.

L'ancien cimetière qui, autrefois, entourait l'église,

---

(1) Ce magnifique chemin de croix gothique-renaissance, sorti des ateliers de M. P. Vermard, de Lyon, est un don de Mlles Neyrand de Saint-Chamond.

est devenu une place publique (1), à l'un des angles de laquelle a été élevée, sur un piédestal entouré d'une grille de fer, la statue en bronze de Notre-Dame de la Miséricorde. Souvenir précieux de la clôture d'une grande Mission, prêchée en janvier 1892, par les RR. PP. Rédemptoristes Delflie, Pierre, Charbonnier, ce pieux monument restera, à jamais, l'expression vivante de la reconnaissance des chrétiens habitants de Chevrières envers leur douce Mère et puissante Libératrice.

Non, pas une famille de cette religieuse paroisse n'oubliera et les bienfaits de la Grande Mission de 1892 et la protection extraordinaire dont l'auguste Vierge Marie a daigné couvrir toute une population éprouvée, décimée, par la terrible épidémie de l'*influenza* !

Fidèles et pasteur, victimes sauvées miraculeusement d'une mort certaine, se souviendront qu'ils doivent leur guérison à la Vierge sainte, dont l'image bénie, promenée triomphalement dans les rues du village, au milieu des chants et des supplications, fit cesser le terrible fléau.

Ils se souviendront de la Mère de toute Miséricorde, pour l'aimer davantage et la faire aimer autour d'eux.

Si les habitants de Chevrières, en venant assister chaque dimanche et chaque jour de fête à la Sainte Messe et aux Vêpres, ne trouvent plus, autour de l'Eglise, les tombes chéries de leurs ancêtres, pour

---

(1) Il y a à peu près soixante-cinq ans que le vieux cimetière a été abandonné pour celui de Rampeaux.

s'y agenouiller, ils ont, du moins, la consolation de pouvoir gagner 40 jours d'indulgences, applicables à leurs défunts, en récitant dévotement un *ave Maria* aux pieds de la statue de Notre-Dame de Miséricorde (1).

(1) Mgr Couillé, archevêque de Lyon, a bien voulu accorder cette indulgence de 40 jours, lors de sa visite à Chevrières, le jour où il administra le sacrement de Confirmation (28 avril 1894).

Vue extérieure
de l'Abside de l'Eglise

CHAPITRE VII

LES DIVERS
RECTEURS OU CURÉS
VICAIRES ET LUMINIERS

DE

L'ÉGLISE DE CHEVRIÈRES

DEPUIS

LES TEMPS LES PLUS RECULÉS
JUSQU'A NOS JOURS

CHAPITRE VII

LES DIVERS RECTEURS OU CURÉS, VICAIRES ET LUMINIERS
DE L'ÉGLISE DE CHEVRIÈRES

Nous croyons avec assez de vraisemblance », dit M. Auguste Broutin dans ses *Châteaux Historiques du Forez*, au chapitre qu'il consacre à Chevrières « nous croyons, avec assez de vraisem-
« blance, que le petit prieuré (1) établi au milieu du
« mandement de Chevrières, a dû être une création des
« seigneurs de la localité, maîtres déjà de Saint-Médard
« et de son annexe Aveizieux, à l'exception de certains
« quartiers, qui relevaient directement de l'autorité
« des prieurs bénédictins de cette paroisse. » (2).

(1) Ce petit prieuré occupait jadis l'emplacement des constructions qui, de nos jours, servent d'école libre pour les petits garçons. La tradition a conservé, parmi les habitants du village, le souvenir de ce petit prieuré, dont les salles voûtées existent encore. Ainsi, on dit aujourd'hui en parlant de l'école des Frères Maristes : « Le prieuré, vers le prieuré. »

(2) Saint-Médard renfermait autrefois un prieuré de bénédictins uni à celui de Montverdun, et par conséquent relevant de la Chaize-Dieu. Il en est fait mention au XIIIe siècle. — Voici du reste ce que nous lisons dans La Mure (*Histoire des ducs de Bourbons*, Tome I, page 231) : « — 1233 — On y voit alors (1233) que le dit abbé, à cause de cette translation (déformation de Montverdun et union à la Chaize-Dieu) unit plusieurs autres prieurés qui dépendaient de son abbaye au dit prieuré de Montverdun, comme entre autres, dans le Forez, ceux de

La création de ce petit prieuré, au pied des murs crénelés de la deuxième enceinte du château-fort des seigneurs de Chevrières, et tout près de la chapelle seigneuriale, dont il n'était pas éloigné de plus de cinquante mètres, nous fait raisonnablement croire que dans le principe, c'est à dire à l'époque où celle-ci n'était encore qu'un oratoire privé à l'usage des châtelains, elle était desservie par quelque pieux moine dudit prieuré.

Or, voici comment les choses durent se passer :

Les Malvoisin, construisant une chapelle dans l'enceinte de leur petite forteresse, durent évidemment charger quelque prêtre de venir y célébrer les saints Mystères, aux jours de dimanches et de fêtes.

La proximité du grand prieuré de Saint-Médard (1) très florissant déjà au XIIIe siècle, fit songer tout naturellement aux religieux voisins. Et les Bénédictins vinrent, pendant un certain temps, faire le service de l'oratoire du château des seigneurs de Malvoisin.

Crémeaux, la Bollève, Craintilleux, *Saint-Miard* et Saint-Dionis, c'est-à-dire Saint-Médard et Saint-Denis. » — Il fut vendu en 1750 aux de Masso et devint alors le fief de la Ferrière. Les bâtiments ayant été complètement remaniés aux XVIIIe et XIXe siècles, à l'exception d'une tour ronde, il reste peu de traces visibles de l'ancien prieuré, qui dominait une vallée profonde aboutissant à Saint-Galmier et à la plaine du Forez (*Forez pittoresque et monumental*, page 364). — L'église, ajoute M. Thiollier, est fort jolie, son portail du XIIe siècle est abrité par une arcature profonde, sous laquelle se déroule une seconde arcature moulurée, reposant sur des colonnes à chapiteaux ornés de fleurs et de feuillages. Sur le tympan mutilé, on aperçoit la trace des animaux évangéliques ; au milieu sont deux anneaux enlacés formés par des serpents ; toutes ces sculptures sont très fines. Au-dessus du portail est une fenêtre du XIIe siècle. L'intérieur de l'église a été refait au XIVe siècle : il se compose d'une nef voûtée à nervures et de six chapelles latérales. Près de la porte du midi est une petite crédence en pierre et un banc de bois, dont le dossier porte de jolis ornements du XVIe siècle. Les fonts baptismaux en pierre, surmontés d'un édicule en bois sculpté, sont du XVIIe siècle (1688), ainsi que le bénitier et la chaire. Cette église était enfermée dans l'enceinte du prieuré dont une porte de grande dimension et à plein cintre s'appuie, d'un côté, sur l'angle nord-est de la façade, et de l'autre sur une tourelle en ruines. (*Forez pittoresque et artistique*, ibid.)

(1) Voir notre note précédente.

Puis, tout naturellement, l'idée vint aux châtelains de bâtir quelques cellules aux religieux désignés pour la desserte de leur chapelle, afin qu'ils fussent plus à la portée des besoins de leur maison.

Et, de là, le petit prieuré fondé à deux pas du château, et aménagé pour y recevoir un ou plusieurs Bénédictins.

Mais combien de temps les moines de Saint-Médard firent-ils le service de la chapelle des seigneurs de Chevrières, devenue ensuite église paroissiale ? C'est ce que nous ne saurions dire d'une manière précise.

Cependant, à force de recherches, nous sommes arrivé à constater les faits suivants, qui nous semblent la meilleure réponse à cette difficile question.

Au milieu du xiii° siècle, vers 1240 ou 1250, d'après un Pouillé du Diocèse de Lyon, dans le Cartulaire de Savigny et d'Ainay, l'église de Chevrières avait déjà pour patron et collateur de la cure, Mgr l'Archevêque de Lyon, lequel, sans nul doute, devait en réserver le bénéfice à quelque prêtre séculier de son diocèse (1).

Bien plus, en l'année 1349, et vraisemblablement déjà depuis un certain temps, il y avait à Chevrières un curé du nom de Pierre Chalboyl (2).

Et enfin, quarante-deux ans plus tard, c'est-à-dire

---

(1) *Cartulaire de Savigny et d'Ainay*, deuxième partie, page 903.

(2) Testament, donation, à cause de mort, de Jehan Paqual clerc : *Corpus suum sepeliri voluit in cemiterio ecclesie de Caprariis in tumulo parentum suorum. Legs : Donno Petro Chalboyl presbytero tunc regente ecclesiam de Caprariis pro curato dicti loci, luminariis beate Marie, et sancte Crucis de Caprariis* — Lundi après le premier Dimanche de Carême 1349. (*Inventaires sommaires des archives départementales de la Loire, antérieures à 1790*. Tome II, page 124 — Aug. Chaverondier, archiviste.)

en 1387, nous trouvons aussi un curé de Saint-Médard qui avait nom : Jehan de Stévenet (1).

D'où nous n'hésitons pas à conclure que les moines bénédictins du petit prieuré de Chevrières, alimenté par celui de saint Médard, n'étaient plus chargés de la chapelle des Seigneurs de Chevrières devenue paroisse, et que, probablement aussi, le prieur de Montverdun, duquel relevait le prieuré de saint Médard, nommait déjà, dès cette époque au moins, à la cure de cette dernière paroisse, un prêtre séculier et non un religieux (2).

Voici, du reste, la liste des prêtres qui, au titre de recteurs ou curés, ont administré la paroisse de Chevrières, depuis la première moitié du XIVe siècle, vers 1349, qui est la date la plus reculée que

(1) Testament de Messire Giroydon, prêtre et curé de Chevrières : *suo corpori elegit sepulturam infra dictam ecclesiam Caprariarum. Legs : Reverendissimo in Christo, patri domino suo, reverendissimo domino archiepiscopo Lugdunensi... ordinibus Fratrum prædicatorum, minorum, etc. etc.* 6 Août 1387. *Coram Matheo Amasa... presentibus testibus, Domino Johanne Steveneti, presbytero et curato ecclesie sancti Medardi ; Bartholomeo de Montucla parochie Avaysiaci etc...* (Inventaires sommaires. Tome II, page 170. — Aug. Chaverondier.)

(2) Nous constatons, par les documents ci-après transcrits, qu'à la date de 1349, il y avait encore un prieuré de Saint-Médard, dépendant de celui de Montverdun ; qu'à celle de 1445, ce prieuré existait encore, mais ayant pour prieur Jean de Dyo, de Montverdun, ce qui nous permet de croire que l'administration de la paroisse était laissée à un curé, comme Jehan de Stevenet que nous avons vu se donner ce titre en 1387. En effet :

1° — En 1349, Guy comte de Forez remet au prieuré de Montverdun 4 livres 10 sols viennois sur les 6 livres qu'il avait droit de prendre, chaque année, par gardes, sur le *prieuré* de Saint-Médard, etc. (Lecoy de la Marche et Huillard-Bréholles. *Titres de la maison ducale de Bourbon*, 1250 — 18 janvier 1349.)

2° — Un titre parchemin communiqué à la *Diana* par M. E. du Sauzey en 1893, contient un jugement rendu le vendredi 7 mai 1445 par Louis de la Vernade, juge ordinaire du comté de Forez, en faveur de trois habitants de Saint, Médard, assistés de Jean de Dyo, *prieur de Montverdun et de Saint-Médard* que le procureur fiscal de Forez accusait d'avoir chassé sur les terres du duc de Bourbon. (*Bulletin de la Diana*, Tome VII, N° 2, page 79.)

3° — D'après un article de M. Vincent Durand, dans le *Forez Pittoresque*, c'est à la date de 1701 que le prieuré de Montverdun fut uni au séminaire de Saint-Charles de Lyon, etc...

nous aient fournie les documents précieux, dont nous avons fait l'étude.

Nous y joignons la liste des vicaires, des luminiers ou fabriciens, autant qu'il nous a été possible de l'établir.

L'aride travail que nous avons fait, n'a pu aboutir à combler certaines lacunes regrettables aux XIVe, XVe et XVIe siècles sur lesquels nos vieux parchemins laissent planer quelque mystère.

Pour suppléer à ce manque de documents, dont l'intérêt est facile à comprendre, nous avons essayé de nous ménager la bienveillance du lecteur et de piquer sa curiosité, en joignant à chaque nom des principaux personnages de notre nomenclature, une suite de notes biographiques, qui emportent avec elles le charme puissant de pages inédites.

Nous serions largement payé de nos peines, si ces lignes, tombées dans certains milieux de *chercheurs* et de *savants*, mettaient ces derniers sur la piste de quelques documents ignorés jusque-là, et dont l'étude serait si utile à l'histoire de notre cher Forez.

*Liste des Curés, Vicaires et Fabriciens
de la paroisse de Chevrières.*

XIVᵉ SIÈCLE

1349. — Messire Pierre CHALBOYL. — Le premier recteur séculier ou curé de Chevrières connu, fut Messire Pierre Chalboyl. Il vivait en 1349. En effet, on lit ses nom et qualités, dans un testament fait le lundi après le 1ᵉʳ dimanche de Carême de cette même année, par un certain Jehan Paqual, clerc (1), lequel, en mourant, veut que son corps soit porté au cimetière de l'Eglise de Chevrières, dans le tombeau de ses parents ; il fait aussi plusieurs legs, notamment à Don ou Messire Pierre Chalboyl prêtre, alors desservant l'église de Chevrières pour le curé dudit lieu ; et aux luminaires de la Bienheureuse Marie et de sainte Croix de la même église (2).

1362. — Messire Jehan POTIN ou PETIN (POTINI). — C'est le deuxième curé de Chevrières dont le nom nous soit parvenu.

Un certain Hugonin de Savigneux, de la paroisse de Chevrières, fait héritier de quelques biens ledit Jehan Petin, le 17 mai 1362 ; et, après avoir doté les luminaires de sainte Croix, de saint Martin, de saint Benoît, dans l'église de Chevrières, signe son testament par devant Etienne de Brasère, clerc juré de

---

(1) Clerc ou homme de lettres : ce pouvait être un ecclésiastique, ou un civil.

(2) Voir la note 2 de la page 229 ; on y lira le texte du testament de Jehan Paqual.

la Cour de Forez, et en présence de *Jehan Potin ou Petin, prêtre recteur de l'église de Chevrières*, d'André de Rellave, et de Pierre de Papin (1).

1387. — Messire Jehan GIROYDON. — Le troisième curé de Chevrières dont il soit fait mention dans les documents que nous avons étudiés, fut Messire Jehan Giroydon, lequel en mourant choisit l'église paroissiale pour le lieu de sa sépulture; et, par testament daté du 6 août 1387 (2), fait divers legs : 1° A son Révérendissime Seigneur et Père en Jésus-Christ, l'Archevêque de Lyon (3). — 2° A ses vénérables Seigneurs, le Maître de l'officialité de Lyon et le Maître de l'officialité lyonnaise des abus. — 3° Au procureur général dudit Monseigneur l'archevêque de Lyon. — 4° Aux Ordres ou Maisons de Frères Prêcheurs, Mineurs, des Pères Augustins et Carmes établis dans la ville de Lyon. — 5° Aux Ordres ou Maisons des

---

(1) Testament d'Hugonin de Savigneu, de la paroisse de Chevières. Legs : *Donno Johanny Petini, rectori ecclésie Caprariarum, luminariis Sancte Crucis, Sancti Martini, Sancti Benedicti de Caprariis, etc... Coram Stephano Braserii clerico Curie forensis jurato, presentibus, donno Johanno Petini presbitero, Andréa de Rellava.... Petro Papini* (17 mai 1362). (*Inventaires sommaires des archives départementales* antérieures à 1790. Tome II, p. 152, Auguste Cheverondier.)

(2) Testament de Messire Jehan Giroydon, prêtre et curé de l'église de Chevrières :
Suo corpori eligit sepulturam infrà dictam ecclesiam Caprariarum, Legs : Reverendissimo in Christo patri domino suo, revendissimo domino Archiepiscopo Lugdunensi; venerabilibus dominis suis domino officiali lugdunensi dominoque officiali lugdunensi excessuum et procuratori generali dicti domini archiepiscopi lugdunensis; ordinibus seu domibus Fratrum Predicatorum, Minorum, Augustinorum et Carmelinorum in civitate Lugduni situatis et existentibus, ordinibusque seu domibus Fratrum Minorum Montisbrisonis. (6 août 1387) *coram Matheo Amasa clerico Curiarum Lugdunensis et Forensis jurato, presentibus testibus, Domino Johanne Steveneti, presbitero et curato ecclesie sancti Medardi, Bartholomeo de Montucla parrochie Avaysiaci etc.* (*Inventaires sommaires.* Tome II, page 170. Aug. Chaverondier.)

(3) Jehan III de Thalaru ou Talaru, archevêque de Lyon, de 1375 à 1389.

Frères Prêcheurs et Mineurs de Vienne. — 6° A la maison ou Ordre des Frères Mineurs de Montbrison, devant Mathieu Amasa, clerc juré des Cours de Lyonnais et de Forez ; et en présence des témoins Messire Jehan de Sthévenet, prêtre et curé de l'église de Saint-Médard ; Barthélemy de Montuclas de la paroisse d'Avaysieu etc.

Ce Messire Giroydon, que nous voyons faire de pieux legs à divers personnages et à un certain nombre de monastères, devait, sans nul doute, appartenir à quelque famille riche et bien apparentée.

Relevons ici cette particularité que Messire Jehan Giroydon, prêtre et curé de Chevrières, choisit, entr'autres témoins de ses dernières volontés, son voisin et ami sans doute, Messire Jehan de Stévenet, prêtre et curé de Saint-Médard. Ce qui nous permet de constater trois choses : la première, c'est que, à cette époque, les Bénédictins du prieuré de Saint-Médard ne desservaient plus directement cette paroisse ; la deuxième, c'est que notre petit prieuré, dépendant de celui de Saint-Médard, ne devait pas non plus fournir davantage de recteur à notre paroisse de Chevrières ; et la troisième, c'est que de bonnes et amicales relations existaient, déjà à cette époque, entre les deux presbytères de Chevrières et de Saint-Médard. Douces relations, qui se sont perpétuées à travers les âges jusqu'à nos jours, où les deux curés des dites paroisses sont encore heureux de se visiter et de se rendre de mutuels services (1).

(1) Le curé, qui administre depuis quatorze ans, et avec tant de dévouement et de sagesse la paroisse de Saint-Médard (canton de Saint-Galmier), est M. l'abbé Napoléon Ogier.

1390. — Messire Jehan RADISSON. — C'est le quatrième curé de Chevrières, connu au xive siècle. Nous ne savons rien de lui. Et c'est une précieuse note de la page 246 de l'*Histoire de Saint-Chamond*, par le Chanoine J. Condamin, qui nous fait connaître le nom (1) de ce recteur.

XVe SIÈCLE

Malgré toutes nos recherches, un regrettable silence va se faire sur un certain nombre de recteurs ou curés et vicaires de la paroisse, pendant cette période.

Nous n'avons trouvé que quelques documents relatifs à la question qui nous occupe, et nous les tenons de plusieurs habitants de Chevrières même, qui, possesseurs de vieux parchemins, ont bien voulu nous les communiquer (2).

Ces précieux documents ne nous ont révélé que les noms de deux prêtres, vicaires de la paroisse, au milieu du xve siècle.

A quoi faut-il attribuer ce silence des archives départementales et locales, sur une question qui ne manque point de détails dans d'autres siècles ? — Peut-être aux troubles profonds de l'époque ! Ou encore à de simples malencontreuses circonstances qui

---

(1) A la date de 1393, un vieux parchemin, contenant un contrat de mariage, nous apprend que Messire Stévenet était encore curé de Saint-Médard. (*Archives de la paroisse*).

(2) Les deux parchemins dont nous parlons ici, ainsi que plusieurs autres, qui nous ont été d'une grande utilité, sont la propriété de plusieurs familles de Chevrières.

n'amenèrent jamais les curés de ce siècle et dans notre paroisse, à poser leur signature au bas de quelques actes notariés ? — Ou bien, à la perte irréparable de ces documents ? C'est ce que nous ne saurions dire !...

Nous nous bornons à constater ces pertes malheureuses, en les déplorant. Et si jamais ces lignes tombaient sous les yeux de quelque père de famille riche en vieux parchemins, nous le supplions, au nom de l'histoire de son pays, de les conserver religieusement dans les archives de sa maison. Ils sont comme des titres de noblesse, et, en tout cas, ce sont des trésors de la plus haute utilité.

Voici les noms des prêtres-vicaires de Chevrières, au xv° siècle.

1453. — Messire Mathieu DE JAUBERT (JAUBERTI) vicaire de la paroisse de Chevrières.

Un acte notarié, fait à Chevrières, par devant Pierre Desfarges, clerc juré, notaire public de Chazelles-sur-Lyon, et daté du 7 janvier 1453, nous apprend que : honorable Messire Mathieu de Jaubert, vicaire de la paroisse de Chevrières, était présent à côté de Jehan de Bonier (Bonerii), et de Jehan Bruyas, de la même paroisse, comme témoin de la remise d'une dette de 18 livres tournois, qu'Antonia Haurard, ou Heurard, fait à son frère Jehan, de la Fontanelière, et à son cousin Jehan Fontanel, et à perpétuité, mais à des conditions qu'il n'entre pas dans notre cadre d'énumérer (1).

---

(1) Le parchemin que nous avons consulté, rédigé en latin, est d'une belle et très régulière écriture du xv° siècle. — Communiqué très obligeamment par la famille Rousset-Jallabert, de Chevrières.

Le nom du recteur ou curé, dont Messire Mathieu de Jaubert était le vicaire, ne nous est pas parvenu.

1467. — Messire Claude de Montuclas. — Prêtre de Relave, et vicaire de Chevrières.

Un acte passé à Saint-Symphorien-le-Château, le 30 avril 1467, dans la maison d'habitation d'Etienne Masso, par Barthélemy du Blanc (Albi), de Saint-Médard (1), clerc juré, notaire public en présence des témoins : Etienne Vial, de Pomeys, Mathieu Peysselon, de la Rajasse, nous apprend que les époux Barthélemy de Montagnieu fils, et Jeanne son épouse, de l'autorité et du consentement de Mathieu de Montagnieu, vendent à honorable Messire Claude de Montuclas, vicaire de Chevrières, moyennant la somme de quinze sols tournois, pour une pension annuelle et perpétuelle, payable chaque année, à eux et à leurs héritiers, un pré et des terres de la contenance de vingt métairées foréziennes (2).

(1) Dans une des chapelles de droite de l'Eglise de Saint-Médard, on lit autour d'une pierre tombale portant des armoiries timbrées d'un haume à visière baissée, l'inscription suivante : *Hic jacet nobilis Johannès du Blanc generosus et inclitus œques, qui pro rege et patria multoties vulneratus, tandem pietate in Deum, caritate in pauperes, aliis que virtutibus clarus, migravit in cœlum quarto idis novembris anno Domini 1531.* Ce chevalier du Blanc sur lequel M. Auguste Broutin, dans les pages qu'il consacre à Saint Médard, n'a trouvé aucun document, est, à notre humble avis, le descendant de ce Barthélemy du Blanc qui signe comme clerc juré et notaire public l'acte dont il s'agit ici. Les du Blanc étaient, au xve siècle, une famille de magistrats.

(2) Ce pré est situé, *dit le document*, que nous devons encore à l'obligeance de la famille Rousset-Jallabert de Chevrières « sur la paroisse de Saint-Denis, territoire appelé de la Côte, vers le pré Grangy et la Robardière, près le chemin de la maison de la Badoillière au Creux, de soir ; près du pré de Mathieu et Pierre, et Benoît Girard et de Benoît Richalme, de borée ; près du pré d'André Brossard alias Badol, aussi de borée, près la nouvelle maison que bâtissent les époux vendeurs, de matin ; et près la forêt desdits époux vendeurs .. de vent » ; le précieux parchemin dont il s'agit ici est écrit en latin et d'une belle et régulière écriture du xve siècle. — Nous avons traduit les lignes que l'on vient de lire.

Le nom du recteur, ou curé, dont Messire Claude de Montuclas était le vicaire, ne nous est pas plus parvenu que celui du curé précédent.

XVIᵉ SIÈCLE

1530. — Messire Jehan Bruyas. — A cette date, nous trouvons, dans nos archives paroissiales, le nom d'un Messire Jehan Bruyas, prêtre de Chevrières, que nous croyons avoir été le curé de cette époque.

Le même précieux parchemin nous révèle également le nom du vicaire de ce temps, vénérable Antoine Bruyère.

En effet, dans un acte passé, le 21 septembre 1530, devant Robert de Murigneux, prêtre de Chevrières, notaire public de Lyonnais, au sujet d'une fondation de Grand'Messe chantée, chaque année, dans l'octave du *Corpus Christi*, fondation faite en faveur du luminaire de l'église de Chevrières, entre Jehan Chenevier, dit Bissy, et Simon Chenevier, fils de Pierre Simon Bryère, ou Bruyère, luminier moderne..... nous lisons le passage suivant qui vient à l'appui de notre assertion, savoir que Messire Jehan Bruyas, et vénérable Antoine Bruyère étaient bien curé et vicaire de Chevrières, en 1530 :

« Laquelle pension Jehan Chenevier, dit Bissy, et
« Simon, fils de Pierre Bissy aliàs Chenevier, décédé,
« de la paroisse de Chevrières, lesquels constitués pour
« cela, vendent à Simon Bruyère, luminier moderne
« en même temps qu'à vénérable *Messire Antoine*

« *Bryère, vicaire de ladite* paroisse, présents et acqué-
« rants....

« Présents à cet acte : Vénérable *Jehan Bruyas*,
« *prêtre*, et Antoine, fils de Jehan Bertrand, clerc de
« ladite paroisse de Chevrières. — De Murigneux
« notaire. » (1)

La teneur de l'acte précieux dont nous ne donnons ici qu'un court extrait, nous fait connaître très explicitement le nom du vicaire de l'époque. Ce point n'a nul besoin d'être éclairci. Il n'en est pas de même du curé. A côté du nom de Messire Jehan Bruyas, nous ne trouvons exprimée que la qualité de *prêtre*. De celle de curé, il n'est fait aucune mention. Mais voici notre raisonnement pour prouver que ce Jehan Bruyas, qui signe *prêtre* simplement, était bien cependant *curé*, desserviteur de la paroisse de Chevrières.

Une fondation pieuse, faite en faveur de l'église, qu'elle soit au profit d'une messe ou du luminaire, n'intéresse-t-elle pas au plus haut point le curé de cette église ; et, si cette fondation intéresse le pasteur d'une paroisse, peut-on admettre qu'elle se fasse en dehors de lui, et sans qu'il soit là présent pour en régler les conditions ?

Raisonnablement, non. — Donc, Messire Jehan Bruyas, qui souscrit la qualité de *prêtre*, dans notre acte notarié, est bien le recteur de Chevrières, en 1530, dont le vicaire était vénérable Antoine Bruyère.

Remarquons ici, en passant, que vénérable Antoine Bruyère, ou Bryère, vicaire de Chevrières, était proba-

---

(1) *Ambo simul et quilibet ipsorum.... vendunt cum titulo.... tradunt et remittunt supradicto Bruerii Symoni luminario moderno.... vero venerabili Antonio Bruerii vicario ecclesie prœdicte etc., etc.* (Parchemin de la collection des *Archives paroissiales*.)

blement le frère du luminier moderne de ce temps-là : Simon Bruyère, ou Bryère, le même qui fut, plus tard, en 1537, bienfaiteur, et peut-être parrain de la deuxième cloche de notre beffroi. On lit en effet, sur son bronze, en lettres gothiques, le millésime 1537, et le nom de Simon Bruyère (1).

1568. — Messire Barthélemy BRUYAS. — A cette date, un Messire Barthélemy Bruyas, prêtre de l'église de Chevrières, et très probablemant aussi curé de la paroisse, puisqu'il était *prêtre de l'église*, faisait, en mourant, une fondation de 60 livres au profit de la cure. Personne, du reste, n'est plus intéressé à une chose que celui auquel elle a servi, et qui en a pu apprécier les avantages ou les inconvénients. Messire Barthélemy Bruyas dut, sans nul doute, éprouver quelque incommodité dans son presbytère; et voilà pourquoi il léguait à son successeur une somme d'argent, relativement forte pour l'époque, afin que ce dernier pût améliorer sa situation.

Un sieur Gonon, de Chevrières, encore chargé de cette pension de 60 livres, en l'année 1783, trouve le moyen de se libérer de la pieuse dette, en remboursant le capital au trésor de la fabrique, cette même année (2).

1579. — Messire Jehan BOYRON. — Au bas d'un acte de partage de biens communs, entre François

---

(1) Voir notre opuscule : *Les trois vieux chantres de bronze de mon église.* Lyon, chez Vitte, libraire-éditeur, place Bellecour, 3. Et, à Saint-Etienne, chez Chevalier, libraire, rue Gérentet, 4.

(2) *Archives de la paroisse.*

Laurent de la Chanal et sa sœur Catherine, femme Béraud-Carri, pour cause de désaccord, acte passé, le 27 octobre 1579, par devant les notaires Gaspard Bruyas, de Chevrières, et Jehan Terrasson, de Chatelus, et en présence des prud'hommes Jehan Aurard et Antoine Botheille, de Chevrières, Jehan Viricel, de Grammont, et Claude Grangy, nous lisons la signature de *Messire Jehan Boyron, prêtre, curé de Chevrières*, à côté de celle de Jehan Guillermin, de Grammont, appelés, tous les deux, comme témoins dudit partage, fait dans la maison des mariés Caria de la Chanal (2).

On trouve, actuellement encore, gravée en creux, sur un des panneaux d'appui des stalles du lutrin de l'église, côté de l'évangile, cette légende, coupée en deux à l'époque où l'on fit une ouverture pour mettre en communication la chapelle de la Vierge avec le maître-autel, et précieusement conservée cependant dans toute sa naïve teneur :

« En 1586 ces bant icy ont esté mys aux »

« dépens du curé M. J. Boyron. *Deo sit honor*. »

De plus, en fouillant un vieux et très volumineux terrier du château de Chatelus, nous avons trouvé la signature de Messire Jehan Boyron, curé de Chevrières, au bas d'un acte relatif à une transmission de prébende, passé par devant le notaire royal Murigneux, et à la date du 2 juillet 1587.

Pourquoi les prédécesseurs de Messire Jehan Boyron, ceux surtout qui furent les contemporains de l'agrandissement et de la reconstruction de notre

---

(2) Parchemin communiqué obligeamment par la famille Badoil, de la Chanal, hameau de Chevrières.

église, n'ont-ils pas gravé leurs nom et qualité sur quelques pierres de cet intéressant monument? En passant à la postérité, ces noms nous eussent révélé plus d'un mystère de notre histoire locale !

Le curé, Messire Jehan Boyron, arrivant quelques années, sans doute, après l'achèvement de l'église, reconstruite, nous l'avons déjà dit, par Jehan de Cuzieu, chanoine, comte et doyen du chapitre de la Primatiale de Lyon (1), dut probablement trouver le chœur de sa belle église déparé par la présence de quelque lutrin ébauché et provisoire. C'est pourquoi, interprétant la pensée du pieux fondateur, auquel la mort (2) avait enlevé le plaisir de meubler et d'orner son œuvre, il fit faire les stalles dont nous voyons encore aujourd'hui quelques solides panneaux, et, très probablement aussi, la chaire de bois dont parlent encore nos vieillards et que les mauvais jours de la Terreur ont vu disparaître.

C'est pendant que Messire Jehan Boyron était curé de Chevrières, que sévit la fameuse peste dont les annales de notre histoire locale parlent avec tant d'effroi (1586).

Ce fut sans doute lui aussi qui eut l'honneur de baptiser Melchior Mitte de Chevrières, fils de Jacques et de Gabrielle de Saint-Chamond, lequel naquit, au château de Chevrières, le 19 septembre 1586, l'année de la *grande peste*, comme disent les chroniques du temps.

Nous trouvons, enfin, vénérable Messire Jehan Boyron, prêtre, curé de Chevrières, présent comme

---

(1) De 1500 à 1520.
(2) Jehan de Cuzieu était mort en 1533.

témoin, avec Fleury Barcel, laboureur de Chevrières ; Pierre Crozier le jeune ; Benoît Besson ; François Prays, laboureur de Saint-Denis ; Benoît Carri, de Chevrières ; Pierre Chal, de Lhorme, hameau de Grammont, et honnête André Laurent, dit Figat, archier de la compagnie du seigneur de Chevrières, à un contrat de mariage passé, le 20 janvier 1591, dans la maison des mariés Vial, de la Chanal, par devant Jean Terrasson, notaire royal, entre Clément Vial, dit Cagnier, fils naturel et légitime de feu François Vial et Anne Cagnier, paroisse de Saint-Denis, mandement de Châtelus, diocèse de Lyon, époux d'une part ;

Et Catherine Laurent, fille naturelle et légitime de feu François Laurent et Fleurie Chanavat, du lieu de la Chanal, paroisse de Chevrières, mandement de Châtelus, diocèse de Lyon, épouse d'autre part.

Au traité amiable de leurs parents et amis, acceptant et conseillant ce présent mariage (1).

1596. — Le testament de noble Gabrielle de Gadagne, seconde épouse de Jacques Mitte de Chevrières, lequel fut signé par elle, le 12 décembre 1596 (2), fait mention incidemment d'un curé et d'un vicaire dans la paroisse de Chevrières, mais malheureusement ne les nomme pas (3).

---

(1) Précieux parchemin, obligeamment communiqué par la famille Badoil, du hameau de la Chanal.

(2) Voir les pièces justificatives du Tome IX du *Recueil de mémoires et documents sur le Forez*.

(3) Dans ce testament, il est dit, entr'autres choses : « Et en oultre a donné et légué ladite dame testatrice aux curé et vicaire, et prestres de l'esglise de Chevrières, la pension annuelle de six escuz deux tiers, etc., etc. » (Tome IX, p. 322, des *Mémoires et documents sur le Forez*, pièces justificatives.)

Peut-être était-ce encore, à ce moment, Messire Jehan Boyron, lequel, du reste, recteur de la paroisse depuis près de vingt ans, n'aurait pas vu son administration se prolonger davantage que celle de quelques-uns de ses prédécesseurs.

1598. — En cette année, nous trouvons, dans nos archives paroissiales, comme *luminier moderne*, un Claude Praron, auquel un certain Michel Bertrand vend et cède une pension annuelle et perpétuelle de 15 sols tournois, au profit du luminaire de l'église de Chevrières. Mais le parchemin que nous avons déchiffré ne nous donne aucun nom de curé.

XVIIe SIÈCLE

On a pu constater que de nombreuses lacunes restent encore, dans la nomenclature des recteurs et vicaires de Chevrières, au xvie siècle. Malgré toutes nos vigilantes recherches, nous n'avons pu réussir à les combler.

Le xviie siècle, moins mystérieux, va nous révéler les noms de tous les prêtres dévoués qui ont passé en faisant le bien, au sein de notre chrétienne population.

1619-1656. — Messire Mathieu MEIGRET. — A la date du 25 avril de l'année 1619 (1), Messire Mathieu Meigret est présent à la reconnaissance d'une pension

---

(1) Le jour de Saint-Georges, 23e appvril (1619), le matin environ le huict heures du matin, tomba grande quantité de neiges avecpluyes, et demurare les montagnes toute bourde jusque au lendemain fort tard, sans toute fois fere nul mal, Dieu grâce. (Note en marge des registres paroissiaux.)

au profit de Michel Bertrand, patron et collecteur de la prébende des Bertrand, de Chevrières, contre Jehan Grange, laboureur, et Antoinette Georges, sa femme, de Grammond, et il signe : Mathieu Meigret, comme prébendier acceptant (1).

On lit encore son nom, à la date du 15 juin 1638, dans un terrier du luminaire de Chevrières, signé par le notaire royal Chorel (2).

Enfin, nous avons sous les yeux les registres de catholicité de la paroisse où nous constatons que Mathieu Meigret signe son dernier acte le 24 décembre 1656.

Il eut pour vicaire, de l'année 1641, jusqu'à sa mort (1656), Messire Jehan Meygret, probablement son parent, peut-être un de ses frères (3).

Ce Jehan Meygret signe des actes de baptême et autres, jusqu'en 1659, c'est-à-dire pendant deux années encore après la mort de Mathieu, son curé et parent, et sous l'administration du successeur Claude Meigret.

Nous avons de fortes raisons de croire que Jehan Meygret dut prendre, pendant quelque temps, en mains, la direction de la paroisse, à l'époque où son curé, devenu vieux et infirme, ne pouvait plus agir par lui-même. C'est pourquoi, nous n'avons pas craint

---

(1) *Archives de la paroisse.*

(2) *Archives de la paroisse.*

(3) Les Meigret, frères ou simplement parents des curés de ce nom, appartenaient à une très honorable famille, venue d'un autre pays se fixer à Chevrières, probablement à l'occasion de la nomination d'un de ses membres à la cure de cette paroisse. Dans la suite, nous trouvons souvent les Meigret, curés ou vicaires, signant des actes de baptême, comme parrains d'enfants Meigret qu'ils se font un honneur de tenir sur les fonts baptismaux. — Remarquons, en passant, que messires Mathieu et Claude signent leur nom avec un *i*; tandis que messire Jehan le signe avec un *y*.

de le mettre au rang des curés ayant administré la paroisse, dans une note qu'on peut lire au bas de la page 33 de notre étude intitulée : *Nos vieux chantres de bronze.*

En parcourant nos registres de catholicité, nous avons remarqué que le curé Messire Mathieu Meigret avait signé et paraphé la plupart des très nombreux actes paroissiaux de sa longue administration de trente-sept années. D'où nous avons conclu, à son éloge, que ce prêtre ami de la résidence ne laissait que rarement à d'autres les soins de son laborieux ministère ; aimant ses ouailles d'un amour vraiment sacerdotal, il se tenait toujours prêt à leur rendre service.

Nous comprenons, maintenant, la raison de la conservation de la foi et des pratiques religieuses, dans nos contrées.

Instruites et édifiées par des pasteurs selon le cœur de Dieu, les populations de Chevrières, de Saint-Médard, de Saint-Denis-sur-Coise, de Grammont, d'Aveizieux, sont demeurées, de nos jours, grâce à la direction forte et éclairée, grâce aux exemples de vertus de ces saints prêtres, de consolantes exceptions, au milieu de l'affaiblissement général de la foi.

Que Dieu veuille donc leur conserver ce trésor précieux, sans lequel il ne peut y avoir de vrai bonheur ici-bas, ni de salut après cette vie !

Les luminiers connus de cette époque furent : Claude Praron ; Jacques Praron ; Gabriel Bertrand ; Jacques Relave.

1656-1686. — Messire Claude MEIGRET. — C'était, nous le croyons, le frère de Messire Mathieu Meigret. Ce fut aussi son successeur. Il signe son premier acte le 29 janvier 1657; mais, en réalité, il avait pris possession de la cure vers la fin de 1656.

Quant à Jean Meygret, qui, en résumé, a été curé pendant les années où Messire Mathieu, impotent, ne pouvait plus parcourir sa paroisse, il redevient vicaire, sous le frère ou parent de feu son premier curé, savoir : Messire Claude Meigret ; et cela jusqu'en l'année 1659. Il baptise, le 30 avril de cette même année, un Cyprien Bruneton, et disparaît ou meurt, pour faire place à Messire Roue.

Voici du reste la liste des vicaires de Messire Claude Meigret :

    1657-1659. — MM. Jean Meygret.
    1659-1662. —   Roue.
    1663-1664. —   Tourton.
    1665-1666. —   Forestier.
    1668-1671. —   Mareschal.
    1672-1678. —   Alexandron.
    1678-1685. —   Besson.

Le luminier connu de l'époque est Pierre Escot, dont nous lisons le nom, gravé en relief, sur le bronze de la grosse cloche, à côté de celui de son curé et ami, Claude Meigret.

C'est, en effet, sous l'administration de Messire Claude Meigret, curé de Chevrières, que le conseil de fabrique, dont était président Pierre Escot, prit, le 6 juin 1674, la précieuse délibération, dont font mention nos archives, concernant la refonte de l'ancienne grosse cloche, laquelle probablement était hors de service.

Une tradition du pays nous apprend que les trois grosses cloches-sœurs de Chevrières, de Larajasse et de Chazelles-sur-Lyon, dont les notes sonores et solennelles sont légendaires, furent fondues en même temps et peut-être par le même fondeur. Ce qui a pu donner lieu à ce « dicton », c'est peut-être la ressemblance assez frappante des notes de leur diapason.

Même sonorité, a-t-on dit ; par conséquent, même moule et même fondeur.

Or, il n'y a absolument rien de vrai dans cette légende. Car le bourdon de Chazelles-sur-Lyon porte la date de 1590; celui de Larajasse, celle de 1517; et la grosse cloche de Chevrières fut refondue en l'année 1674 (1).

Messire Claude Meigret signe son dernier acte le 30 avril 1686, et disparaît. Bien que nous n'ayions pas retrouvé l'acte de son décès, nous savons qu'il mourut à Chevrières, et qu'il fut enterré, non pas dans le caveau des pasteurs de la paroisse, comme ses prédécesseurs, mais bien au pied de la croix

---

(1) Ce magnifique bronze qui mesure 1m,35 de hauteur, 1m,50 d'ouverture, 0m,18 d'épaisseur et pèse près de 2.500 kilogrammes, est le plus gros de notre région. Fondu par les Sevrot et Chambon de Lyon, en 1674, il eut pour marraine et assurément pour bienfaitrice, haute et puissante Dame Françoise de la Tour Saint-Vidal, comtesse de Chevrières, épouse de haut et puissant seigneur Messire Laurens de Rochefort Dally La Veühe, chevalier, comte de Chevrières et baron de Curis. — (Voir notre opuscule : *Nos vieux chantres de bronze*, chez Vitte, libraire-éditeur, place Bellecour, 3, Lyon.)

La grosse cloche de Larajasse dont les notes harmonieuses ont une vieille et bien méritée réputation, fondue par Simplot en 1517, ne mesure que 1m,15 de hauteur ; 1m,40 d'ouverture.

Le bourdon de Chazelles-sur-Lyon dont la sonorité est très belle fut fondu en 1590, par un artiste inconnu, et mesure seulement 1m,28 de hauteur, et 1m,45 d'ouverture.

du vieux cimetière, et au milieu des chères ouailles qu'il avait aimées et dirigées dans le bien, pendant trente ans.

L'éloge que nous avons fait de son prédécesseur lui revient absolument. Cœur vraiment sacerdotal et dévoué à son troupeau, il fut un pasteur dont la charité et le sacrifice furent toute la vie.

1686-1687. — Messire J. de CASTELBERG. — D'une noble famille, originaire de Westphalie, prétend-on. Il ne fut à la tête de la paroisse de Chevrières que pendant une seule année. Nous pensons que la noblesse de ses ancêtres et ses qualités personnelles le désignèrent bien vite à l'administration diocésaine, pour un poste de plus haute importance.

Nous avons feuilleté l'armorial général des familles nobles et patriciennes de l'Europe, par J.-B. Riestap, et nous avons trouvé, à la page 226, la légende suivante : Castelberg-Westphalie, *d'or, au lion de sable, chargé d'un lambel de 5 pendants de gueules*. Cimier : *un chapeau de tournoi d'or retr. de gueules, sommé d'un vol. banneret de plumes de paon d'or*. Devise : *Invia virtuti nulla est via.*

Messire de Catelberg eut pour vicaires :
1686. — MM. Guinoird.
1687. — F. Deschamps.
Nos archives ne nous ont révélé aucun luminier.

1687-1688. — Messire BOST. — Il ne fut curé de Chevrières que pendant une année. Nous ne savons rien de ce prêtre, sinon qu'il signe son premier acte le 17 août 1687 et son dernier le 9 mai 1688. Son écriture nous révèle une main déjà lourde et une orthographe embarrassée des lettres dont le xvie siècle chargeait ses mots.

D'où nous concluons que Messire Bost, nommé à la cure de Chevrières sur le tard de son âge, n'y demeura pas longtemps, soit parce que sa santé était précaire, soit parce que sa longue expérience du ministère lui valut une situation plus en vue.

Nous sommes certain que ces deux curés, Messires de Castelberg et Bost, ne moururent pas à Chevrières ; car nous n'avons pas trouvé les actes de leurs décès dans nos registres de catholicité.

Messire Bost eut pour vicaires :

1687 ..... — MM. F. Deschamps.
1687-1688. —   Thévenon.

Aucune trace, dans nos archives, des luminiers de ce temps.

1688-1726. — Messire Benoît MEY. — Ce prêtre édifia ses paroissiens, pendant trente-huit années de vertus sacerdotales, et un zèle extraordinaire pour la maison de Dieu. D'après de nombreux actes notariés signés de sa main, actes concernant des fondations charitables au profit de la fabrique de Chevrières, nous avons pu constater que ce pasteur dévoué était sans cesse sur la brèche, pour prendre et sauvegarder les intérêts de son église et de son presbytère, aussi bien que ceux de son troupeau.

Pendant sa longue administration, il eut pour vicaires :

1688-1689. — MM. Thévenon.
1689-1694. —   Vital Filhiol.

1694-1697. —   De Lesgallery d'Apinac.
1697...... —   Salanon.
1697-1710. —   Maurane (1).
1711-1713. —   Pignol (2).
1713-1726. —   Claude Sollore.
1726...... —   Grenier.

Les luminiers, dont nous avons pu recueillir les noms, çà et là, dans les actes notariés concernant le luminaire de l'église, sont : Jean Barcel, Gabriel Besson, Jean-Pierre Meilland, Guillaume Badoil.

Notons, en passant, les visites de Messire Laurent Boyer, curé-archiprêtre de Saint-Etienne, 1711, et de Monseigneur l'archevêque Pierre de Neuville, en 1718.

Messire Benoît Mey mourut le 29 janvier 1726, après avoir reçu tous les sacrements de l'Eglise, et fut inhumé par son vicaire, Messire Claude Sollore, dans l'église et le tombeau des curés de Chevrières.

C'est pendant qu'il était recteur de la paroisse qu'un

---

(1) En marge d'un de nos registres de catholicité nous avons trouvé les détails suivants, dont l'intérêt n'échappera à aucun de nos lecteurs, amis des *Mémoires*. Nous rapportons la note et dans son style et avec son orthographe.

« Le 9 juillet 1710 a fini le registre avec le tems de la misère qui dure depuis le mois de septembre 1708 que le blé a commencé à encherrir valant ledit mois de septembre trante à trante cinq solz et depuis ce tems la il a valu en 1709, six, 7, 8, livres, le seigle neuf, 10, 12 livres, le froment, l'orge, au mois de mars, avril et may de la dite année valait six à sept livres et l'avoine, quarante solz pour semer accause que les gros hyver avait tué tous les seigles et les froments, le vin n'a valu que sept à huit livres pendant la dite année, mais à présent que le seigle ne vaut que cinquante solz, l'orge trante cinq, l'avoine douse et le froment trois livres dix, le vin vaut trante cinq livres l'ânée, cinquante livres la charge, ce qui étonnera la postérité. Les fièvres malignes et pourprées sont en reigne mais ne sont pas mortelles. Les pauvres nous accablent, cependant ils ne meurent pas de misère par la grâce de Dieu. Les tailles sont exorbitantes. La paroisse en paye douse mil livres et différens roolles et l'argent est d'une rareté sans égale. »

(2) Ce prêtre dont la santé était sans doute très ébranlée et qui n'avait peut-être pas les moyens de la soigner dans sa famille, alla mourir le 30 mai de l'année 1713, à l'Hôtel-Dieu de Lyon. Ces deux notes sont signées : Mey, curé.

neveu de ses prédecesseurs, Messire Jean Meygret, prêtre sociétaire de Chevrières (1), mourut âgé de trente ans, et le 20 décembre 1694, muni, lui aussi, de tous les sacrements, dit l'acte de décès.

Ce Jean Meygret, que nous avons vu signer un certain nombre d'actes, en l'absence du curé Benoît Mey, était, sans nul doute, retiré auprès de ses parents. Les Meygret, implantés à Chevrières depuis longtemps déjà, y élevaient une nombreuse et honorable famille. Ils donnèrent plusieurs prêtres à l'Eglise.

Jean Meygret fut enseveli, dans l'église paroissiale, auprès de son oncle Mathieu qui avait été curé de Chevrières. Son nom est gravé, croyons-nous, sur la pierre tombale du chœur de l'église.

Quant à l'autre Jean Meygret, qui fut vicaire de 1641 à 1659, sous le rectorat de ses deux parents, Messires Mathieu et Claude Meigret, il aurait évidemment eu plus de trente années en 1694.

Nous n'avons, du reste, rien trouvé qui prouve qu'il soit mort et ait été inhumé à Chevrières.

XVIIIᵉ SIÈCLE

1726-1732. — Messire Pierre-Bernard PACCALON, docteur en théologie. Il n'administra la paroisse que

---

(1) Les prêtres sociétaires formaient comme une société de secours mutuels, établie pour s'entr'aider dans les moments critiques de la vie. Ils avaient leurs réunions et suivaient un règlement. Peut-être s'occupaient-ils d'enseigner les éléments de la grammaire française à de petits enfants, ou ceux de la grammaire latine à de petits élèves destinés au sacerdoce. Nous ne sommes pas éloigné de croire qu'ils ont été, à cette époque, et bien auparavant, les premiers maîtres d'école de nos contrées, apprenant au pauvre peuple à lire et à écrire.

pendant cinq années, et se retira du ministère, probablement pour cause d'infirmités.

Mais il ne quitta pas Chevrières et vécut, sans doute, au presbytère, commensal de son frère Jacques, qui lui succéda. Ce qui nous le fait croire, c'est que nous trouvons, dans nos registres de catholicité, plusieurs actes, notamment l'un du 23 novembre 1732, et l'autre du 9 mars 1734, signés : Pierre Bernard Paccalon, *ancien curé*.

Du reste, l'acte de son décès porte la mention d'ancien curé. Il fut inhumé, le 23 juillet 1748, dans le caveau où reposaient ses prédécesseurs (1).

C'est Messire Pierre-Bernard Paccalon, qui fit passer, devant notaire, le contrat de vente (2) de la vieille maison curiale, au profit de la nouvelle communauté des Religieuses de Saint-Joseph, qu'il avait appelées de Saint-Héand, et installées à Chevrières dès l'année 1729 (3).

L'ancien presbytère occupait, à cette époque, l'emplacement de la boulangerie actuelle de M. Jacques Rousset; il était attenant à l'église et s'ouvrait sur l'ancien cimetière, côté nord de la place, qui se développe devant le porche.

(1) On lit dans les registres de catholicité de la paroisse, à la date du 23 juillet 1748 « sépulture de Messire Pierre-Bernard Paccalon, prêtre docteur en théologie, ancien curé de Chevrières, âgé de 55 ans, lequel est décédé le 21 dudit mois après avoir reçu le sacrement de l'Eucharistie le même jour *dans l'Eglise de la paroisse*. » Ces expressions *dans l'Eglise de la paroisse* nous font penser ou qu'il fut frappé d'une attaque d'apoplexie en montant au saint autel ; ou bien qu'étant infirme, il se fit porter à l'Eglise pour y être administré à l'édification de tous les paroissiens.

(2) Ce contrat de vente porte la date du 22 février 1731 (*Archives de la paroisse.*)

(3) Nous consacrons notre dernier chapitre à la question intéressante des Ecoles à Chevrières et, par conséquent, nous faisons l'histoire de l'Ecole des religieuses établies par Messire P.-B. Paccalon.

Les Religieuses de Saint-Joseph, et leur école, s'étant installées dans les bâtiments du presbytère, celui-ci fut alors transféré au chevet de l'église. C'est-à-dire que Messire Paccalon fit l'achat d'une ancienne construction, qu'il améliora sans doute et transforma en maison curiale.

Ce qui nous fait croire qu'il en fut ainsi, c'est une ordonnance de Mgr. P. de Neuville, archevêque de Lyon, datée du 27 juin 1727, laquelle *permet d'anticiper sur le cimetière pour les bâtiments de la cure.*

Le presbytère actuel daterait donc (nous parlons de la partie ancienne) de cette année 1727.

Les constructions récentes qui font de ce presbytère un des plus vastes et des plus commodes de la région, sont l'œuvre de M. le curé Richard (1).

Quant aux Religieuses de Saint-Joseph, elles exercèrent leurs difficiles fonctions d'institutrices, d'abord, pendant quelques mois, dans une pauvre maison située non loin de la croix de Rampeaux, puis dans les bâtiments de l'ancien presbytère jusqu'en 1826.

A cette époque, elles firent l'acquisition des immeubles où elles sont logées actuellement, et où elles se dévouent, avec tant de zèle, à l'instruction et à l'éducation chrétienne de l'enfance (2).

Messire Pierre-Bernard Paccalon eut pour vicaires :
1726-1729. — MM. Grenier.
1729-1732. — Marcellin Léonard.

Les luminiers connus de ce temps étaient : Jacques Prâron ; Jean Basson ; Pierre Gonon ; Jean Berne ;

---

(1) Elles datent de 1881.
(2) Voir notre dernier chapitre sur les Ecoles de Chevrières.

Jean Thélisson ; Claude Jallabert ; François Fournel ; Antoine Croizier.

A la date du 4 octobre 1730, nous trouvons, dans nos archives de fabrique, la visite canonique de Messire de Saint-Nizier, curé-archiprêtre de Saint-Etienne.

Messire Marcellin Léonard, vicaire de Chevrières et prêtre sociétaire de la ville de Saint-Etienne, est une figure trop originale et trop intéressante pour que nous ne nous arrêtions pas longuement à mettre, sous les yeux du lecteur, les notes pittoresques qu'il a laissées, en marge, sur les registres de catholicité, soit de Chevrières, soit de Saint-Médard.

Homme d'une activité étonnante, esprit très organisateur, intelligence peu ordinaire, ce prêtre avant tout, dévoué au bien de ses paroissiens, était à ses heures poète, littérateur, architecte; saisissant vite, et du premier coup d'œil, les besoins de ses semblables, les exigences de leur situation, il n'épargnait ni ses deniers, ni sa peine, pour les tirer d'un mauvais pas, lorsque l'occasion se présentait.

Ce digne prêtre, qui fut vicaire de Chevrières pendant cinq années, et curé de Saint-Médard pendant trente ans, avait la très louable habitude d'écrire son journal. Et c'est grâce aux intéressantes notes qu'il nous a laissées sur les principaux événements de son temps et de son milieu que nous pouvons, aujourd'hui, satisfaire la légitime curiosité de nos lecteurs. Car, rien n'excite l'intérêt comme l'étude des caractères et des mœurs des hommes qui ont vécu avant nous.

Les détails de leur vie intime donnent, aux pages qui leur sont consacrées, un attrait tout particulier.

Et voilà pourquoi, de nos jours, les *Mémoires* ont une vogue si grande et si méritée.

A l'originalité de son esprit, Messire Marcellin Léonard joignait une vertu d'ordre peu commune.

Rien de mieux tenus et de plus artistement calligraphiés que les procès-verbaux, les comptes de fabrique et les actes de catholicité, au bas desquels il apposait sa monumentale et très lisible signature, agrémentée d'un gracieux paragraphe.

Aussi simple dans ses mœurs que modeste dans ses goûts, il se faisait avec joie le serviteur dévoué de ceux qui réclamaient, de sa charité, le moindre service.

A une époque où nos contrées ne communiquaient que très difficilement avec les grandes villes de la province, c'est lui qui se chargeait d'aller à Lyon faire les achats d'objets nécessaires au culte divin. Or, sait-on ce que le vicaire de Chevrières recevait du trésorier de la fabrique pour ses frais de voyage ? Voici ce que nous lisons au livre du budget, chapitre des dépenses pour le luminaire de l'église : Le 13 juin 1732 « Donné (le trésorier) à Messire Mar-
« cellin Léonard, vicaire, pour la pâture de son
« cheval, pour le voyage qu'il fit à Lyon, à cause des
« emplettes suivantes, etc., 3 livres ».

Certes, l'humble et dévoué vicaire, et son fidèle coursier, n'eurent pas, en ces heures de marche pénible, de quoi faire un bien plantureux repas (1).

---

(1) « Le 23 juillet 1750, les habitants des paroisses de Chevrières, Saint-Médard et Aveizieu s'assemblèrent en cette dernière, la brigade de maréchaussée résidante à Chazelles, étant à la tête, pour arrêter les voleurs qui étaient en grand nombre de toutes parts cette année cy. L'on en fit la perquisition dans les bois taillis du voisinage, mais inutilement, car l'on ne fit aucune capture soit que cela fut mal manœuvré, soit que le bruit qu'il s'en fit, fit trop d'éclat, soit qu'il y eut plus de crainte que de réalité ; mais il falloit obéir aux ordres

Le très aimable et très compétent archiviste du département de la Loire, M. Joseph de Fréminville, en dépouillant les registres de baptêmes, mariages et sépultures de la commune de Saint-Médard, a trouvé, relatées sous forme de note de souvenir, de chanson et de complainte, des appréciations curieuses sur le plus célèbre contrebandier du xviiie siècle : Mandrin. Voici ces appréciations, signées Marcellin Léonard, qui paraissent peu en rapport, ajoute M. de Fréminville, avec ce que l'imagination, ou les traditions plus ou moins travesties, ont fait de cette étrange physionomie (1).

ANNÉE 1754

« Notte sur le brave Mandrin, chef des contreban-
« diers, qui avaient apportez dans ce pais du bon
« tabac de Saint-Vincent pour 35 à 36 s. la livre,
« ce qui faisait autant de plaisir que de service au
« public dont il s'était attiré la confiance et à ses
« gens. Après quoy, ledit Mandrin, intrépide, en
« fournit aux grands dépost, au bureau de la ville de
« Montbrison, du Puy et de plusieurs autres villes
« jusqu'en Auvergne, auxquels il le vendait sur le
« pied du tabac d'Hollande et en même tems faisait

de M. de Rochebaron, commandant pour le roy. Le même jour, tomba une grêle dans ces cantons, d'une grosseur extraordinaire qu'à la vérité ne dura pas longtemps, mais ne laissa pas que de rompre les vitres et secouer le froment et l'avoine qui n'étaient pas levez. » (Note en marge des registres paroissiaux.)

(1) Nous offrons ici l'hommage de nos vifs remercîments à M. J. de Fréminville, à l'obligeance de qui nous devons non seulement les présentes notes, mais une foule de renseignements donnés avec la plus haute autorité et le plus gracieux empressement, lesquels nous ont été d'une grande utilité dans le travail ingrat que nous avons entrepris.

« ouvrir les portes des prisons royaux et mettoit en
« liberté les prisonniers, à l'exception toutefois de
« ceux qui y étaient pour vols et rapines, sans que
« personne s'y opposât, pas même le ministère public.

« Il était si vigoureux et redoutable qu'à la tête de
« sa troupe il passa et repassa le Rhône, malgré le
« régiment de la Morlière-Dragon qui le bordait et
« qu'il fit plier. On n'a pas vu son pareil pour le
« courage et l'entreprise ; aprez son passage du
« Rhône, ayant cessé de faire son commerce à cause
« de quelques dragons que le roy avait envoyé dans
« les provinces pour l'arrêter, outre le régiment de
« la Morlière, l'on prétend que ledit Mandrin a mis
« à contribution la ville de Beaune en Bourgogne
« pour la somme de 20.000 livres et la ville d'Autun
« pour 10.000 livres, pour solder ou soudayer sa
« troupe pour gagner le pais étranger et l'on croit
« qu'il s'est lui-même retiré à Paris pour être plus
« en grande sécurité. L'on n'en sait pas davantage
« jusqu'à présent. »

ANNÉE 1755 (1)

Chanson à la louange du Grand Mandrin

Brave Mandrin !
Que ne fais-tu rendre bon compte,
Brave Mandrin !
A tous les maltotiers de vin,

---

(1) « Le 1ᵉʳ novembre 1755 est arrivé un tremblement de terre affreux dans la ville de Lisbonne, capitale du Portugal, dans lequel sont péris plus de cent mil âmes et les trois quarts de la ville y ont été renversés ; on estime la perte à plus de dix-huit cents millions. La ville de Madrid s'est ressenty très violemment de cette funeste révolution le même jour. Cadix n'en a pas été exempt, pas plus que Bayonne, mais avec plus de modération et moins de sensibilité. » (Note en marge des registres paroissiaux.)

> De sel de tabac, qu'ils n'ont honte
> De voler pauvre, riche et comte.
> > Brave Mandrin !
> > Quelle nation
> Eut jamais fait de connoissance,
> > Quelle nation,
> Avec gens fait de tel façon !
> Qui sans étude ni science
> A parcouru toute la France
> > Sans émotion,
> > Passant partout.
> Dans les villes, à la campagne
> > Passant partout
> Sans craindre Morlière du tout.
> Ta troupe et toy as l'avantage
> De faire un païs de cocagne
> > Passant partout.

« Enfin le grand Mandrin est expiré à Valence, au milieu de cette année entre le ciel et la terre, dont vaicy l'épitaphe :

> Tel qu'on vît autrefois Alcide
> Parcourir l'univers la massue à la main
> Pour frapper plus d'un monstre avide
> Qui désolait le genre humain ;
> Ainsy j'ai parcouru la France
> Que désolaient mille traitans,
> J'ay péry pour avoir dépouillé cette engence.
> J'aurais jouy comme eux d'une autre récompence,
> Si j'eusse dépouillé des peuples innocens. »

Mandrin, au moins dans les campagnes, auprès du « populaire », dit M. J. de Fréminville, passe ordinairement, de nos jours, pour une sorte de brigand calabrais, ou de détrousseur de grandes routes, en lutte avec toute la société, sans distinction de personnes.

A s'en rapporter à ce que dit l'humble desservant d'une petite paroisse, contemporain des faits, et qui, par sa situation, était à même de bien recueillir les impressions de paysans vivant dans une province et à proximité de localités — Montbrison, Boën, Saint-Bonnet-le-Château (1), Saint-Etienne — visitées, chacune deux fois, en l'espace de six mois, par Mandrin et sa troupe, il faudrait seulement voir, dans ce héros de légendes, un ennemi juré des fermiers généraux et de leur administration, qu'il considérait comme oppressive et mettait en coupe réglée, par les plus grandes violences. La régie de l'époque, par ses exactions, était peu en faveur, d'où l'on s'explique facilement qu'auprès du peuple des petits, qu'il n'attaqua jamais, qu'il défendit et secourut même parfois — on cite de lui des traits de générosité — Mandrin ait passé, de son vivant, pour un vengeur et, après sa mort, pour une victime, malgré le côté tout personnel de ses entreprises.

Toujours préoccupé d'améliorer le sort de ses paroissiens et de faire de son église un lieu digne de Celui qui en habite le Tabernacle, c'est Messire M. Léonard qui, en l'année 1747, pour la commodité du public, selon ses propres expressions, représenta au marquis de la Ferrière, seigneur de Saint-Médard, qu'il serait bon *de pratiquer le chemin neuf venant de Saint-Galmier par les côtes de Fomont landant au terroir de la Paillette où est la croix appellée de Saint-Marc, de là pour aller directement à l'église et bourg de Saint-Médard* (2).

---

(1) Cf. J. Condamin et F. Langlois. *Histoire de Saint-Bonnet-le-Château* (Tome II, p. 323 sq.), où l'on trouvera un curieux procès-verbal de la visite de Mandrin, à Saint-Bonnet, le 22 octobre 1754.

(2) Archives de la paroisse de Saint-Médard, de 1751 à 1753.

C'est ce même Messire Léonard, prêtre chapelain et vicaire desservant (1) de Saint-Médard, qui rétablit en 1751 les chapelles de l'église, par la construction de la sacristie, fit lever l'interdit des chapelles de Saint-Jean-Baptiste et de Saint-Antoine, où l'on ne disait plus la messe, à cause de leur inconvenance; lui encore qui, en 1753, et grâce *à des avances considérables*, fit exhausser le grand crucifix de l'église, de la hauteur d'environ 5 pieds; baisser le chœur tel qu'on le voit, et le meubla de 4 stalles de chaque côté; et construire la chapelle neuve qui est vis-à-vis celle de Notre-Dame du Rosaire, sous le vocable de saint Roch et saint Isidore, à cause de leurs statues, et de saint Léonard, à cause du tableau de ce saint dont il fit présent lui-même; et qui enfin fit restaurer, en dehors et en dedans, les quatre chapelles du Rosaire, de Saint Jean-Baptiste, de Saint Antoine, et de Saint Roch (2).

Le paroisse de Saint-Médard doit encore, à la générosité de ce pasteur dévoué, en 1756, une table de communion, un maître-autel, une importante réparation de la voûte de l'église et des murs délabrés, c'est-à-dire du sanctuaire, du chœur, de la nef, des chapelles et de la sacristie, réparations qui n'avaient pas été faites depuis l'année 1670 (3).

A l'époque dont nous parlons, la paroisse d'Aveizieux était encore une annexe de celle de Saint-Médard, et le curé Messire Violier, recteur des deux paroisses, avait sa résidence au presbytère d'Aveizieux, pendant que son vicaire desserviteur, Messire Marcellin

---

(1) Ce sont les titres qu'il se donne lui-même.
(2) Archives de la paroisse de Saint-Médard.
(3) Archives de la paroisse de Saint-Médard.

Léonard, habitait la cure de Saint-Médard. Et tout cela, sans doute, pour la plus grande commodité des paroissiens.

Une des dernières notes mises en marge des registres de catholicité, par Messire Léonard, est celle-ci :

« Dimanche 30 janvier 1764, ce jour là il fit un
« tonnerre extraordinaire en cette saison, entre midy
« et une heure, accompagné de grézil et pluye. J'ignore
« si cette époque me sera heureuse ou funeste,
« estant né sur les minuit, ce jour là et batisé en 1699.
« Il y a 64 ans comptés.!! »

L'année 1764 devait être, en effet, funeste à Messire Marcellin Léonard, car, à la date du 29 mars de cette même année, nous lisons, dans les registres de catholicité de l'église de Saint-Médard : « Le 28 mars 1764, sépulture, dans l'église, de Messire Marcellin Léonard, prêtre desserviteur, chapelain de Saint-Médard (1). » On aurait pu ajouter, à la louange de ce prêtre dévoué : *bienfaiteur généreux de la paroisse.*

1732-1768. — Messire Jacques PACCALON était frère du précédent, à qui il succéda le 26 mai 1732. Il mourut à l'âge de soixante-neuf ans et fut inhumé, le 16 juin 1768, dans le chœur de l'église de Chevrières (2).

Pendant les trente-six années de son ministère, Messire Jacques Paccalon fut un modèle de toutes les

---

(1) Archives de la paroisse de Saint-Médard.
(2) Actes de décès de l'année 1768, paroisse de Chevrières.

vertus sacerdotales (1). Comprenant que l'avenir de la foi, dans une paroisse, est tout dans l'éducation chrétienne de l'enfance, il se prit d'une affection toute paternelle pour l'œuvre des Ecoles de filles fondée par feu son frère, Pierre Bernard, et n'épargna ni ses conseils, ni sa bourse, pour la rendre prospère.

Heureux de voir les membres de sa chère communauté de Saint-Joseph se recruter facilement parmi les familles chrétiennes de la contrée, il ne laissait jamais à d'autres l'honneur de revêtir du saint habit les humbles filles vouées à l'éducation de la partie la plus intéressante de son troupeau.

Et, quand arrivait le jour d'une profession religieuse, avec quelle joie il se rendait à l'invitation de la vénérée supérieure, Sœur Benoîte Veyre, heureux de recevoir les vœux de ses chères filles de Saint-Joseph!

Nous avons compté jusqu'à seize actes de profession signés de la main de Messire Jacques Paccalon pendant un espace de vingt années.

Un chapitre ultérieur apprendra au lecteur l'histoire intéressante de cette fondation de la communauté des religieuses de Saint-Joseph, à Chevrières, par Messire Pierre-Bernard Paccalon, en 1729.

Messire Jacques Paccalon eut pour vicaires:
1732-1734. — MM. Marcellin Léonard.
1734-1735. —   Granotier.

(1) Nous constatons ici, pour mémoire seulement, que Messire Jacques Paccalon, comme, du reste, son frère et prédécesseur Pierre Bernard, organisait chaque année et conduisait lui-même à Notre-Dame de Valfleury le pèlerinage paroissial établi à la suite d'un vœu fait, en 1639, par 52 paroisses de la contrée, en vue d'obtenir la cessation de la peste. De nos jours, ce pèlerinage a lieu, chaque année, le jeudi de la Fête-Dieu.

1735-1738. — MM. F. Issier.
1738-1754. — François Clément (1).
1754-1755. — Durdilly.
1755-1768. — Pierre Tardy (2).

Les luminiers connus de ce temps-là étaient : Jean Thélisson ; Claude Jallabert ; François Fournel ; Antoine Croizier ; Jean-Baptiste Escot ; Antoine Escot ; Jean Voûte ; Jean Vent ; Claude Prâron ; Jean Basson ; Louis Reynard ; Ant. Dubœuf ; Claude Dubœuf.

Le 20 juillet 1733, visite canonique de Messire P. Thevenet, curé-archiprêtre de Saint-Etienne.

Le 31 juillet 1736, autre visite canonique de Messire Durel, curé-archiprêtre substitué de Saint-Etienne (3).

(1) Après 16 années d'un dévoué vicariat, Messire François Clément mourut au presbytère de Chevrières et fut inhumé dans l'église paroissiale, assurément dans le caveau de MM. les curés. Voici l'acte de son décès : Le 25 avril 1754, sépulture, dans l'église de Chevrières, de Messire François Clément, prêtre, vicaire. (*Archives de la paroisse.*)

(2) Evénements arrivez en 1758 : « M. le Cardinal de Tencin archevêque de Lyon est décédé. Benoît XIV pape, est décédé aussi et luy a succédé Clément XIII. La gelée funeste du mois de may a fait augmenter le blé et le vin ; et la pluye continuelle pendant le mois de juillet a donné bien de la peine pour lever la récolte des grains et des battures. Elle a fait encore plus de mal sur le raisin que la gelée, en ce qu'elle les a fait couler, de façon qu'on peut dire qu'on n'a point fait de récolte dans le Lyonnais, n'y ailleurs ; que la charge du vin a valu jusqu'à 40 l. ; le seigle, 45 s. ; le froment, 55 s. à 3 l. Pour l'avoine, 12 s. On espère qu'il viendra, de Provence ou du Languedoc, du vin, où il se trouve abondant. Il y a eu au mois d'octobre une milice extraordinaire à cause de la guerre que nous avons contre les Anglais et avec le roy de Prusse comme alliez avec la Reine d'Hongrie, outre la milice ordinaire qu'on avait tiré au mois de février de cette même année. » (Note en marge des Registres paroissiaux. Orthographe et style respectés.)

(3) Notes des événements pendant l'année 1763 : — « 12 décembre lundy au mardi 13 dudit mois de ladite année, par les pluies violentes qu'il fit dans le païs qui ne pouvaient pas pénétrer, la terre aride par la sécheresse ou la gelée causèrent un torrent si violent sur le ruisseau de Coize qui emporta tous les arbres et autres choses qui en étaient au bord, ainsy que toutes les planches pour la passer quoique fort élevées, depuis le moulin de la Thivelière, celui de Souvigny, le moulin Fouillet, de Saint-Médard, celui de la Théry jusqu'à celui de Font-Fort, au point que l'eau entra dans la maison et les étables de

1768-1783. — Messire Etienne GUILLOT fut le successeur de Messire Jacques Paccalon. Pendant les quinze années de sa paternelle administration, en dehors d'un zèle sacerdotal à toute épreuve, nous remarquons, dans ce prêtre dévoué, une vertu d'ordre et d'économie peu ordinaire.

Rien de si raisonnablement discutés que les affaires et les intérêts de la marguillerie ! Rien de plus correctement tenus que les procès-verbaux et les comptes de fabrique, sous son administration ! C'est à lui que nous devons un inventaire précieux des titres et papiers d'affaires concernant les pensions, donations au profit de l'église, faites pendant les xve, xvie et xviie siècles. Grâce à ce document d'une haute importance, auquel nous avons eu souvent

celui de la Théry et que pour la conservation tant des personnes que des bestiaux on y fut contraint de les traduire à la Patillonière au-dessus de la montagne. Il est incroyable du ravage que ce torrent a fait dans moins de 14 à 15 heures sur le petit ruisseau et dans celui de Gier en Lyonnais. » (Note en marge des Registres paroissiaux. Orthographe et style respectés.)

« L'hiver de 1766, aussi rigoureux que celui de 1709, l'a surpassé du moins par la longue durée, après quelques gelées et quelques neiges ordinaires, le froid commença à se faire sentir le 23 décembre 1765, si vivement qu'on a passé presque partout à pont de glace sur la Loire, depuis le 6 janvier jusqu'au 22 février suivant, que les glaces épaisses de 18 à 20 pouces partirent avec tant de fracas que l'avaloir près de Saint-Rambert fut entraîné ; nombre de barques et bateaux furent mis en pièces et plusieurs personnes périrent, le pauvre peuple a été très embarrassé pour pouvoir faire moudre le peu de grains qu'il avait, les moulins étant gelés presque partout. Dans la rigueur du froid, le pain s'est vendu jusqu'à 4 s. la livre, les vignes et les blés ont généralement soufert de la rigueur de cet hiver... Dans le tems de la semaille en 1765, il y eut des pluies si abondantes et si continuelles qu'on ne peut guère ensemencer que la moitié des terres, le printemps suivant on ensemença tout ce qu'on put d'avoine d'orge et de blé tremois ; mais la grêle qui a tombé deux différentes fois dans plusieurs paroisses et surtout le long de la Loire jusqu'à Montrond a, par surcroit de malheurs, enlevé du moins la moitié de la modique récolte qui flattait encore l'espérance du pauvre peuple, la rigueur de l'hyver, la rareté, la cherté et la mauvaise qualité des alimens du Carême ont engagé Mgr l'Archevêque à permettre de faire gras pendant le carême de ladite année 1766, les dimanches, lundis, mardis et jeudis, jusqu'au dimanche de la Passion exclusivement, le poisson étant crevé, gelé dans presque tous les étangs ; de même que l'hortolage dans les jardins. » (Note en marge des Registres paroissiaux. Orthographe et style respectés.)

recours, il nous a été possible d'éclaircir plusieurs questions relatives à la paroisse et à l'église.

Nous n'avons pas trouvé, dans nos archives, de documents nous laissant croire que Messire Etienne Guillot était mort au milieu de ses ouailles. Nous pensons que son dévouement et ses qualités administratives lui valurent l'honneur d'une paroisse plus importante que Chevrières.

Il eut pour vicaires :

1768-1774. — MM. Pierre Tardy.
1774-1776. — Meynet.
1776-..... — Mouillaud.
1776-1783. — Joseph Gonon.

Les luminiers connus étaient : François Reynard; François Croizier; Pierre Fournel; Pierre Thivillier; Antoine Badoil ; Jean Thélisson ; Claude Escot.

1783-1802. — Messire Antoine GUILLOT, peut-être le frère ou le parent du précédent curé. A ce saint prêtre, on peut en toute vérité appliquer ces paroles du divin maître : *Bonus pastor animam dat suam pro ovibus suis.* Il fut, vraiment et toujours, mais plus particulièrement pendant la néfaste période de la Terreur, le pasteur aveuglément dévoué, qui donne ses forces et sa vie pour son troupeau.

Solidement fidèle à la foi de son Dieu, à l'autorité du suprême magistère de l'Eglise, et aux obligations de son sacerdoce, il aima mieux se laisser charger de rudes chaînes que de prêter serment à la Constitution civile du clergé.

Les gens d'armes de la Convention vinrent, en effet, l'arrêter un jour au presbytère même, où, sans crainte et sans défiance, il se tenait à la disposition de ses paroissiens. Mais les sbires de la Révolution avaient compté sans l'intervention d'Antoine Croizier et le dévouement de ses hardis partisans. Battus et poursuivis eux-mêmes, par les hommes et les femmes du village, les gendarmes abandonnèrent leur prisonnier, qui, sur le conseil de ses amis, alla se cacher dans sa retraite du Terrier.

C'est de cette maison isolée au milieu du bois de Chavaray, qu'il rayonnait jour et nuit en secret dans les hameaux et dans le village (1), pour célébrer la sainte Messe, confesser, baptiser, unir les époux, tantôt dans une chaumière amie, tantôt à la dérobée,

(1) Les agents de la Révolution soupçonnant bien que Messire Antoine Guillot, qui leur avait échappé une fois, devait se tenir caché dans quelque maison de la commune, vinrent plusieurs fois faire des perquisitions chez les paysans, afin de l'arrêter de nouveau.
Voici, à ce sujet, l'extrait d'un procès-verbal dressé par l'autorité républicaine et relatif à des poursuites contre le nommé Guillot, prêtre réfractaire. Les braves gens qui formaient alors le conseil d'administration de la commune, obligés, sur les ordres de Javogue, de poursuivre leur bon curé, s'y prirent si bien, qu'ils perquisitionnèrent là où ils ne devaient pas le trouver, laissant Messire Guillot faire le bien autour de lui. (Nous respectons le style et l'orthographe de cet extrait.)
« Ce jourd'hui cinq Prairial lan second de la République démocratique et indivisible nous Gilbert Louis Deville commandant de la garde nationale de commune de Font-Fort... nous sommes transportés avec un piquet de 25 hommes armés dans la commune de Chevrières au lieu... à nous indiqué, où étant arrivé sur les 10 heures du soir, nous avons trouvé les citoyens... qui allaient nous accompagner dans tous les hameaux et maisons... à l'effet de découvrir quelques traces du nommé Guilot prêtre réfractaire et ci-devant curé de cette commune, que l'on dit l'habiter et y fomenter les citoyens et leur dire la messe dans des maisons particulières. Ce que nous avons en effet exécuté en marchant à bas bruit et en envoyant devant quatre citoyens du piquet, lesquels écoutant dans le plus grand silence, venaient nous rendre compte de ce qui se passait ; et lorsque tout était tranquille nous continuions notre marche. Ce qui a été exécuté dans tous les hameaux sans que nous n'ayions absolument rien entendu, ... et d'après ayant infructueusement continué notre recherche, nous nous sommes rendus au bourg de Chevrières où arrivés avec le jour et après une recherche dans le bourg même sans avoir rien pu découvrir, nous nous sommes retirés au bureau de la commune où nous avons dressé le procès verbal que nous avons signé, tous ceux des citoyens composant le piquet qui l'ont su faire. Ce jourd'hui six présent l'an second de la République ». — Suivent dix signatures après celle du commandant Gilbert Louis Deville. (Extrait des registres des archives départementales de la Loire.)

dans une grange retirée ; toujours encourageant les faibles, conseillant les forts, toujours instruisant les petits enfants et rendant les derniers devoirs aux mourants, toujours enfin exerçant les fonctions de son saint ministère, au milieu d'une population dont la discrétion n'eut pas un seul instant de faiblesse.

En effet, pas un habitant de Chevrières ne trahit la retraite cachée de Messire Antoine Guillot, et, pendant les longs mois de la Terreur, et malgré tous les agents révolutionnaires lancés à sa recherche, il resta le curé aimé de ses paroissiens, le pasteur préoccupé de son troupeau, le prêtre fidèle secrètement en activité de ministère.

Si la génération qui s'en va a pu transmettre à la nôtre ces trésors précieux qu'on appelle la pratique des devoirs de religion, la probité, la droiture, joints à la simplicité des mœurs, c'est qu'elle les avait recueillis à l'école de ce prêtre selon le cœur de Dieu dont la vie de sacrifices, et les hautes vertus sacerdotales, sauvèrent sa foi du plus affreux des naufrages.

Reconnaissance donc à ce saint prêtre à qui nous devons l'inestimable bienfait de la conservation de notre foi, et des bénédictions dont Dieu l'a récompensé.

Après la période néfaste de la Terreur, et quand le calme fut rétabli en France, Messire Antoine Guillot dut quitter, pour prendre sans doute un repos bien mérité, sa chère paroisse de Chevrières à laquelle il garda toutes ses affections de père et de prêtre. Car nous le voyons fréquemment revenir au milieu de ses anciens paroissiens, comme s'il ne les eût quittés qu'à regret.

Ainsi, en 1803, nous le voyons signer l'acte de décès d'un enfant Escot, du bourg. En 1804, 1805, 1806 et presque chaque année, jusqu'en 1812, nous lisons son nom au bas de quelque acte de baptême ou de sépulture ; ce qui nous fait supposer qu'il revenait souvent à Chevrières et que ses successeurs profitaient de sa présence pour faire quelques utiles voyages (1).

Cependant M. Antoine Guillot ayant réparé ses forces pendant plusieurs années, qu'il sut employer, selon les besoins, à rendre service à ses confrères, fut enfin nommé curé de Villers, dans le canton de Charlieu, en novembre 1808. Le premier acte de son administration pastorale est signé à la date du 20 novembre de cette même année ; et sa dernière signature se lit sur les registres de cette paroisse, le 13 février 1814.

C'est donc pendant six années que M. Antoine Guillot fut à la tête de cette paroisse de Villers, qu'il dut abandonner, sans doute sur les désirs de l'autorité diocésaine, pour un autre poste que nous ne connaissons pas.

Les registres paroissiaux de Villers, malgré qu'ils aient été très obligeamment compulsés par M. l'abbé Révollier, jusqu'en l'année 1820, ne contiennent pas l'acte de sépulture du curé Guillot.

Messire Antoine Guillot eut pour vicaires, lorsqu'il était curé de Chevrières :

1783-1784. — Joseph Gonon.
1784-1785. — Père Victorin, capucin.

(1) Nous trouvons souvent à la suite de la signature de M. Antoine Guillot cette légende : « En l'absence du desservant », ou encore cette note : « Ancien curé de Chevrières ».

1785-1788. — Colin (1).
1788-1790. — Gutton.
1790-1791. — Cortial.
1791-..... — Bonnard.

Les fabriciens connus étaient à cette époque : Antoine Badoil ; Jean Thélisson ; Cyprien Morel ; Pierre Reynaud ; Fleury Escot ; Jean-Pierre Basson ; Claude Morin.

Nous offrons, ici, nos hommages de reconnaissance à MM. Jean-Pierre Basson, de Relave, et Claude Morin, du bourg, qui, demeurant volontairement chargés des intérêts de l'église et de la paroisse pendant la tourmente révolutionnaire, surent les sauvegarder au prix des plus grands sacrifices, et, peut-être même, au péril de leur vie. Grâce à leur dévouée et sage administration, un grand nombre d'objets précieux pour le culte divin furent mis à l'abri du vandalisme et de l'impiété.

Ce qui prouve, d'une manière incontestable, la foi et le zèle de ces luminiers modèles, c'est qu'en pleine période de persécution, ils ne craignirent point de faire, le 8 septembre 1791, le 22 janvier 1792, leur assemblée légale et publique, selon le vieux cérémonial des jours de paix et de tranquillité, c'est-à-dire à l'issue des vêpres, devant le banc d'œuvre de l'église et au son de la grosse cloche (2).

---

(1) Fin du registre de 1788, lisons-nous dans nos registres de catholicité : il n'y a rien eu dans cette année de remarquable, si ce n'est un froid excessif ; il est peu d'endroits dans cette paroisse où la gelée n'ait pénétré ; aux approches des fêtes de Noël, les puits ont glacé au point qu'on était obligé de casser la glace avec des perches. Guillot curé. Le seigle dans le mois de novembre se vendait 40 sols et aux fêtes de Noël, il se vendit 50 sols et dans le mois de mars 3 livres et dix sols, et 4 livres : et le froment dans ce même temps 5 livres.

(2) Procès-verbaux des assemblées de fabrique, années 1791 et 1792 (*Archives de la paroisse*).

XIXᵉ SIÈCLE

1802. — M. Jean-Baptiste ALBRAND, prêtre chef de mission (c'est ainsi qu'il signe les actes de nos registres de catholicité) fut le missionnaire délégué par l'autorité diocésaine pour remplir, à Chevrières, les fonctions de desservant, du 1ᵉʳ janvier 1802, qui fut le jour mémorable où il réconcilia l'église profanée et la rendit au culte, jusqu'au 23 février 1803, jour où il signe son dernier acte (1).

L'année que M. Albrand passa à Chevrières ne fut pas pour lui une sinécure. S'il n'eut pas la triste tâche de ramener, au sein du bercail de l'Eglise, des brebis égarées par les doctrines perverses de faux pasteurs, il eut, croyons-nous, à relever beaucoup de courages abattus par l'excès des malheurs et surtout à soulager beaucoup de misères matérielles.

D'accord, sans doute, avec M. Antoine Guillot, le courageux et dévoué curé, que la crainte de l'échafaud n'avait pas fait renoncer, un seul jour, à son saint ministère, il sut se pénétrer des besoins d'une population éprouvée par les malheurs de la persécution et y rémédier avec intelligence et dévouement.

De nombreux actes de baptêmes, de mariages et de décès signés de sa main, nous prouvent que ses loisirs étaient rares, au milieu de nos religieux paysans que

(1) Il y avait à cette époque, où le clergé persécuté avait vu ses rangs s'éclaircir, il y avait à Saint-Galmier et dans d'autres cantons, des réunions de Missionnaires chargés par l'autorité diocésaine de pourvoir aux besoins des paroisses environnantes, en attendant la réorganisation du clergé paroissial. Ainsi, à Chazelles-sur-Lyon, le chef de mission était M. Coullard-Descot ; à Rivas, il s'appelait M. Tardy, etc..

la réouverture de leur chère église rendait tous heureux.

M. J.-B. Albrand quitta sans doute Chevrières pour aller, sur la nomination de Monseigneur l'Archevêque, occuper la cure de Saint-Jean-Bonnefond, car nous trouvons sa signature, en 1806, à la suite d'un acte de nos registres, avec la qualité de curé de Saint-Jean-Bonnefond.

Saint-Jean-Bonnefond n'est pas très éloigné de Chevrières. On comprend que M. Albrand y soit venu, de temps à autre, visiter ses amis.

1803. — M. l'abbé FOURNEL, curé. — Il signe d'une écriture de vieillard, épaisse et penchée, son premier acte le 6 mars 1803, et son dernier le 26 décembre de cette même année.

Comme il ne joint à son nom que la qualité de prêtre, et qu'il ne fut que pendant quelques mois à Chevrières, nous pensons qu'il avait été délégué par l'autorité archiépiscopale pour remplacer M. J.-B. Albrand, lequel, nommé à la cure de Saint-Jean-Bonnefond, ne pouvait plus administrer Chevrières.

La paroisse, du reste, ne fut pas longtemps sans pasteur, car, le 21 janvier 1804, M. Matagrin, nouveau curé, signait son premier acte dans nos registres de catholicité.

1804-1806. — M. l'abbé MATAGRIN, curé. — M. Matagrin, dont le frère avait été, croyons-nous, curé de la paroisse de Meys, prit possession de la cure de Chevrières dès les premiers jours de l'année 1804, et y exerça le saint ministère pendant trois années à peine, car il signe son dernier acte le 9 octobre 1806.

L'étude des registres de catholicité de ces trois années, où nous rencontrons fréquemment, à côté de la signature de M. Matagrin, celles de prêtres étrangers à la paroisse, nous a fait penser de ce bon curé, qu'il avait un cœur d'or, car ses amis nombreux et ses voisins dévoués l'entouraient et le choyaient. On aimait, sans doute, le toit hospitalier du presbytère de Chevrières, on le visitait souvent et avec bonheur. Quant à l'excellent M. Matagrin, il pouvait compter sur ses fidèles amis et leur confier le soin de sa grande et religieuse paroisse, lorsque des affaires, graves et pressantes, l'appelaient en dehors de Chevrières (1).

M. Matagrin n'eut pas de vicaire; mais, à partir de la fin de l'année 1805, un prêtre-commis, M. l'abbé Goulioud, fut chargé, par l'autorité diocésaine, de l'aider à pourvoir aux besoins spirituels de sa très chrétienne paroisse.

Nous pensons que ce digne prêtre se retira du saint ministère après trois ans passés à Chevrières; son écriture dénote, en effet, la main tremblante d'un homme infirme et âgé. Toutefois, nous n'affirmons rien à ce sujet. Et il peut très bien se faire que ses mérites personnels l'aient appelé à un poste plus important.

Nos registres, en tous cas, ne portent pas l'acte de son décès à Chevrières.

(1) Dans les registres de catholicité de 1804 à 1806, nous avons constaté au bas d'actes passés par eux, les noms de MM. Chomier, prêtre; Guillot, ancien curé de Chevrières; Albrand, curé de Saint-Jean-Bonnefond; Baron, desservant de Saint-Médard et plus tard vicaire général du diocèse; Brulas, prêtre; Goulioud, prêtre-commis; Ladevèze, curé de Chambœuf; Coudert, curé d'Aveizieux; Matagrin, ancien curé de Meys, etc., tous amis ou voisins du curé de Chevrières.

Les fabriciens de l'époque étaient : Antoine Thélisson; Michel Grange; Pierre Morel; Jean-Marie Pipon; Jean-Marie Ragey; Louis Escot.

Quant aux fabriciens qui gérèrent les intérêts de l'église, sous les curés précédents et depuis le rétablissement du culte catholique en France, nous n'avons trouvé leurs noms dans aucune note de nos Archives. Nous avons de fortes présomptions pour croire que les hommes dévoués qui prirent la cause de l'église en mains et surent si courageusement la défendre, pendant les mauvais jours de la Terreur, la gardèrent encore et la défendirent pendant cette période instable, où les prêtres, simples délégués de l'autorité, n'avaient eu que le temps de relever des ruines, et non celui d'établir de nouvelles œuvres.

1806-1810. — M. l'abbé CONDAMINE, curé. — Ce successeur de M. Matagrin signe, avec une écriture monumentale et négligée, son premier acte le 1er novembre 1806, et son dernier le 3 décembre 1810.

Il n'eut pas de vicaire. Toutefois, il sut, pendant quatre années, par son zèle et par son activité, répondre aux multiples besoins d'une population chrétienne de plus de 1200 habitants, disséminés sur une grande étendue de pays, fort difficile à desservir (1).

Nous pensons qu'il quitta Chevrières pour une paroisse plus importante.

Les fabriciens de l'époque étaient: Antoine Dumas; Jean-Pierre Escot; Jean-Marie Goutagneux; Pierre Rivollier; Jean-Louis Thélisson; Melchior Rousset

---

(1) Recensement officiel du 1er janvier 1806. — Commune de Chevrières. — La Gimond : 1264 habitants.

1811-1817. — M. l'abbé Michaud, curé. — M. l'abbé Farge, curé de Saint-Médard, fit l'intérim depuis le départ de M. Condamine jusqu'à l'installation de M. Michaud. Ce dernier signe son premier acte le 31 janvier 1811 et administre la paroisse jusque vers la date du 24 août 1817, qui est celle de sa dernière signature dans nos registres de catholicité.

Ce prêtre, selon le cœur de Dieu, fut, avant tout, l'homme de la règle et du travail. Nous constatons qu'il est toujours prêt à remplir les devoirs de son lourd ministère. C'est à peine, en effet, si, dans l'espace de six années, nous lisons deux ou trois signatures de prêtres étrangers au bas des actes de catholicité de cette période. M. Michaud n'a rien tant à cœur que d'administrer lui-même les sacrements à ses chers paroissiens.

Il n'eut pas de vicaire; mais un ecclésiastique, retiré sans doute à Chevrières, du nom de Mangeant et qui souscrit humblement à quelques actes de catholicité : *Mangeant François, prêtre secondaire*, l'aida dans l'exercice de son laborieux ministère, de juillet 1811, jusqu'en novembre 1814.

Ce digne auxiliaire mourut à Chevrières même, âgé de septante-huit ans, et fut inhumé dans le vieux cimetière. Nous lisons dans nos registres paroissiaux l'acte de son décès, à la date du 3 novembre 1814.

Les fabriciens d'alors, étaient : Jean Viricel ; Jean Pierre Rivollier ; Pierre Moulin ; Jean-Pierre Escot et Melchior Rousset.

M. l'abbé Michaud disparaît en 1817 pour faire place à :

1817-1819. — M. l'abbé Perier, curé. — Il signe ses actes d'une écriture très négligée, inclinée à l'excès, très épaisse enfin, et qui fait songer à une main nerveuse et hâtive. Sa première signature apparaît le 15 septembre 1817, et sa dernière le 19 novembre 1819. Encore laisse-t-il un grand nombre de ses actes de catholicité écrits par une plume étrangère très exercée, sans aucune signature.

Son état maladif lui fit-il demander à Mgr l'archevêque un auxiliaire ? Nous ne serions pas éloigné de le croire. Ce qu'il y a de certain pour nous, c'est qu'il se préoccupa tout particulièrement de la question du vicariat de Chevrières, lequel n'avait pas été rétabli officiellement depuis 1793.

Il fit des démarches auprès de l'autorité archiépiscopale. Celles-ci eurent une heureuse issue, car, dès le milieu de l'année 1819, nos actes de catholicité portent la signature, agréablement paraphée, d'un abbé Barrallon, vicaire.

Mais ce vicaire, accordé par l'autorité ecclésiastique, aux sollicitations pressantes de M. Périer, n'était pas reconnu par l'Etat. Aussi bien, installé vers la première quinzaine d'août, le voyons-nous signer son dernier acte le 23 novembre de cette même année 1819, et disparaître à la suite de M. Périer, qui lui aussi, à cette époque, quittait cette paroisse pour en administrer, sans doute, une autre.

Les fabriciens ayant exercé leurs fonctions sous M. le curé Périer étaient encore : Jean Viricel ; Jean Pierre Rivollier ; Pierre Moulin ; Jean-Pierre Escot ; Melchior Rousset.

1819-1831. — M. l'abbé Bourge curé (1). Nos anciens parlent encore avec le plus grand respect et la plus haute estime de M. Bourge qui signait son premier acte d'administration le 30 novembre 1819 et son dernier le 1ᵉʳ février 1831.

Peu de curés ont eu, dans leur paroisse, l'influence de M. Bourge. Homme à la volonté ferme et prêtre à l'âme vraiment sacerdotale, toujours sur la brèche pour défendre les intérêts de Dieu et de l'Eglise, il fermait les yeux sur les obstacles, pardonnait aux difficultés, ne se préoccupant jamais de lui-même, très peu des autres, mais allant toujours droit au but qu'il s'était proposé : la gloire de Dieu et le bien de ses paroissiens. Il connaissait ces paroles du divin Maître : *Eritis odio omnibus propter nomen meum*; il en faisait le sujet de sa continuelle méditation, et voilà pourquoi il parut toujours gai et courageux au milieu des tribulations de son saint ministère.

La paroisse lui est redevable de plusieurs œuvres de la plus haute utilité et qui resteront, à travers les générations, comme le plus éloquent témoignage de son amour pour Chevrières.

C'est lui qui fit prendre, le 5 décembre 1819, au conseil de fabrique, l'importante délibération par laquelle il sollicitait de l'autorité compétente la réintégration du vicaire supprimé après les néfastes années de la grande Révolution. Son prédécesseur avait posé la question devant l'autorité ecclésiastique

(1) En marge d'un de nos registres de catholicité nous lisons cette note écrite par M. Bourge lui-même : « Martin André Bourge né à Saint-Georges-sur-Couzan le 27 février 1791 ; ordonné prêtre le 3 juillet 1814 ; envoyé vicaire à Boën le 24 juillet 1814, sous M. Chaine... nommé à la cure de Chevrières le 20 octobre 1819. »

et n'avait obtenu qu'un vicaire *personnel*. M. Bourge ne craignit pas de la poser devant l'Etat : aussi obtint-il un vicaire titulaire et reconnu par le gouvernement (1).

C'est à lui que les paroissiens doivent l'établissement de la Confrérie du Saint-Rosaire (14 février 1821) et de la Confrérie du Saint-Sacrement (1er février 1822).

C'est encore à lui qu'ils sont redevables des bienfaits de la Grande Mission de 1826, dont l'événement saillant fut « une amende publique et solennelle, faite par l'ancien curé constitutionnel, Antoine Hérail, sincèrement repentant et rentré dans le sein de l'Eglise. »

Et si, de nos jours, notre vieille église peut conte-

---

(1) Voici le texte de cette délibération : « Le 5 décembre 1819 les curés et fabriciens soussignés de la paroisse de Chevrières tous réunis à l'issue des vêpres paroissiales dans la maison curiale pour délibérer sur les intérêts et besoins de l'église de Chevrières ayant considéré qu'il est impossible à M. le curé tout seul de desservir la paroisse tant à cause de sa population qui s'élève à plus de 1600 âmes, qu'à cause de l'extrême éloignement de presque tous les hameaux dont la plupart sont distants du clocher de plus d'une heure, et plusieurs d'une heure et demie, avons résolu de supplier M. le vicomte Tassin de Nonneville préfet de la Loire, de vouloir bien adresser une supplique à son excellence le ministre de l'Intérieur, Decaze, afin d'obtenir pour la paroisse de Chevrières, qu'elle soit de nouveau comptée parmi les paroisses à vicaire.

« Ayant délibéré, d'autre part, sur les moyens de faire le traitement dudit vicaire nous avons établi et réglé le budget des dépenses et recettes annuelles de notre fabrique, conformément au décret du 30 décembre 1809, d'après lequel budget il appert que les dépenses annuelles excèdent les recettes ; nous avons donc résolu d'adresser ledit budget à M. le Préfet, toujours pour nous conformer au décret précité, afin qu'il obtienne encore de son excellence M. le ministre de l'Intérieur, la faveur d'inscrire ledit vicaire au rang de ceux qui participent au paiement du secours accordé sur les fonds du trésor royal ; d'autant plus que ce n'est point un bienfait nouveau que nous réclamons, puisque la paroisse de Chevrières en a joui pendant les années 1817 et 1818. Nous osons donc espérer de l'impartiale équité non moins que de la bienveillance de l'autorité supérieure que justice nous sera rendue, que le besoin d'un vicaire sera reconnu, ainsi que la nécessité de le faire participer au secours pris sur les fonds du trésor royal. » (*Archives de la paroisse.*) — La question du vicariat, ainsi prudemment posée, fut bien accueillie au ministère des Cultes, et, au mois de février 1820, il y avait à Chevrières un vicaire reconnu par l'Etat.

nir dans son enceinte la foule dont elle s'emplit, chaque dimanche et chaque fête de l'année, c'est encore grâce à M. Bourge, qui essaya, en 1822, d'entraîner le conseil de fabrique à faire ouvrir les chapelles latérales (1). Il est vrai que l'art a perdu beaucoup de son intérêt, dans cette mutilation de chapelles ayant chacune leur caractère propre et leurs souvenirs précieux. Mais à cette époque, que pouvaient les charmes du *beau* sous l'empire de l'*utile* !

Ce n'est pas tout : se plaignant très amèrement de l'exiguïté de l'ancienne sacristie où l'on ne pouvait abriter les objets du culte, M. Bourge finit par faire accepter au conseil de fabrique l'idée de sa reconstruction.

Et, comme le vieux cimetière qui entourait l'église était devenu insuffisant, il sut préparer l'opinion à l'achat futur d'un terrain, pour en faire un nouveau. Il obtint même que la fabrique fît un léger bénéfice sur la sonnerie, et qu'elle employât ce bénéfice à faire miner le *nouveau cimetière*, pour soulager la commune obérée par l'acquisition du terrain et les frais de clôture. (Délibération du 16 octobre 1825, *Archives de la paroisse.*)

L'ancien cimetière ayant été interdit par un arrêté de la Préfecture, en date du 9 avril 1825, le Conseil municipal de la commune nomma deux commissaires experts, pour l'achat d'une parcelle de terre dite *des rameaux*, afin d'y installer le nouveau champ des morts. L'acte de cet achat fut passé par devant les notaires Petit et Descot de Saint-Sym-

(1) A cette époque, Chevrières-la-Gimond comptait 1600 habitants.

phorien-le-Château et enregistré le 11 mai 1825 ; le devis estimatif, dont le total allait à 2660 francs, fut accepté par l'autorité locale, le 10 octobre suivant, et les travaux commencèrent dès que les beaux jours furent venus (1).

Et ce fut M. Bourge, qui eut l'honneur d'organiser la cérémonie de la bénédiction solennelle de la nouvelle nécropole.

Nous ne parlons pas ici de vingt autres œuvres projetées et accomplies au profit de sa chère paroisse, pendant les douze années qu'elle eut le bonheur de posséder ce pasteur zélé.

Que l'on sache seulement qu'il n'épargna rien pour lui garder la foi et lui adoucir les épreuves. Avant de la quitter pour obéir à ses supérieurs qui le nommaient curé de Bessenay (2), il voulut encore lui donner un gage de sa paternelle affection, en abandonnant, au trésor de la fabrique, tous les droits qu'il pouvait avoir, comme curé, sur certains arrérages des pensions fondées au profit de l'Eglise, vu le service des obits dont il s'était acquitté (3).

Il eut pour vicaires :
1820-1824. — MM. Lafont.
1824-1826.   Foray.
1826-1831.   Bourge.

Les fabriciens de l'époque étaient : Jean-Pierre

---

(1) *Archives départementales de la Loire.*

(2) Paroisse de 2.153 habitants, dans le canton de l'Arbresle (Rhône).

(3) Note particulière signée par M. Bourge, curé, dans le cahier des délibération de la fabrique. Et en présence de MM. les fabriciens, le 29 janvier 1831. — N'oublions pas de dire que ce fut encore sous les auspices de M. Bourge que la maison des Religieuses de Saint-Joseph fut achetée et restaurée en 1826.

Escot; Jean Viricel; Pierre Rivollier; Jean Rousset; Jean-Claude Lalay; Jean-Claude Morin; Antoine Dumas; Jean-Claude Croizier; Antoine Blanchard; Jean Fournel; Louis Escot; Pierre Gonon; Jean-Pierre Morel; Clément Goutagneux.

1831-1845. — M. l'abbé Dénoyel, curé. — Ce fut le 5 mars de cette année 1831, que M. l'abbé Dénoyel prit possession de la cure de Chevrières. Il fut pendant 14 années le pasteur dévoué à ses ouailles qui n'a d'autre souci que le salut de leurs âmes. Il signe son dernier acte le 29 avril et disparaît.

Il eut pour vicaires :

1831-1835. — MM. Berthelon.
1835-1837. —   Giroud.
1837-1841. —   Janisson.
1841...... —   Crozet.
1841-1843. —   Dupré.
1843-1845. —   Goutorbe.

Les fabriciens de l'époque furent : Jean Rousset; Jean-Pierre Morel; Clément Goutagneux; Pierre Gonon; Louis Escot; Jean Gonon; Jean Croizier; Jean-Pierre Pipon; Claude Guillarme; Jean-Marie Jacoud; Jean-Marie Pipon.

1845-1869. — M. l'abbé Cl. Girardet, curé. — Le 1er juin 1845, le conseil de fabrique de la paroisse de Chevrières était convoqué extraordinairement au presbytère pour recevoir M. l'abbé Claude Girardet, nommé, par Mgr le Cardinal de Bonald, à la cure de Chevrières.

Ce curé plein du vrai zèle sacerdotal, qui ne marchande pas avec la vérité, quelque dure qu'elle soit, lorsqu'elle doit aller au cœur...... ce pasteur aux mœurs simples, à l'abord peut-être un peu froid, mais au cœur d'or, dont les pauvres et les enfants étaient les amis, édifia, pendant vingt-quatre ans, ses paroissiens, par toutes les vertus qui font du prêtre un autre Jésus-Christ.

Nous lui devons l'Ecole dirigée par les Frères Maristes (1852), pour la construction de laquelle il abandonna un terrain qui faisait partie de la mense curiale. Il sut apporter un grand nombre d'utiles améliorations à l'église et au presbytère.

Grâce à ses soins, la sacristie actuelle, tant désirée par MM. Bourge et Dénoyel, fut enfin construite en 1847-1848, et meublée de la belle et commode crédence en chêne qui l'orne aujourd'hui, œuvre très belle d'un habile ouvrier du pays (1).

Entre autres œuvres pieuses et charitables, établies dans la paroisse par ce saint prêtre, nous ne pouvons pas passer sous silence *l'œuvre de la soupe des enfants*.

Chaque jour, en effet, pendant les rudes mois d'hiver de l'année scolaire, il recevait, dans son presbytère, une douzaine de petits garçons pauvres, à qui il servait une très appétissante soupe, chargée d'une grosse *portion de lard*.

Lorsqu'en 1868, il lui fallut renoncer au principal hameau de sa paroisse, La Gimond, que l'autorité archiépiscopale érigeait en paroisse, il le fit avec le plus parfait détachement. Et il aurait consenti à en

---

(1) Pendant trois siècles, sinon davantage, il n'y eut pour toute sacristie que le petit vestibule donnant entrée, de nos jours, dans le chœur, du côté de l'épitre

devenir l'humble et premier curé, si les conseils de ses amis ne l'avaient détourné de ce projet.

M. Girardet signe son dernier acte le 10 août 1869. Et après une longue maladie supportée avec la plus édifiante résignation, il meurt le 27 septembre, à l'âge de septante-trois ans, dans les sentiments de la plus vive foi.

Toute la population de Chevrières se fit un devoir d'accompagner à sa dernière demeure celui dont elle avait éprouvé pendant de longues années le zèle et la charité. Et les larmes abondantes versées autour du cerceuil de M. Girardet, dirent bien haut combien les enfants avaient aimé leur père, et combien les ouailles regrettaient leur pasteur.

Ce saint prêtre repose dans le cimetière de la paroisse, au pied de la grande croix, et au milieu de ceux auxquels, pendant sa vie, il a montré le chemin du ciel.

Une pierre tombale a été placée, par ses chers paroissiens, sur les précieux restes de ce bon pasteur ; on y lit cette épitaphe :

ICI REPOSE

CLAUDE GIRARDET

curé,

né à Neulize le 4 décembre 1796,
décédé à Chevrières le 27 septembre 1869
où il remplit pendant 24 ans
tous les devoirs d'un pasteur
humble, zélé et charitable.
Il a passé en faisant le bien.

Requiescat in pace.

Il eut pour vicaires :
1845-1850. — MM. Goutorbe.
1850-1851. —   Forest.
1851-1854. —   Delorme.
1854-1856. —   Gubian.
1856-1857. —   Peyret.
1857...... —   Hérault.
1857-1858. —   Lyonnet.
1858-1866. —   Constanciel.
1866-1869. —   Gazel.

Les fabriciens de l'époque furent : Jean Rousset; Jean Gonon; Jean-Marie Jacoud; Jean-Marie Pipon; Jean-Pierre Morel; Elisée Neyrand, maire; Pierre Badoil; Pierre-Marie Basson; Claude Guillarme; Jean-Pierre Badoil; Antoine Dumas; Jean Blanchard; Jean-Claude-Charles Escot.

1869-1890. — M. l'abbé RICHARD curé (1). — A M. Claude Girardet succédait un prêtre d'une intelligence, d'un bon sens pratique et d'une prudence peu ordinaires. Il était installé, dès le 16 octobre 1869. Avant tout, esclave de ses obligations pastorales, n'ayant en vue que le salut des âmes, M. Richard s'est dévoué généreusement, sans bruit et pendant vingt-et-une longues années, au bien de sa paroisse qu'il aimait et que, à diverses reprises, il n'avait pas voulu quitter pour des situations plus en vue (2).

(1) En marge de notre « Recueil d'archives paroissiales » nous trouvons cette note : M. l'abbé Joseph Richard né à Saint-Genest-Malifaux le 9 octobre 1822, ordonné prêtre le 18 septembre 1852; vicaire à la Gresle en 1853; à Cottance en 1862; aumônier à Pradines en septembre de la même année; installé curé de Chevrières le 16 octobre 1869.

(2) Il s'est retiré, en 1890, de l'exercice du saint ministère, pour cause de santé.

Si les exemples des vertus sacerdotales, si les conseils dévoués, si le zèle prudent d'un pasteur sont capables de maintenir la vie chrétienne au milieu de son troupeau, hâtons-nous de dire que les œuvres pieuses et utiles qu'il a fondées, perpétuent après lui cette vie chrétienne. Heureux alors les prêtres qui viennent après *l'homme de Dieu*. Le champ a été débarrassé de ses mauvaises herbes, ils n'ont plus qu'à y jeter la semence et à recueillir les fruits !

M. l'abbé Richard a laissé très florissantes toutes les nombreuses œuvres qu'il avait établies en vue de la sanctification de ses paroissiens.

Et les importantes réparations qu'il a faites à l'église, tant à l'intérieur qu'à l'extérieur, témoignent de son zèle pour la maison de Dieu (1).

Enfin, les diverses missions qu'il a fait donner, pendant sa longue administration de la paroisse, proclament bien haut la sollicitude du pasteur pour le salut de ses chères ouailles.

Visite de Monseigneur Ginoulhiac et confirmation en 1872.

Visites de son Eminence le cardinal Caverot et confirmation, en 1878 et en 1882.

Visite de Monseigneur Dubuis, évêque de Galveston et confirmation, en 1890.

---

(1) Chevrières doit à M. le curé Richard, outre une foule d'améliorations utiles à l'église et au presbytère, qu'il serait trop long d'énumérer : une intelligente réparation de la voûte et du toit de l'église ; les vitraux du chœur, ceux de la chapelle de la Sainte Vierge, les rétables de cette dernière chapelle et de la chapelle de Saint-François-Régis, les fonts baptismaux, la chaire, l'agrandissement si utile du presbytère, etc., etc.

Mais nous lui offrons ici nos plus vifs remercîments pour le travail difficile de *mise en ordre* des nombreux parchemins appartenant aux archives de la paroisse. Grâce à cette précieuse collection de documents locaux, nous avons pu nous éclairer sur une foule de questions intéressant la paroisse,

Il eut pour vicaires :

1869-1874. — MM. Gazel.
1874-1877. — Mongourd.
1877-1886. — Devilaine.
1886-1890. — Giraud.

Les fabriciens étaient, pendant cette période : Jean-Pierre Badoil ; Jean Blanchard ; Pierre-Marie Basson ; Antoine Dumas ; Jean-Claude-Charles Escot ; Elisée Neyrand, maire ; Jean-Benoît Thélisson ; Jean Maillard ; Jean-Louis Thélisson ; Jean-Marie Badoil ; Claude Morin ; Antoine Goujon.

1890. — M. l'abbé Charles SIGNERIN. — Installé curé de Chevrières le 28 septembre 1890.

Vicaires :

1890-1893. — MM. Claudius Besson.
1893-1894. — Joseph Richard.
1894...... — Guillaume Vincent.

Fabriciens : Jean-Marie Badoil ; Elisée Neyrand, maire, décédé en 1891 ; Pierre-Marie Basson ; Antoine Goujon ; Jean-Louis Thélisson ; Jean-Benoît Thélisson ; Henri Jordan de Puyfol, maire (1891-1892) ; Claude Morin ; Jean Gonon ; Pierre Basson, maire (1894).

Qu'il nous soit permis, avant de clore ce long chapitre, d'ajouter à la liste des prêtres qui, pendant plus de cinq siècles, ont, comme curés ou vicaires, administré la paroisse de Chevrières, une autre liste non moins digne d'intérêt et que le lecteur voudra bien regarder comme le complément de la première.

C'est la liste, aussi complète qu'il nous a été possible

de l'établir, de tous les prêtres nés à Chevrières depuis les temps les plus reculés jusqu'à nos jours.

Non potest arbor bona, malos fructus facere (1).

Une paroisse qui a toujours eu, pour ses pasteurs, une profonde vénération et s'est montrée docile à leurs paroles; une paroisse, dont les familles sincèrement chrétiennes n'ont pas reculé devant les plus pénibles sacrifices pour soustraire à l'échafaud un grand nombre de prêtres, en 1793, une telle paroisse pouvait-elle être cet arbre bon qui porte de mauvais fruits ?

Assurément non ? Et, si le sang des martyrs est une semence de nouveaux chrétiens, disons que l'amour du sacerdoce, le dévouement aux prêtres de Jésus-Christ, enfantent de nouveaux prêtres à l'Eglise.

Prêtres nés à Chevrières :

1467. — Messire Claude de Montuclas, prêtre de Relave, hameau de Chevrières, et vicaire de la paroisse.

1530. — Messire Jehan Bruyas, prêtre de Chevrières et curé de la dite paroisse.

1530. — Messire Antoine Bryère ou Bruyère, frère du luminier Symon, parrain d'une cloche en 1537.

1530. — Messire Robert de Murigneux, prêtre de Chevrières, notaire public et juré de la Cour de Lyonnais.

1579. — Messire Barthélemy Bertrand, fondateur

(1) S. Math. : VII, 18.

d'une prébende en faveur de l'église de Chevrières, dont :

1579. — Messire Antoine BERTRAND était prébendier vers la même époque.

1674. — Messire Etienne GONON, curé de Grammond pendant près de cinquante ans (1), né au hameau du Mazaud.

1694. — Messire Jean MEIGRET, prêtre sociétaire de Chevrières, mort cette même année 1694 et inhumé dans l'Eglise.

1699. — Messire Benoît DUMAS, né croyons-nous à Chevrières et mort, cette même année 1699, curé de Maringes (2).

1726. — Messire Pierre GOUTAGNEUX, prêtre de Chevrières (3).

1780. — Abbé J.-Baptiste SIMÉON (4).

1782. — Abbé J.-Claude MOREL.

1789. — Abbé Philibert ROUSSET.

1799. — Abbé Clément GOUTAGNEUX.

---

(1) D'après un état de la commune de Chevrières dressé en 1697, le Mazaud faisait partie de Chevrières. Sur nos registres de Catholicité, le 1er janvier 1694 nous lisons l'acte de décès de Marc Gonon, et au bas de cet acte la signature de Messire Gonon, curé de Grammond « *présent avec ses frères et signant avec eux* ». (*Archives de la paroisse.*) — Ce même Messire Gonon était parrain d'un de ses neveux du Mazaud le 21 octobre 1674. *(Ibid.)* — Il était encore parrain d'une petite-nièce, dont il était le grand-oncle, le 29 juin 1701.

(2) Messire Benoit Dumas, mort curé de Maringes le 24 septembre 1699, fut un jour parrain dans l'Église de Chevrières d'un enfant Dumas, fils de Benoît Dumas, laboureur de la Fontanelière. Or, nous avons de sérieuses raisons de croire que ce paysan de Chevrières était le frère de Messire Dumas, curé. L'acte de baptême signé par ledit curé Dumas porte la date du 23 mars 1697.

(3) Messire Pierre Goutagneux fut parrain, en l'année 1725 et le 23 octobre, d'un enfant de Jean Basson et de Jeanne-Marie Goutagneux de Relave, et signe : sous-diacre. Un an après, c'est-à-dire le 12 septembre 1726, nous lisons sa signature au bas de l'acte de décès de Louise Meygret, et il a soin de se souscrire : « prêtre de Chevrières » (*Archives de la paroisse.*)

(4) Les huit dernières dates marquent celles de la naissance des prêtres cités.

1824. — Abbé Mathieu BRUEL.
1846. — Abbé Jacques GAGNARD.
1859. — Abbé Jean-Benoît ROUSSET.
1865. — Abbé Jean-Pierre BASSON.

Quant aux vocations religieuses épanouies au sein d'une population qui a toujours su prier, croire et aimer Dieu, leur nombre n'a jamais cessé d'être très grand.

Prêtres et religieux sortis de nos humbles hameaux, soyez, pour votre paroisse natale, une source de bénédictions !

CHAPITRE VIII

—

LES SÉPULTURES

DANS

L'ÉGLISE DE CHEVRIÈRES

CHAPITRE VIII

LES SÉPULTURES DANS L'ÉGLISE DE CHEVRIÈRES

Le cimetière, selon l'esprit et l'ancienne pratique de l'Eglise, est le lieu où les corps de tous les fidèles doivent être inhumés.

Les anciens canons défendaient d'enterrer personne dans les églises ; mais, insensiblement, l'usage prévalut, dès les temps du moyen âge jusqu'aux premières années du XIXe siècle, d'aller dormir son dernier sommeil sous les dalles des chapelles et des églises.

Nos temples, avant les mauvais jours de la grande Révolution, étaient non seulement des maisons de prière pour les vivants, mais encore de véritables mausolées élevés sur la dépouille mortelle d'un grand nombre de fidèles dont les parents, la plupart vaniteux, ne trouvaient plus le cimetière bon que pour les pauvres (1).

A Chevrières, comme du reste dans presque toutes les églises anciennes, nous avons constaté la présence

---

(1) Aujourd'hui les lois ne permettent plus d'enterrer dans les églises. Un décret du 12 juin 1804, comprenant six articles, nous fait connaître les dispositions prises par l'Etat contre les inhumations à l'intérieur des églises.

de plusieurs caveaux gardant les restes d'un certain nombre d'habitants, seigneurs, prêtres, manants (1).

Les premières inhumations, dans une église, furent tout naturellement celles des seigneurs, qui avaient bâti les pieux sanctuaires et les entretenaient de leurs libéralités.

Dans leurs testaments, ils ne manquent jamais d'indiquer le lieu où devra reposer leur corps après la mort. Souvent même, ils ont soin de marquer l'ordre et la solennité de leurs funérailles, et de descendre dans les plus petits détails de la funèbre cérémonie (2).

Les châtelains étaient ensevelis, de droit, dans le caveau de famille qu'ils avaient fait creuser sous les dalles de leur chapelle ; et leur inhumation se faisait, croyons-nous, sans aucune redevance particulière à l'église, pour l'emplacement qu'occupait leur tombe.

Mais ils n'étaient nullement dispensés de payer, au curé et à la fabrique, les honoraires d'usage.

---

(1) Il y a dans l'église, outre le caveau du chœur, 3 ou 4 ouvertures vers la grande porte et qui donnent, toutes, accès dans des caveaux particuliers.

(2) Pour n'en citer que deux exemples : Noble Marguerite de Mons, veuve de noble Robert d'Angerès, demande dans son testament daté du 2 mars 1372 d'être enterrée dans le cimetière de Saint-Bonnet-les-Oulles, près de feu son mari, prescrivant que, le jour de son enterrement, soixante prêtres soient convoqués, puis : *Item vult et precepit quod in die sepulture sue, fiat unum prandium splendidum et sufficientem (sic) omnibus et singulis personnis et christi pauperibus in sepulturâ præsentibus... panis, vini, potagi carnis rerum aliarum in dicto prandio nécessariarum.* (*Inventaires sommaires des archives départementales antérieures à 1790*. Tome II, page 153. Aug. Chaverondier.)

Et Gabrielle de Gadagne, dans son testament du 12 décembre 1596, a voulu et veult que son corps soit enterré et inhumé, au cas qu'elle décède à Sainct-Chamond, en l'église dudit lieu, en laquelle est la chapelle où les feuz seigneurs de Saint-Chamond ses prédécesseurs ont été ensevelis, et si elle décède au lieu de Chevrières, en lesglise parrochiale, et en la chapelle où les feuz seigneurs de Chevrières prédécesseurs dudict seigneur son mary sont inhumés. (*Généalogie de la maison de Saint-Chamond*, page 320, XVIIe pièce justificative. Maurice de Boissieu.)

Quant aux manants, ou simples fidèles, outre les frais d'inhumation, ils devaient payer à la fabrique une redevance pour la faveur de reposer dans le lieu saint.

C'est ainsi qu'en 1529, Simon Bryère ou Bruyère, qui fut luminier et dont le nom est gravé sur une de nos cloches, dont il fut certainement un des bienfaiteurs, Simon Bryère fait une fondation pieuse au profit du luminaire de l'église, pour avoir le droit de creuser un tombeau de famille, directement sous les cordes des cloches.

Et, en 1730, les Jacquin père et fils, en acceptant, comme héritiers, la fondation de Simon Bryère, ne veulent garder *que le tombeau de gauche et qui joint les cordes* (1).

Nous trouvons, dans les comptes de fabrique de l'année 1732, qu'un certain Pierre Gonon fut enterré, le 30 août de cette même année, dans l'église paroissiale, mais moyennant une surtaxe de 1 livre 10 sols (2).

Le 26 février 1733, disent encore les notes de fabrique de cette même année, les héritiers d'une demoiselle Bruyas payèrent 2 livres de surtaxe pour l'honneur de l'enterrer dans l'église (3).

---

(1) *Archives de la paroisse.*

(2) *Archives de la paroisse.*

(3) *Archives de la paroisse.* D'après nos archives paroissiales furent encore enterrés dans l'église : le 4 septembre 1717, Messire Fleury-Gaspard Reynod, commissaire à terriers. — Le 16 août 1732, Antoine Pélisson, maître guimpier de la ville de Lyon. — Le 16 juin 1756, Jeanne-Joseph Escot, religieuse de Saint-Joseph. — Une dalle placée au fond de la nef latérale de l'église, côté du midi, porte cette inscription en lettres romaines : François Gandin, 1664. — Une autre dalle aussi placée au fond de la nef latérale, côté nord, porte ces mots en lettres gothiques du XVIᵉ siècle, à moitié effacées par les heurts répétés des passants : *Requiescant in pace amen, Pierre.* — Mais ayant soulevé cette dernière dalle et n'y ayant pas trouvé de tombe, nous avons pensé que la pierre qui porte cette légende, comme celle où on lit François Gandin, ont été apportées du cimetière pour couvrir le sol de l'église. Toutefois, l'étude

Messires les curés des paroisses étaient de droit ensevelis dans un caveau particulier, ordinairement creusé sous les dalles du chœur de leur église.

N'est-il pas tout naturel que le pasteur repose sous les marches de l'autel saint, où il a immolé l'auguste Victime, et qu'il dorme son grand sommeil au milieu du troupeau, au salut duquel il a prodigué sa vie !

C'est ce que nous constatons dans le chœur de l'église de Chevrières. Une pierre tombale nous révèle un caveau dans lequel dorment, depuis plusieurs siècles, six ou sept prêtres morts dans l'exercice de leur saint ministère et au milieu de leurs chères ouailles.

Sur cette large dalle, qui tient le milieu du chœur, se lisent, à moitié rongées par le frottement répété des lourdes chaussures de nos paysans, les lignes suivantes en capitales romaines :

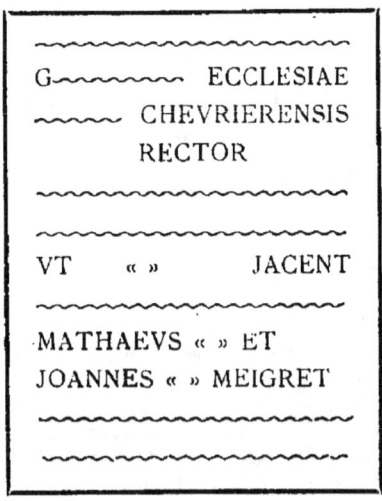

approfondie de nos registres de catholicité, depuis l'année 1640 jusqu'à 1793, nous a permis de constater plus de cinquante inhumations de personnes notables de la paroisse, dans la grande nef, sous le clocher et sous les dalles des anciennes chapelles latérales de l'église.

On le voit, la dalle qui recouvre l'orifice du caveau où dorment depuis plusieurs siècles ceux qui furent les pasteurs et les pères des fidèles de la paroisse de Chevrières, cette dalle historique porte gravés en lettres romaines du xviie siècle, les noms de deux prêtres seulement, mais en réalité cache six ou sept cercueils.

Nos archives paroissiales nous conservent les actes de décès de cinq de ces prêtres qui furent curés ou vicaire de Chevrières (1).

Et nous-même, après avoir ouvert le caveau au mois de septembre 1893, nous avons pu constater, en présence de MM. Joseph Richard, vicaire, Thizy père et fils, maçons, et Jean Viricel, maréchal-ferrant, un amas de planches de sapin pouvant représenter, nous le répétons, un total de six ou sept cercueils.

Voici, du reste, les noms des prêtres inhumés dans le grand caveau creusé sous les dalles du chœur et dont les noms sont conservés soit dans nos registres de catholicité, soit sur la pierre tombale elle-même.

Messire Mathieu Meigret, curé, qui signait son dernier acte le 24 décembre 1656.

---

(1) L'acte de décès de Messire Mathieu Meigret, curé, a été égaré ; mais son nom gravé sur la pierre en tient lieu.

Le 21 décembre 1694 a esté ensevelys dans l'Eglise paroissiale de Chevrières M. Jean Meigret presbtre sociétaire de cet lieu, muni de tous les sacrements agé d'environ 30 années et lequel décéda hyer.

Le 29 janvier 1726, sépulture de Messire Benoit Mey, curé de Chevrières, lequel fut inhumé dans l'Eglise et dans le tombeau de MM. les curés de Chevrières.

Le 23 juillet 1748, sépulture, dans l'Eglise de Chevrières, de Messire Pierre-Bernard Paccalon, prêtre docteur en théologie et ancien curé de Chevrières.

Le 25 avril 1754, sépulture, dans l'Eglise de Chevrières, de Messire François Clément, prêtre vicaire.

Le 16 juin 1768, sépulture, dans le chœur de l'Eglise, de Messire Jacques Paccalon, curé de Chevrières, décédé à l'âge de 69 ans.

Messire Jean Meigret, prêtre sociétaire, mort le 20 décembre 1694.

Messire Benoit Mey, curé, mort le 28 janvier 1726.

Messire Pierre-Bernard Paccalon, curé, mort le 22 juillet 1748.

Messire François Clément, vicaire, mort le 24 avril 1754.

Messire Jacques Paccalon, curé, mort le 15 juin 1768.

Le lecteur a sans doute remarqué que le fac-similé de la pierre tombale esquissé à la page précédente, porte l'attribut *Rector*, sans le nom propre auquel il doit grammaticalement se rapporter.

Or, notre humble avis est qu'il faut chercher ce nom parmi les prêtres qui administrèrent la paroisse quelques années après la transformation de l'église par Jean de Cuzieu, c'est-à-dire vers la deuxième moitié du xvie siècle.

Ce prêtre, qui fut le premier curé inhumé dans le caveau des *curés de la paroisse*, ouvert évidemment, à l'époque où le chœur se bâtissait (1525), ce prêtre, que notre épitaphe qualifie de *Rector*, ne serait-il pas un des deux Messires Bruyas, dont l'un, Jehan, était curé de Chevrières vers 1530, et l'autre, Barthélemy, vers 1568 ?

L'expression de mauvaise latinité *Chevrierensis* au lieu de *De Caprariis* nous fait penser que le prêtre qui le premier prit possession du caveau, mourut à une époque très rapprochée du xviie siècle.

Car au xvie siècle on n'eut jamais essayé de composer, en lui donnant la forme française, un nom de paroisse ainsi écrit dans tous les cartulaires, dans tous les terriers, dans tous les contrats : *Caprariœ, Caprariarum.*

Ecrivons donc : Messire Barthélemy Bruyas en tête de notre épitaphe tumulaire, et nous aurons le mot de l'énigme que cache le qualificatif *Rector?*

Puis, comme l'espace libre entre la dernière ligne de la légende et le mot *Jacent* est assez développé nous y incrirons l'éloge du défunt.

Ce n'est pas tout : l'intervalle qui sépare ledit mot *Jacent* et les noms *Mathœus et Joannès* et où nous constatons quelques traits de lettres effacées, porterait le nom de Messire J. Boyron (1), le prédécesseur immédiat, très probablement, de Messire Mathieu Meigret.

Enfin, après les noms des deux prêtres Meigret se pourraient lire ceux des Messires Mey, Clément, P. Bernard et Jacques Paccalon, dont nous avons donné plus haut, en notes, les actes de sépulture, dans l'église paroissiale.

Disposée ainsi, la suite des noms de prêtres ensevelis dans le caveau serait toute naturelle, et ne contredirait en rien l'ordre chronologique des inhumations.

Quant au curé Messire Claude Meigret, curé de Chevrières de 1656 à 1686 (il signe son dernier acte le 31 avril de cette même année), nous pensons qu'il n'a pas été inhumé dans le caveau des curés, sans doute sur sa demande, voulant dormir son dernier sommeil sous la même motte de terre que

---

(1) Messire J. Boyron était encore curé de Chevrières en 1591, et probablement après cette date ; quant à Messire Mathieu Meigret, il l'était déjà en 1619 et très probablement aussi avant cette époque.

les chers paroissiens qu'il avait aimés et édifiés pendant trente années de son sacerdoce.

Et voilà sur quelles preuves nous nous basons pour parler ainsi : Plusieurs anciens du village (1) nous ont raconté, qu'à l'époque où ils étaient enfants, il y a soixante à soixante-dix ans, ils ont vu dans le vieux cimetière, à peu près à la place où, aujourd'hui, s'élève la statue de Notre-Dame de Miséricorde, une large dalle portant le nom de Claude Meigret, curé, et placée précisément au pied de la grande Croix du cimetière, lieu désigné pour les sépultures ecclésiastiques.

Nous-même, lors des fondations profondes creusées pour asseoir le monument qui perpétue le souvenir de la Mission de 1892, nous avons trouvé, parmi des ossements, une croix d'argent de $0^m,10$ cent. de longueur, du modèle de celles que les prêtres portent habituellement sur eux. Cette croix n'a pu certainement appartenir qu'à quelque défunt ayant été prêtre ou religieux. Or, c'est notre conviction : l'objet pieux a été enseveli avec les restes mortels de Messire Claude Meigret.

On pourra peut-être objecter : De ce que le nom de Messire Claude Meigret ne se lit pas sur la pierre tombale, à la suite de Mathieu et de Jean, il ne s'en suit pas qu'il n'ait pas été enseveli dans le caveau, à côté de ses prédécesseurs ; car, ce nom gravé autrefois a pu disparaître comme les autres, par le frottement des pieds.

A cette objection, nous répondrons : Si Messire Claude Meigret était enterré dans le caveau des curés

---

(1) Entre autres, M. Mathieu Blanchard, que nous remercions ici de son obligeance.

de Chevrières, il faudrait que nous lisions son nom à la suite de celui de Messire Mathieu, qui est mort en 1656, et avant celui de Jean, décédé en 1694, puisque le même Claude Meigret, très âgé, disparaît en 1686.

Or, nous ne trouvons pas cet ordre chronologique sur la pierre tombale du chœur. Les deux prénoms, Mathieu et Jean, se suivent sans aucun intervalle libre.

Nous aurions peut-être essayé d'intercaler ce défunt dans la partie du bas de la dalle que les efforts des pieds ont évidée, si les renseignements précieux cités plus haut n'étaient venus nous convaincre que feu Claude Meigret reposait dans le vieux cimetière, comme un simple fidèle.

Nous allons maintenant aborder la question, non moins intéressante et difficile, des sépultures seigneuriales, dans l'église de Chevrières. Nous puiserons nos documents dans le savant travail que l'érudit M. Maurice de Boissieu a fait sur la *Généalogie de la Maison de Saint-Chamond*.

Bien que nous n'ayons trouvé aucune pierre tumulaire, aucune épitaphe comme preuves à l'appui de ce que nous allons avancer, cependant nos assertions reposant toutes sur les pièces justificatives du livre autorisé de M. Maurice de Boissieu, n'en auront pas moins une grande valeur. Le temps, les révolutions, ont pu désagréger, user, faire disparaître les inscriptions funéraires, rappelant le lieu de dormition, dans notre église, des nobles membres de la famille des Mitte de Mons, seigneurs de Chevrières, mais ils n'ont pas anéanti les documents écrits *scripta manent*, dont les archives de notre département sont si riches.

Aussi bien, allons-nous donner une longue et intéressante liste des illustres tombes dont s'enorgueillit à juste titre notre vieille église, d'après le Généalogiste moderne de la Maison de Saint-Chamond.

1379. — Catherine de Malvoisin, fille unique et héritière de Hugues, seigneur de Chevrières, Viricelles, et de Guicharde de Roweys, son épouse, morte en août 1379, admirable de sagesse et de vertus.

1394. — Jean Mitte, surnommé Mitton, mort le 5 janvier 1394.

1416. — Jean II, fils de Jean dit Mitton, mort le 8 septembre 1416.

1418. — Agnès Allemand de Dauphiné, épouse de Jean dit Mitton, morte le 11 novembre 1418.

1489. — Louis I Mitte de Chevrières, qui fit bâtir la chapelle de Notre-Dame dans l'église, ou plutôt qui la fit relever de ses ruines, après les sanglantes représailles des soldats du duc de Bourbon, lancés à sa poursuite, en 1465, mort en 1489.

1499. — Jean III, seigneur de Chevrières, mort à Riverie en revenant de Lyon, le 1er février 1499.

1529. — Louis II Mitte de Chevrières, qui fit rebâtir à neuf le château démoli par le duc de Bourbon, en 1465.

1531. — Madeleine de Crussol, veuve de Louis II, morte deux ans après avoir testé, et le 7 novembre 1531.

1533. — Jean Mitte ou plutôt Jean de Cuzieu, frère de Louis II, chanoine, comte et doyen du chapitre de l'église primatiale de Lyon, qui transforma l'ancienne église gothique de Chevrières, la revêtit des ornements de la Renaissance, l'agrandit et la fit, avec ses dons généreux, telle que nous l'avons aujourd'hui, mort en 1533 (1).

1574. — Jean IV, fils de Louis II et de Madeleine de Crussol, mort le 25 avril 1574.

1575. — Françoise Mareschal, veuve en premières noces de Philibert Daudet, seigneur du Deau, fille de Jacques Mareschal, chevalier, et de Laurence-Françoise de Luyrieu, baronne de la Veillère, et en secondes noces, de Jean IV, morte le 1er novembre 1575.

1606. — Jacques de Chevrières, dont le cœur gît dans notre église, et le corps, dans l'église du couvent des Capucins à Saint-Chamond, mort le 9 mai 1606 (2).

Une question se pose ici d'elle-même, et nous allons essayer d'y répondre.

Dans quelle partie de l'église se trouve le caveau de famille des Mitte de Chevrières ? Sous quelles dalles du parvis dorment, depuis des siècles, ceux qui furent les seigneurs et maîtres de nos terres et de nos bois ? les chevaliers et les capitaines illustres des armées des rois de France ?

Nous croyons que les seigneurs défunts des XIIIe et XIVe siècles, reposent dans la partie de l'église qui forme aujourd'hui encore la grande nef. Car aux XIIIe et XIVe siècles, cette partie de l'édifice était proprement

---

(1) D'après La Mure, *Histoire universelle civile et ecclésiastique du pays de Forez*, Livre II, page 334, Jean de Cuzieu a été enterré à Chevrières. C'est notre opinion.

La France pontificale (Gallia Christiana), archidiocèse de Lyon, dit de Jean de Cuzieu, page 702 : Il mourut en 1533 et est enterré dans l'église de Chevrières.

(2) On peut trouver la date de toutes ces sépultures seigneuriales dans le IXe volume du *Recueil des Mémoires et Documents sur le Forez*, publié et annoté par Maurice de Boissieu, membre de la Société de la Diana.

la chapelle des seigneurs, dans laquelle ils durent vraisemblablement être enterrés.

Mais, à partir de ce jour où, devenant insuffisante pour le nombre de paroissiens toujours croissant, la chapelle particulière des seigneurs de Chevrières fut transformée par leurs soins en église paroissiale, il est à croire qu'ils se firent une chapelle spéciale, laquelle fut, sans doute, cette chapelle de Notre-Dame dont on parle dans les documents concernant la famille, et sous les dalles de laquelle aussi ils firent creuser un caveau (1).

Or, cette chapelle ajoutée aux constructions primitives appelées, dans le principe, oratoire des seigneurs, et, dans la suite, après son agrandissement, église paroissiale, cette chapelle, disons-nous, occupait précisément l'emplacement de notre chapelle actuelle du Sacré-Cœur de Jésus, côté du midi de l'église.

C'est là, croyons-nous, que se sont faites toutes les inhumations seigneuriales des xv°, xvi° et xvii° siècles.

L'ancien cimetière qui entourait la vieille église gothique de sa funèbre ceinture de croix et de pierres tombales, et dans la terre sacrée duquel dorment,

---

(1) Gabrielle de Saint-Chamond dans son testament, daté du 12 décembre 1596 « veult que son corps soit enterré et inhumé en l'esglise de Sainct-Chamond, au cas où elle decedde à Sainct Chamond... ou si elle decedde au lieu de Chevrières, en *l'esglise parrochiale et en la chapelle* où les feuz seigneurs de Chevrières prédécesseurs dudict seigneur sont inhumés. »
Or, la chapelle dont il s'agit ayant été reconstruite vers 1520, nous croyons vraisemblablement que Gabrielle de Saint-Chamond entend parler de Louis II, de Madeleine de Crussol, de Jean Mitte ou de Cuzieu, frère de Louis II; de Jean Mitte IV et de Françoise Mareschal, morts de 1529, époque où la nouvelle chapelle était reconstruite, à 1575 ; et non des ancêtres morts au xiii° et au xiv° siècles, lesquels nous avons dit avoir été probablement inhumés dans la partie centrale de la grande nef, formant jadis la primitive chapelle des Malvoisin et des Mitte. — (*Mémoires et Documents sur le Forez*, par Maurice de Boissieu, pièces justificatives, page 320, Tome IX).

depuis plus de cinq siècles, les ancêtres de notre toujours chrétienne génération, a disparu depuis l'année 1826, et a été transporté sur le flanc sud de la colline de Rampeaux, nous l'avons dit en son lieu, aux chapitres VI et VII.

CHAPITRE IX

LES ANCIENNES CHAPELLES

DANS

L'ÉGLISE DE CHEVRIÈRES

CHAPITRE IX

LES ANCIENNES CHAPELLES DANS L'ÉGLISE DE CHEVRIÈRES

La chapelle à laquelle nous consacrerons les premières lignes de ce chapitre, sera celle dite de *Notre-Dame,* que fit bâtir, dans l'église de Chevrières et vers la seconde moitié du xv° siècle, Louis I Mitte de Mons.

« Enfin, dit le généalogiste (1) de la maison de « Saint-Chamond, après avoir élevé la chapelle de « Notre-Dame dans l'église de Chevrières, où il gît « avec ses prédécesseurs, il (Louis I) mourut « l'an 1489 (2). »

Cette chapelle, nous l'avons dit dans un précédent chapitre, ne fit que remplacer celle que les bandes du duc de Bourbon dévastèrent en 1465, lors du sac du village et du château.

---

(1) Voir, ci-dessus, la note 2 de la page 172.

(2) Voir Tome IX, page 86. — *Recueil de Mémoires et Documents sur le Forez.*

La tournure de phrase suivante, dont se sert le généalogiste, *après avoir bâti dans l'église,* nous donne à croire que l'édifice dans sa majeure partie, quoique sans nul doute saccagé, avait cependant beaucoup moins souffert du vandalisme des sauvages vainqueurs de Louis I, que la petite chapelle dont l'ornementation seigneuriale dut attirer davantage l'attention des soldats furieux. C'est là notre opinion. Et à ceux qui nous objecteraient que cette chapelle de *Notre-Dame* fut entièrement construite par le seigneur de Chevrières Louis I, Mitte de Mons, et dédiée à la Vierge comme un ex-voto de sa reconnaissance, pour avoir échappé sain et sauf des mains de ses ennemis, nous répondrons victorieusement : Louis I n'a pas pu jeter les fondements d'une chapelle qui existait déjà, et sous le même vocable. Il l'a tout simplement relevée de ses ruines et restaurée.

En effet, nous lisons dans les *Inventaires sommaires des archives départementales, antérieures à 1790*, page 119(1), le résumé d'un testament et donation à cause de mort, de Martin de Farnas (Farnasii) de la paroisse de Chevrières lequel lègue: *Luminariis beatæ Mariæ, sanctæ Crucis, beati Mauritii, et beati Benedicti de Caprariis,* etc. — (Mardi après la fête de Saint-Maurice 1348.)

Si Martin de Farnas fait un legs au luminaire de la Bienheureuse Marie, c'est donc que, déjà à cette époque, c'est-à-dire vers la première moitié du XIVe siècle, et plus de cent ans avant la naissance de Louis I, il y avait dans l'église de Chevrières, une

---

(1) Par Auguste Chaverondier, archiviste de la Loire.

chapelle et dans son enceinte un autel, sur lequel brûlaient des cierges en l'honneur de la Vierge, ou de Notre-Dame, comme disaient nos ancêtres dans leur foi naïve.

L'œuvre de restauration que fit Louis I, n'eut qu'une durée de quelque cinquante ans, puisque d'après les documents fournis par le Généalogiste de la maison de Saint Chamond, et d'après les dates gravées sur l'édifice lui-même, l'église et, avec elle, la chapelle de Louis I, furent transformées dans le goût de la Renaissance au commencement du xvi° siècle, et probablement dans l'intervalle de temps qui s'écoula entre ces deux dates, 1519 et 1525 (1).

En dehors de cette chapelle de Notre-Dame, appelée aussi chapelle du Château, il y avait jadis plusieurs autres chapelles, avec leur autel particulier, dédié à un Saint.

Or, voici de quelle manière nous sommes parvenu à connaître le nombre de ces chapelles et leurs titulaires.

Nous avons, sur l'indication et les conseils de nos honorés et obligeants confrères de la Société de la Diana, feuilleté pages par pages, nous devrions dire lignes par lignes, les volumineux *Inventaires sommaires des archives départementales antérieures à 1790* (2), et nous y avons trouvé les deux documents suivants, une vraie fortune pour nous :

« Tome II, page 119. — Testament et donation

---

(1) La première de ces dates est gravée en relief, sur un écusson porté par un ange qui reçoit la retombée d'une des nervures de voûte, dans la nef latérale, côté du midi.
L'autre est gravée en creux, sur un contrefort extérieur de l'abside.

(2) Ouvrage précieux du regretté archiviste de la Loire, Aug. Chaverondier.

« à cause de mort de Martin de Farnas *Farnasii* (1)
« de la paroisse de Chevrières. Legs : *Luminariis*
« *beate Marie ; sancte Crucis ; beati Mauritii et*
« *beati Benedicti de Caprariis...* (Mardi de la fête
« de Saint Maurice 1348.)

« Tome II, page 152. — Testament d'Hugonin
« de Savignieu, de la paroisse de Chevrières : *Legs.*
« *Donno Johanni Petini rectori Ecclesie Capraria-*
« *rum, luminariis Sancte Crucis, Sancti Martini,*
« *Sancti Benedicti de Caprariis etc.* (17 mai 1362.) »

Pour quiconque est tant soit peu initié aux choses du culte divin, l'expression *luminaire* (2) est synonyme d'autel. Or, les autels élevés en l'honneur des Saints se placent-ils ailleurs que dans le chœur ou les chapelles d'une église ?

Donc, déjà vers la première moitié du xive siècle, notre église construite, à coup sûr, dans le goût ogival, qui était celui de l'époque, voyait s'ouvrir, dans sa nef, cinq chapelles dédiées : la première à Notre-Dame, la deuxième à la Sainte-Croix, la troisième à saint Maurice, la quatrième à saint Benoît, et la cinquième à saint Martin.

Mais que devinrent ces diverses chapelles et le culte de leur titulaire, à l'époque où la petite église gothique fut agrandie et transformée dans le goût de la Renaissance ?

Nous pensons que l'architecte, tout en remaniant

---

(1) Nous avons déjà cité ce document pour prouver l'existence au xive siècle d'une chapelle de la Vierge dans l'Eglise. Plusieurs autres de nos affirmations reposent encore sur ce document très précieux.

(2) Luminaire veut dire : ensemble de flambeaux qui brûlent sur un autel en l'honneur d'un saint. Les testateurs prennent ici luminaire pour chapelle ; c'est la partie pour le tout.

l'édifice, trouva le moyen de laisser encore place à cinq au six autres chapelles. Il ne les ouvrit pas toutes lui-même, puisque nous avons vu plus haut que les dates de leur fondation ne sont pas uniformes. Mais, du moins, son plan les laissant deviner, d'autres vinrent qui les ouvrirent et les firent ce qu'elles furent jusqu'à l'année 1822 (1).

Les gracieuses piscines enchâssées dans les murs et dans les piliers latéraux de ces diverses chapelles, nous disent assez que le prêtre y célébrait, de temps à autre, le saint sacrifice de la messe.

La disparition des chapelles primitives de l'église, ou, si l'on veut, leur transformation au xvie siècle, nous amène à demander ce que devinrent les Saints auxquels elles étaient consacrées.

Nous sommes convaincu que, ces chapelles disparaissant, disparurent aussi quelques-unes des statues de Saints que les fidèles de ces âges vénéraient. Et lorsque, l'église une fois reconstruite, il fallut l'orner, les curés d'alors offrirent sans doute à la piété de leurs paroissiens d'autres bienheureux dont le culte était plus en honneur parmi les populations (2).

Ce qui nous fait raisonner ainsi, c'est qu'à partir

---

(1) Epoque à laquelle, nous l'avons déjà dit, M. Bourge, curé de Chevrières, voulant agrandir le vaisseau de l'église, fit pratiquer, dans chaque chapelle, une ouverture qui les convertit en nefs latérales. Travail utile, nous en convenons, mais qui n'a pas peu contribué, dans la suite, à porter atteinte à la solidité du monument, que pas un contrefort extérieur ne vînt soutenir. Nous regrettons vivement que la nécessité du moment ait enlevé à notre église, riche de ses cinq chapelles, son vrai cachet d'originalité.

(2) Tout le monde sait que le culte des saints est en rapport avec les besoins d'une époque, d'un peuple, d'une famille. Tel saint qui était très honoré il y a un siècle, se voit délaissé aujourd'hui par ceux qui le priaient jadis. Son influence a cessé avec les besoins pour faire place à celle d'un autre bienheureux, vers lequel accourent les peuples pour solliciter des grâces nécessitées par d'autres besoins. La divine Providence le veut ainsi.

du XVIIIe siècle, et probablement bien auparavant, les procès-verbaux et les comptes de fabrique se taisent sur les saints Benoît et Martin, ne parlent pas davantage du sanctuaire de Sainte-Croix, et, bien au contraire, font fréquemment mention de sainte Anne, de saint Isidore, de saint Jacques et surtout de saint Maurice, lequel, du reste, a toujours été le patron de la paroisse (1).

Les budgets de fabrique des années 1732, 1733 et suivantes, inscrivent au chapitre de leurs recettes les articles suivants, qui, dans un style varié, rappellent un culte particulier rendu aux Saints ci-après nommés :

Le 1er May 1732. — Reçu des six Rois de Saint-Jacques pour 6 cierges, 5 l. 2.

Le 15 May 1732. — Produit du Reinage de Saint-Isidore, 3 l. 8.

Le 29 septembre 1732. — Produit du Reinage de Saint-Maurice, 10 l.

Le 1er May 1733. — Reçu des six Rois de Saint-Jacques, pour six grands cierges ronds, d'une livre pesant, à 17 s., 5 l. 2.

Le 15 May 1733. — Reçu des huit Rois de Saint-Isidore, pour cierges, 7 l. 4.

Le 8 octobre 1743. — Reçu des Rois et des Reines de Saint-Maurice, 9 l. 9 (2).

---

(1) Dans une délibération du conseil de fabrique de l'année 1731, il est parlé d'un confessionnal nouveau placé dans la chapelle de sainte Anne.

(2) Rois, Reines, Reinage, Royaume, quatre mots qui expriment la même idée. A l'époque dont nous parlons, une pieuse coutume mettait aux enchères, le jour de la fête de certains saints honorés spécialement dans une paroisse, l'honneur très recherché du reste, de présider à l'entretien, au décor de sa chapelle, de son autel et de sa statue. Pour cet honneur, les Rois et les Reines du jour offraient à l'église de gros cierges, que celle-ci revendait probablement, au profit de la fabrique, ou peut-être faisait brûler sur ses autels.

En l'année 1598, un contrat passé devant Antoine Chorel de Fontanay,

Une délibération du conseil de fabrique du 27 février 1822, parle aussi de bancs trop gênants, qu'il faut enlever des chapelles de saint André, de saint Blaise, de saint Antoine, de sainte Catherine.

Nous constatons ici que le nombre de Saints honorés dans notre église est plus grand que celui des chapelles disponibles. Mais rien n'empêche que plusieurs statues n'ornassent une seule chapelle. De nos jours, les chapelles de la Sainte Vierge et du Sacré-Cœur montrent chacune trois statues (1).

Quoi qu'il en soit de toutes ces mutations opérées dans l'objet de leur dévotion, les habitants de Chevrières demeurèrent toujours fortement attachés au culte des premiers Saints honorés dans leur église.

Ainsi, de nos jours encore, il ne se passe pas de semaines dans l'année que quelques pieux pèlerins ne viennent s'agenouiller aux pieds de la statue de saint Benoît, pour obtenir de lui quelque grâce. Et le pèlerinage serait de nulle valeur si, avant de regagner son pays, le pèlerin n'avait mis son obole dans le tronc de saint Benoît, en baisant pieusement ses précieuses reliques.

Quant au culte de saint Maurice, patron de l'église, il a toujours été vivant dans le cœur de ses enfants privilégiés. Et chaque année, au 22 septembre, on peut juger de l'amour que gardent à leur puissant

notaire et tabellion royal, par lequel Michel Bertrand vend une pension, au profit du luminaire de Chevrières, à Claude Prâron, luminier moderne, nous dit que cette pension de 15 sols tournois provient de la *royauté de Notre-Dame de la mi-août*, l'année que Antoinette Aurard, et Catherine Chevalier étaient reines. (*Archives de la paroisse.*)

(1) Dans la chapelle de la Vierge on voit les statues de saint Joseph et de sainte Anne. Dans celle du Sacré-Cœur, les statues de saint Maurice et de saint Benoît.

protecteur, les chrétiens habitants de Chevrières, par l'empressement qu'ils mettent à célébrer sa fête avec une solennité et une piété dignes des meilleurs temps de la foi chrétienne.

De l'établissement des *royaumes ou reinages* pour l'entretien et l'ornementation des divers chapelles des églises de nos contrées, il résulta une espèce de prise de possession du Saint et de son autel par ceux qui, chaque année, avaient misé aux plus hautes enchères l'honneur d'être rois, ou reines.

Souvent cet honneur ne se partageait qu'entre les membres d'une même famille. Si bien qu'au bout de plusieurs années de possession d'une chapelle déterminée, par une même famille, on ne désignait plus, dans le langage ordinaire, ladite chapelle par le nom de son saint titulaire, mais bien par le nom de la famille qui avait l'honneur d'y présider. Ainsi, nos procès-verbaux, nos délibérations, nos comptes de fabrique, de la fin du XVIIe siècle et de tout le XVIIIe ne parlent plus des chapelles de l'église en les désignant par le nom du Saint auquel elles sont dédiées, mais bien par le nom des familles qui, par les reinages annuels, en sont devenues comme les possesseurs.

Avant la grande Révolution, et même encore après, jusqu'aux jours de leur disparition (1822), on disait vulgairement: la chapelle Bertrand, la chapelle Prâron. Il y avait même les chapelles Guillarme, Dubœuf, Relave, Ragey, etc.

Aujourd'hui, ces locutions sont abandonnées, comme sont abandonnées aussi, et depuis de longues années, la coutume du reinage et celle bien louable de l'entretien du luminaire des autels par des familles dévouées.

CHAPITRE X

LES ANCIENNES CROIX

DE

CHEVRIÈRES

CHAPITRE X

LES ANCIENNES CROIX DE CHEVRIÈRES

ELLES sont nombreuses, dans l'étendue de la paroisse de Chevrières, les croix de pierre plantées aux carrefours des hameaux et aux bifurcations des chemins.

Debout au milieu de nos champs verts, ou étendant leurs bras au sommet de nos collines, elles apparaissent comme des sentinelles vigilantes qui, le jour et la nuit, veillent sur nos chaumières et nos sillons.

Dans un pays, scrupuleux gardien de sa foi comme le nôtre, il n'est pas étonnant de voir ce signe de notre Rédemption se dresser un peu partout, sur le faîte des maisons, aux bords des sentiers et jusque sur la place publique.

Mais, ce qu'il y a de plus surprenant, c'est de savoir que la plupart de ces pieux monuments de l'ardente foi de nos pères ont résisté aux ravages de plusieurs siècles et ont bravé les fureurs impies des guerres de Religion, aussi bien que les haines des jours néfastes de la Terreur.

En effet, sur le seul territoire de Chevrières, on peut compter jusqu'à *neuf* croix portant la date : les unes des premières années, les autres de la première moitié du xvi₢ siècle et trois croix montrant un millésime du xvii₢ siècle.

Disons, en passant, que les croix de nos contrées ont échappé au vandalisme des ennemis de la religion, grâce au dévouement chrétien de nos populations. Pendant la période révolutionnaire, comme probablement à l'époque bouleversée des guerres de religion, les familles qui vivaient à l'ombre du signe protecteur, en cachèrent les croisillons, ne laissant que les fûts dénudés et ainsi peu aptes à exciter la rage de l'impiété !

Mais d'où est venu ce pieux usage de planter des croix sur les grands chemins ?

Voilà une intéressante question à laquelle nous allons donner une triple réponse.

Et d'abord, de tout temps, les peuples anciens ont eu des lieux de retraite pour ceux que la rigueur des lois accablait, ou que la violence des tyrans opprimait. Or, ces lieux de refuge étaient tantôt les temples, les autels, les statues des dieux ou des héros, tantôt leurs tombeaux mêmes.

On supposait que les dieux se chargeaient, eux-mêmes, de punir les criminels qui venaient se mettre ainsi, sous leur dépendance immédiate ; et on regardait comme une impiété de vouloir leur ôter le soin de la vengeance.

Les Israëlites avaient des villes de refuge que Dieu lui-même avait désignées ; mais elles n'étaient un asile assuré que pour ceux qui avaient commis un crime par inadvertance, par un cas fortuit et involontaire, et non pour ceux qui s'étaient rendus coupables de propos délibéré.

Bingham, dans ses *Origines ecclésiastiques* (l. 8, ch. II, § 3), pense que « le droit d'asile dans les « églises chrétiennes a commencé sous Constantin ».

Et il fait justement remarquer que « dans l'origine, « ce privilège n'a été accordé ni pour mettre les « criminels à l'abri des poursuites de la justice, ni « pour diminuer l'autorité des magistrats, ni pour « donner atteinte aux lois, mais afin de fournir un « refuge aux innocents accusés et poursuivis injus- « tement, de laisser aux juges le temps d'examiner « mûrement les cas incertains et douteux, de mettre « les accusés à couvert de la vengeance et des voies « de fait; enfin, de donner lieu aux évêques d'inter- « céder pour les coupables, chose, du reste, qu'ils « faisaient souvent. »

Aussi bien, les empereurs qui succédèrent à Constantin confirmèrent-ils ce droit d'asile, et les pasteurs de l'Eglise furent-ils ardents à le soutenir.

Lorsque les empereurs Honorius et Théodose eurent réglé et modéré le droit d'asile, les évêques et les moines eurent soin de marquer une certaine étendue de terrain, qui fixait les bornes de la juridiction séculière.

Peu à peu, les couvents devinrent des espèces de forteresses, où les criminels se mettaient à l'abri du châtiment, et bravaient les magistrats.

Ce privilège fut étendu, dans la suite, aux églises, aux cimetières, *aux croix*, et même aux maisons des évêques, parce qu'il n'était pas possible à un criminel de passer sa vie dans une église où il ne pouvait faire décemment plusieurs des fonctions animales (1).

Le droit d'asile attaché aux croix est aussi ancien et aussi respectable que celui dont jouissaient les temples et les autels. Le canon 29° du concile de Clermont, tenu l'an 1095, le confirme (2).

Dans les temps malheureux, où les vengeances particulières étaient censées permises, où l'on ne connaissait plus d'autre loi que celle du plus fort, on comprend facilement que le peuple désarmé mît à profit la liberté qu'il avait de se faire des lieux de refuge, contre la violence des seigneurs toujours bardés de fer.

Ainsi donc, la pensée humanitaire, pour ne pas dire très chrétienne, de sauver la vie à une foule d'innocents injustement poursuivis, telle est la première cause du grand nombre de croix le long de nos chemins et au milieu des groupes de nos habitations.

Une autre raison de la multiplicité, au milieu de nos champs, de ces signes adorables de notre Rédemption, et celle-là nous a été fournie par l'étude de divers vieux terriers : c'est la nécessité de donner à certaines propriétés une limite visible et inviolable.

---

(1) Ce privilège s'étendit aussi, pendant le moyen âge, aux secondes enceintes des châteaux seigneuriaux.

(2) Au moment où nous écrivons ces lignes, de grandes fêtes s'organisent à Clermont, pour les 16, 17, 18 et 19 mai 1895, afin de célébrer dignement le huitième Centenaire de la première Croisade. Nous savons déjà, par le beau Mandement de Mgr Belmont pour le Carême, que les solennités commémoratives seront présidées par S. E. le cardinal Langénieux — un glorieux enfant du diocèse de Lyon — et que quarante Prélats ont promis d'y assister. D'illustres orateurs, Mgr de Cabrières, l'abbé Frémont, le R. P. Monsabré, Mgr Turinaz doivent y prendre la parole. Et Mgr Belmont, qui n'a pas oublié, lui non plus, qu'il est Lyonnais, a daigné confier à un prêtre Lyonnais le soin de faire revivre la grande figure de Pierre l'Ermite. C'est notre excellent ami, le chanoine Condamin, professeur à l'Université catholique de Lyon, qui a eu l'honneur d'être désigné pour cela par Mgr de Clermont.

Il semblait à nos ancêtres que lorsqu'ils avaient planté la croix au milieu ou sur la limite d'un champ acquis au prix de leurs sueurs, toute contestation, tout procès devenait impossible.

La croix étendant ses deux bras protecteurs sur le lopin de terre du brave laboureur semblait lui dire du milieu de ses sillons : Cette terre est bien à toi, Dieu la protège et la bénit !

Enfin, placée sur le bord du chemin qui conduit au village, cette croix avertissait le voyageur de la proximité de l'église et, partant, des habitations hospitalières qui l'entourent; elle lui rappelait que ses pieds foulaient une terre sanctifiée par la religion du Christ ; elle faisait naître dans son âme des pensées de foi et d'espérance.

De nos jours, les croix plantées dans nos campagnes ne servent plus de lieux sacrés de refuge aux opprimés ; mais, fidèles à leur mission de protectrices des hommes et des choses : sur la place publique, elles président aux ébats; sur la tour élevée, elles conjurent la foudre ; au milieu des moissons, elles fécondent l'épi ; debout dans la prairie, elles la couvrent de fleurs ; sur le bord du chemin, elles bénissent le passant, et prient enfin sur les tombes du vieux cimetière qu'elles font respecter.

CROIX DE LA PACALIÈRE (1509)

Cette croix qui est, croyons-nous, la plus ancienne de toutes les croix de la paroisse, porte la date de 1509, écrite en relief avec des chiffres gothiques, à la base de son fût brisé en plusieurs parties, reliées entr'elles par des tenons de fer.

Le croisillon, caché par quelque famille chrétienne pendant les mauvais jours de la Terreur, et rapporté sur son fût, après la tourmente révolutionnaire, paraît disproportionné et fait croire que le fût lui-même était d'une grande hauteur.

Le style de cette croix est celui de la Renaissance, mais sans ornements.

On lit, sur la face opposée à celle où est gravé le millésime, ces mots en lettres gothiques : Michel Bertrand.

C'est le nom de celui qui érigea cette croix. Les Bertrand appartenaient à une famille de très-notables paysans de Chevrières.

Cette famille, à l'époque dont nous parlons, était déjà considérée comme très-ancienne dans le pays.

En effet, il est fait mention d'elle dans une charte de franchise de dîme, qui porte la date reculée de 1365. Ce très précieux parchemin que nous avons déchiffré est la propriété de l'honorable famille Basson du hameau des Combes.

Les Bertrand, dans la suite du XVIe siècle, firent plusieurs fondations à l'Eglise paroissiale; eurent des clercs parmi les membres de leur famille, et furent présents à un grand nombre d'actes passés, devant divers notaires, au profit de l'Eglise.

Nous les retrouvons, en effet, en 1530, témoins pour la fondation d'une grand'messe, en l'octave du Saint-Sacrement, faite par un Simon Bryère ou Bruyère; en 1569, dans un accord de pâturage entre le seigneur du château, Jean IV Mitte de Mons, et les habitants de la commune de Chevrières, passé par Besset, notaire royal; en 1579, dans une revente de pension à Jean Bissy dit Bruel; en 1598, dans un contrat de pension au profit du luminaire de l'église de Chevrières passé précisément contre Michel Bertrand, hôte dudit Chevrières.

Au XVIIe siècle, ils sont nommés dans un terrier du luminaire de l'Eglise portant la date de 1638. Enfin, nos registres de catholicité conservent leurs noms, depuis l'année 1641 jusqu'à 1722, où un acte de sépulture, signé du 22 janvier, nous apprend que le dernier rejeton de cette très honorable et chrétienne famille s'éteignait dans le pays.

Ce que les documents étudiés dans diverses bibliothèques, et ce que nos archives paroissiales nous ont appris de l'ancienneté, de l'honorabilité et de la piété de la famille Bertrand, ils pourraient nous l'apprendre sur la piété, l'honorabilité et l'ancienneté de vingt autres familles de la paroisse, lesquelles ont encore, en ce siècle, de très dignes rejetons.

La tablette de cette croix porte la date de 1802, qui est, du reste, celle de la restauration de la plupart de nos croix et de la réouverture de notre église par le missionnaire Albrand, délégué de l'autorité ecclésiastique.

CROIX DE LA GRANDE PLACE DE CHEVRIÈRES (1517)

Bien qu'il ne reste de ce monument que le perron et la plateforme, sur laquelle se dressait, à hauteur d'homme, l'entablement portant la haute croix que toute notre génération voyait encore debout en 1877, nous ne pouvons pas le passer sous silence (1).

Car c'est autour de cette croix qui portait les millésimes de 1517, date de son érection, et de 1797, date de sa restauration, qu'ont vécu plusieurs générations de nos ancêtres. C'est cette croix qu'ils ont saluée, chaque fois qu'ils traversaient la place publique pour venir prier à l'église. C'est au pied de cette croix qu'ils déposaient un instant, pour lui jeter d'eau bénite, la dépouille mortelle de leurs parents et amis. C'est vers cette croix bénie qu'ils étaient apportés eux-mêmes avant que de faire leur dernière station à l'église paroissiale, pour aller reposer au champ des morts.

Cette croix aimée, elle avait été témoin de toutes les joies et de toutes les douleurs d'une population de travailleurs, mais de travailleurs chrétiens, toujours prêts à tourner vers son Christ des regards de reconnaissance et d'amour.

Cette croix enfin, sentinelle vigilante du village, elle avait sa légende édifiante.

Un jour (2) — c'était pendant le règne de la Terreur — un officier de ces *colonnes mobiles et révolutionnaires* qui parcouraient sans cesse le pays pour surprendre les prêtres et les nobles, trompant la vigilance des éclaireurs de Croizier, parut tout à coup sur la place du village, accompagné de quelques soldats. Furieux de recevoir

---

(1) Le fût de l'ancienne croix de la place du village se voit encore avec sa date de restauration (1797), dans la cour du presbytère.

(2) Consulter notre *Histoire du Roi de Chevrières* (brochure de 76 pages) chez Vitte, libraire, place Bellecour, 3, Lyon, et chez Chevalier, libraire, rue Gérentet, 12, Saint-Étienne, 1 fr. 25, par la poste.— 1893.

les balles meurtrières des royalistes et de ne pouvoir jamais en saisir aucun, il veut du moins, avant de se retirer, user de représailles. Et comme exaspéré à la vue de la croix qui étend ses pacifiques bras en haut de la place, il crie en blasphémant à ses soldats : A bas la croix.

Aussitôt la bande scélérate se met à l'œuvre. Mais la croix est un monument élevé et posé sur de solides bases; le granit dont elle est faite est si difficile à ébranler et à soulever que les bras de quatre ou cinq hommes ne suffisent pas. Il faut des engins, il faut des aides pour perpétrer l'œuvre sacrilège.

Aussi bien, l'officier réclame des cordes, demande des hommes de bonne volonté.

Les soldats impies s'en vont donc, les menaces aux lèvres, frapper aux portes; mais toutes les maisons sont désertes. Pas un habitant n'a voulu être témoin de l'action abominable que les bandits de Javogue vont accomplir. Les femmes se sont retirées dans le secret de leurs appartements, pour prier et apaiser Dieu. Les hommes valides, qui ont deviné ce qui va se passer, se sont, eux aussi, réunis en secret. Et pendant que les émissaires de la Convention essaient de renverser et de briser le signe sacré de cette religion qu'ils voudraient proscrire des cœurs, les habitants du village délibèrent à la hâte sur les moyens à prendre pour se débarrasser de la horde impie et barbare.

Cependant, les démolisseurs ont surpris deux paysans, Jacques Bruel et Jean Gonon; ils les chassent devant eux à coups de plat de sabre, et, arrivés au pied de la croix, les somment de leur donner un coup de main pour la renverser.

« Non, mille fois non, répondent ces braves gens et solides chrétiens, nous ne prêterons jamais la main à un pareil crime... »

Et pendant que l'officier donne des ordres à sa troupe sacrilège, les deux paysans requis parviennent à s'échapper des mains des farouches soldats, et s'enfuient vers le bois de Messillieux.

Malgré la faiblesse de leurs moyens, les démolisseurs, le blasphème à la bouche et la rage au cœur, s'acharnent contre le pieux monument devenu le point de mire de leur basse vengeance.

Bientôt les deux bras de la croix, qui, depuis plus de deux siècles et demi, semblent protéger et bénir la paisible population du village, sont mutilés à grands coups de marteau. Déjà de solides cordes enlacent le haut du lourd fût découronné, et la bande féroce s'apprête à le jeter à terre, quand, soudain, paraît une troupe de paysans armés de fusils, de fourches et de faulx.

Et avant que les révolutionnaires aient pu saisir leurs armes pour se défendre, ils sont assaillis par cent bras qui les frappent comme des massues, à coups terribles et redoublés, les dispersent et recueillent les débris épars de la croix. En 1797, le mal était réparé et le signe sacré de notre Rédemption se dressait de nouveau triomphant sur la place du village.

Le lecteur a compris maintenant pourquoi nous avons voulu consacrer une page spéciale aux restes vénérables de cette croix aimée.

De nos jours, on dépose encore, sous le regard de son Christ, la dépouille mortelle de nos chers défunts, et pendant que le prêtre récite la prière des morts, les bras étendus du divin Crucifié semblent la bénir et l'attirer à lui !...

Une note de nos anciens budgets de fabrique parle d'une croix érigée, en 1618, à la suite d'une Mission ; d'autre part, parmi les dépenses faites en l'année 1731, nous lisons les détails suivants : « Le 7 octobre, la « porte extérieure communicative du cimetière à la « sacristie a été faite et parachevée avec le lambris « intérieur ; pour la main-d'œuvre de laquelle, y « compris encore une *marche ajoutée au bas de la* « *grande croix de la place, et la reconstruction de* « *l'autel de celle de la Mission*, 15 livres. »

Ce qui ferait supposer que, dès longtemps déjà, il y avait sur la place publique deux croix : celle que l'on appelait la *Grande Croix*, et celle de *la Mission*. — Il en est, du reste, encore ainsi de nos jours (1).

Quoi qu'il en soit, la grande croix de 1517 qui avait bravé et le temps et les révolutions, bien que restaurée en 1797, a fini par tomber de vétusté et a été remplacée, en 1877, par une croix nouvelle, qui s'élève de l'antique piédestal conservé, et un peu amoindri, jusqu'à la hauteur de trois mètres au-dessus d'une tablette neuve, aux flancs de laquelle est gravé le millésime de 1877 (2).

---

(1) En effet, il y a sur la place de Chevrières deux grandes croix : l'une dite *croix de la place* et qui s'élève sur le puits communal ; l'autre dite *croix de Mission* en souvenir de la Mission de 1854, et qui se dresse tout près de la cure au chevet de l'église. La première est en pierre, la seconde en fer.

(2) C'est M. le curé J. Richard, qui fit ériger cette croix à la place de l'ancienne.

La plate-forme du perron porte un écu gravé en creux sur la pierre, avec les lettres : M. B. et la date 1644.

Quelle est cette date ? nous l'ignorons.

CROIX DES NOYERS (1533)

Cette croix porte la dénomination de *Croix des Noyers*, probablement à cause de la proximité de plusieurs de ces arbres, sous les rameaux verts desquels elle étendait jadis ses bras.

Aujourd'hui, les noyers ont été remplacés par plusieurs chênes rabougris, de l'espèce de ceux que nos paysans taillent pour la feuille, en automne.

Cette croix de pierre porte un fût brisé à hauteur d'homme, et au flanc duquel proémine encore, bien que très ravagée par le temps, une figurine de la Vierge probablement.

Ce fût accuse le style de la Renaissance, que vient, du reste, confirmer la date de 1533 qu'on lit sur une des faces de sa base. Il a de fortes proportions qui font rêver d'une croix monumentale.

Les initiales I. P. qu'on lit d'un côté de la base de ce fût sont celles, sans doute, du bienfaiteur de ce vieux monument.

La tablette, pierre carrée sans style, porte la date 1804, qui est celle de la restauration de la croix, après les mauvais jours de 1793.

Les anciens du pays racontent que cette croix, auprès de laquelle on va de nos jours en procession, le lundi des Rogations, fut sauvée du vandalisme des bandes impies de Javogue par la piété d'une famille chrétienne, qui en emporta, au hameau voisin, le croisillon et son Christ.

Ce dernier n'a malheureusement pas été remis sur son fût.

Une croix en fer, sans style et sans proportions, l'a remplacé.

Nous donnons ici le dessin des restes précieux de cette croix. On y pourra voir, à très peu de différence près, le modèle de toutes nos croix du XVIe siècle.

Croix des Noyers

CROIX DU SENTIER DITE « DU BÉNITIER » (1558)

Cette croix dont il ne reste que 1m,20 de fût, et dont le sommet est terminé par un croisillon de fer, au développement très disproportionné, porte de deux côtés la date de 1558, en chiffres arabes dessinés dans le style de l'époque. Cependant les chiffres gravés en creux, sur le rectangle de la face antérieure, nous paraissent avoir une tournure moderne. On les aurait tracés, croyons-nous, pour rappeler ceux plus authentiques et leurs aînés, de la face postérieure, que la terre d'une balme élevée cachait entièrement aux regards, et que le hasard nous a fait heureusement découvrir.

Le style de cette croix est celui de la Renaissance. Mais son fût nous paraît plus mesquin, et moins orné que celui des autres croix, ses sœurs et voisines de Staron et de Relave.

Sur une des faces du tablier, nous lisons la date 1733, qui est probablement celle de sa restauration, à une époque où elle menaçait ruines.

En 1793, cette croix fut épargnée par les bandits de la Convention, qui parcouraient le pays à la recherche de crimes à perpétrer. Et ce fut la chrétienne famille des Rousset, dit Marquis, qui prit soin d'en enlever le croisillon. Le fût restant seul debout n'exaspérait plus la haine des démolisseurs.

Nous savons que ce précieux reste de notre vieille croix est gardé religieusement par M. Jean-Baptiste Rousset, maire de la Gimond.

Sur la face de gauche, à la base du fût, on lit les initiales A. S. et sur la face de droite celles-ci : P. R.

Voici maintenant d'où vient, à cette croix, le nom de *Croix du sentier du bénitier*. C'est qu'elle s'élève précisément aux bords de l'étroit et rocailleux chemin qui conduit au hameau de Staron, et le long duquel montueux chemin on rencontrait encore, il y a quelques années à peine, la coquille d'un vieux bénitier d'église.

Cette coquille de pierre, apportée là sans doute par quelques mains heureuses de la soustraire à une destruction certaine, était placée à terre sous un épais fourré d'aubépines et d'églantiers, recevant goutte à goutte l'eau très fraîche et toujours jaillissante d'une petite source.

Les gens du hameau voisin racontaient plusieurs légendes naïves sur le vieux bénitier, qui, aux temps où les rois ne craignaient pas de s'allier à de simples bergères, aurait senti son onde sainte frissonner au contact de mains princières, chargées d'or et de diamants.

Plusieurs générations de laboureurs, revenant des champs, le hoyau sur l'épaule, avaient, aux jours chauds d'été, trempé leurs lèvres brûlantes dans l'eau bienfaisante de la coupe toujours pleine.

Les enfants, dans leur simplicité, ne manquaient pas, aux soirs de tonnerre et d'orage, de plonger leurs doigts dans le rustique vase, et de se signer.

Tout nos paysans, à une lieue à la ronde, connaissaient la source et le bénitier légendaire qui la recevait.

Aujourd'hui, en gravissant le pénible sentier, on ne trouve plus ni l'un ni l'autre de ces deux souvenirs d'un temps qui, avec ses légendes et sa naïveté d'enfant, valait, à notre avis, cent fois le nôtre avec son esprit blasé.

Le pauvre *vieux bénitier* a été recueilli par une famille du hameau, qui a le culte des choses du passé.

Quant à la petite source qui coulait du flanc de la balme gracieusement ombragée, ne trouvant plus la coupe amie où, depuis bien longtemps, elle versait les gouttes de sa fraîche liqueur, elle s'est frayée un passage souterrain, pour aller arroser les fleurs de la prairie voisine.

CROIX DE STARON (XVIᵉ siècle).

Cette croix porte, en caractères gothiques, les deux premières lettres d'un millésime du xvıᵉ siècle. Son style Renaissance, qui garde encore quelques réminiscences d'un gothique du xvᵉ siècle, nous la fait dater des premières années du xvıᵉ.

Le tiers de l'ancien fût est à peu près intact, et ce qu'il en reste est surmonté d'une grande croix en fer, aux extrémités fleurdelisées.

On lit sur une face de la base de ce fût la date 1803, qui est celle de la restauration de cette belle et haute croix, que quelque famille pieuse du hameau avait soustraite aux fureurs de l'impiété révolutionnaire, en cachant colonne et croisillon.

On peut voir, de nos jours encore, plusieurs parties du fût démonté ou brisé, dans les murs de la maison voisine. Leur développement nous révèle un monument de très grandes proportions.

La date, 1833, et les fleurs de lis, dont est garnie la croix de fer fixée à l'ancien fût de pierre, nous font penser que ce travail a été fait sous la Restauration et par un bienfaiteur, nommé François Reynaud, lequel a signé son nom sur un des côtés de l'épaisseur de la tablette.

CROIX DE RELAVE (XVIᵉ siècle)

Cette croix, comme celle de Staron dont elle est voisine du reste, nous paraît être de la même époque. La pierre dans laquelle l'œuvre a été sculptée, ayant moins résisté aux ravages du temps, ne nous offre que des lettres gothiques déformées, à moitié disparues, et qui ne nous permettent de constater qu'une seule chose : c'est que le monument est bien du commencement du XVIe siècle, pour ne pas dire des dernières années du XVe.

Remarquons, en passant, que l'écriture gothique n'a guère été abandonnée que vers la première moitié du XVIe siècle, précisément à l'époque où l'imprimerie, apparue vers 1445, commençait à prendre une réelle importance.

Le style de la croix est bien celui des premières années de la Renaissance.

L'entablement restauré vers le commencement de ce siècle, et à l'époque de la réouverture des églises par le Concordat, est une simple pierre posée sur maçonnerie, mais portant fût et croisillon, dans toutes leurs proportions, bien que brisés et cerclés en fer.

Comme un certain nombre de nos anciennes croix, celle de Relave aurait besoin d'une intelligente et sérieuse réparation. Son ancienneté est un beau titre à la reconnaissance des familles qu'elle a bénies pendant plusieurs siècles.

CROIX DES GRANGES-NEUVES (XVIe siècle)

De toutes les anciennes croix de Chevrières, celle des Granges-Neuves est la seule que nous puissions admirer dans toutes ses proportions et avec tous ses ornements.

Nous devons à un bon chrétien et à un chaud royaliste, le sauvetage de cette belle croix, en 1793.

Une troupe de ces bandits qui, à la solde de la Convention, parcouraient le pays pour arrêter prêtres et nobles, renverser les croix, piller les églises, essayèrent un jour, comme ils l'avaient essayé tant de fois ailleurs, de tourner leur fureur impie contre la belle croix qui étend ses bras au milieu du hameau des Granges-Neuves. Mais le courageux et dévoué père de famille Dubœuf-Magdinier était là, veillant sur le trésor, comme, du reste, tous les partisans d'Antoine Croizier, organisés pour la résistance aux persécuteurs de la religion.

Ne pouvant opposer que ses deux bras et son courage aux forces envahissantes d'une bande de soldats ivres de vin et de colère, il sut se débarrasser adroitement des impies démolisseurs, et sauver, d'une sacrilège destruction, le signe béni que nous vénérons encore de nos jours.

Le style de cette précieuse croix est celui des premiers jours de la Renaissance. Les ravages du temps ont à peine laissé quelques traces de l'inscription gothique qu'on lisait autrefois au bas du fût. Toutefois, ce que nous avons pu en déchiffrer nous dit assez que le monument date bien des premières années du xvi° siècle.

Le fût de la croix, de forme ronde et un peu conique comme, du reste, toutes les hautes croix de cette époque (1), porte un croisillon chargé d'un Christ et de quatre statuettes : Une Vierge tenant l'enfant Dieu dans ses bras et posant ses pieds sur une tête d'ange

---

(1) Les paroisses de Grammond, de Saint-Médard, d'Aveizieux, de Saint-Denis-sur-Coise, et un certain nombre d'autres dans les environs, possèdent des croix de la même époque et du plus haut intérêt.

ailé ; Jean, le disciple bien-aimé ; et deux saintes femmes. Toutes ces figurines sont empreintes de la naïveté pieuse qui caractérise les œuvres du moyen âge.

CROIX DE LA ROUE (XVIe siècle)

Cette croix, dont les précieux restes sont en très mauvais état, est bien encore du xvie siècle. Son style, le reste de son millésime en lettres gothiques, sont une preuve de ce que nous avançons.

Restaurée en 1805, comme l'indique cette date gravée au bas de son fût mutilé, elle aurait un extrême besoin d'être réparée à nouveau.

Et, pour quiconque connaît la légende pieuse et intéressante de ces monuments sacrés de notre religion sainte, chacune des miettes détachées de leur granit gercé et rongé par le temps, devrait être comme autant de reliques précieuses.

Une âme vraiment chrétienne peut-elle voir une croix âgée de plusieurs siècles trembler de vieillesse sur son fût, et ne pas s'émouvoir !

CROIX DE BISSY (XVIe siècle)

Cette croix ne porte à sa base aucune date très ancienne. Le fût nous paraît un travail du commencement de ce siècle. Mais le croisillon posé sans élégance et sans art sur ce fût, à ses formes et à sa vétusté, nous semble avoir plusieurs siècles d'existence.

Il ne serait pas impossible que la date 1804, gravée sur un des côtés du socle de la colonne, fut celle de sa complète restauration.

On refit le fût, mais on conserva la tête et les bras de l'ancienne croix, que nous pensons avoir été érigée, au xvie siècle, par la notable et chrétienne famille des Bissy (1).

Il est regrettable que cette croix ne nous soit pas restée avec toutes ses proportions; car, parmi les croix de la paroisse, elle est bien celle, qui si elle pouvait parler, nous redirait les plus touchantes choses des âges passés. Et quand bien même à ces précieux débris, témoins de la piété de nos pères, ne se rattacherait que le souvenir de l'héroïque défense qu'opposèrent, en 1793, aux gendarmes de la Révolution, quelques courageux paroissiens, cela devrait suffire pour la rendre chère à notre génération. C'est, en effet, après avoir prié et demandé courage au pied de ce signe sacré de notre foi, que quatre ou cinq soldats d'Antoine Croizier, dit *le Roi*, guettant, l'arme au bras, les bandits qui avaient enchaîné leur cher curé Messire A. Guillot, parvinrent à leur arracher le pauvre prisonnier et à le ramener triomphalement au village.

De nos jours, on se rend en procession vers cette croix, le troisième jour des Rogations.

CROIX DE SAVIGNEUX (XVIIe siècle)

Après un examen sérieux des précieux restes de cette croix, nous croyons pouvoir affirmer qu'elle est une œuvre des premières années du xviie siècle.

---

(1) Nos archives paroissiales font souvent mention de fondations pieuses pour obits et messes, faites par les Bissy vers le commencement du xvie siècle.

Une des faces du socle de son fût porte les trois chiffres suivants : 160..

Quelle unité termine ce millésime rongé par le temps ? nous n'avons pas pu le constater ?

Le style de l'œuvre est bien celui de l'époque, mais sans aucuns ornements caractéristiques.

Deux autres dates gravées sur les autres faces du socle, dont l'une incomplète : 177.. et l'autre intacte : 1804, nous apprennent que cette croix, dont le fût, endommagé du reste, est cerclé de fer, a subi diverses restaurations.

Le croisillon en fer, qui a remplacé l'ancien croisillon de pierre, fait regretter l'accident qui ébranla, il y a quelques années, le monument et le mutila si malheureusement.

On se rend chaque année, en procession, auprès de cette croix, le deuxième jour des Rogations.

CROIX DE LA BADOUILLÈRE (1612)

De cette croix, devant laquelle venaient s'agenouiller les nombreux prêtres, religieux et nobles, cachés dans l'hospitalière et très royaliste famille Antoine Croizier, aux jours néfastes de la Terreur, il ne reste qu'un fût brisé à la hauteur d'un mètre et quelques centimètres au-dessus de son entablement moderne, puisqu'il porte la date de 1804.

Sur cette colonne mutilée, qui montre à sa base le millésime 1612, et les initiales P. B., s'élève une petite croix en fer, sans ornements.

Le style de cette croix ne nous a pas paru bien caractérisé. Ce qu'il en reste cependant semble avoir quelque velléité d'appartenir à la Renaissance.

Dans sa simplicité, cette croix est peut-être celle de Chevrières, au souvenir de laquelle se rattachent les faits les plus intéressants de notre histoire locale pendant la grande Révolution.

Témoins silencieux des sacrifices désintéressés de la très chrétienne famille Croizier, pour sauvegarder la vie à une foule de nobles royalistes ; témoins d'une multitude d'émouvants sauvetages, opérés par le *Roi* en faveur de prêtres, de religieux, de nobles, alors que, nuit et jour, les émissaires de Javogue heurtaient, au nom de la loi, à la porte de sa maison pleine de proscrits, combien les précieux restes de cette croix, si nous les interrogions, nous raconteraient d'intéressantes choses sur les héroïques *sauveteurs* et les heureux *sauvés* de 93 !...

Les initiales P. B. nous apprennent que cette croix fut érigée jadis par l'excellente famille Badoil, alors qu'elle florissait au hameau de la Badouillère.

Nous croyons même que le nom dudit hameau, est un composé du nom patronymique Badoil : ainsi Badoil a fait Badoillière, puis Badouillère.

La plupart de nos hameaux, du reste, tirent leur nom de la famille qui, la première, en a possédé et cultivé les terres. Les maisons qui se sont groupées autour de l'habitation d'Antoine Bissy, ce notable paysan des premières années du xvie siècle, ont pris, de lui, la dénomination de hameau du Bissy ; et celles qui se sont élevées autour des bâtiments de Simon Bryère, ce bienfaiteur de l'Eglise vers 1530 (1), ont

---

(1) Nous l'avons déjà dit : Simon Bryère fut luminier de l'église de Chevrières et aussi parrain et bienfaiteur de notre deuxième cloche en 1537.

fait le village actuel de la Bruyère. De même les Montagneux, les Grange, les Staron, les Relave, les Guichard, les Escot, que nous avons souvent vus signer des actes notariés, dans les siècles passés, ont donné leurs noms aux hameaux ainsi appelés : Montagneux, Grange, Staron, etc.

LA GRANDE CROIX DU CIMETIÈRE (XVIIe siècle)

La vieille croix qui étend ses bras au milieu du champ des morts est celle qui, jadis, protégeait de son ombre tutélaire les tombes de nos aïeux, creusées autour de l'église et dans le vieux cimetière.

Elle fut très solennellement transportée à la place où elle se dresse maintenant, vers l'année 1827, par un groupe de vingt-sept hommes choisis par M. le curé Bourge. Et c'est les yeux tournés vers ce signe sacré de notre foi qu'il récita, au milieu d'une foule profondément émue, les prières consacrées par l'Eglise à la bénédiction des nouveaux cimetières.

Témoin séculaire des deuils et de la piété de nos ancêtres pour leurs défunts, que de tableaux émouvants ce monument nous peindrait, que de récits édifiants il nous ferait, si son granit avait une voix !..

Nous ne saurions assigner aucune date précise à cette croix, dont le fût cache malencontreusement sa base dans une maçonnerie faite pour le consolider.

Toutefois, à en juger par la forme cylindrique de ce fût et des bras qu'il étend, nous ne serions pas éloigné de croire que ce monument date des dernières années du xvii⁰ siècle.

Qui sait si Messire Claude Meigret, curé de Chevrières à cette époque, et que nous avons vu mourir le 30 avril 1686, qui sait si ce pasteur dévoué n'a pas voulu dormir son dernier sommeil au pied de la croix du vieux cimetière, précisément parce qu'elle était son œuvre et qu'il en avait doté le champ des morts ? (1)

Cette hypothèse, très vraisemblable du reste, nous empêche d'affirmer que le monument est du xviii⁰ siècle.

Mais ce que nous donnons comme certain, c'est qu'il n'est pas une œuvre du xvi⁰ ; car son croisillon peu développé ne montre aucune image du Christ. Or, à cette cette époque, le ciseau du sculpteur chrétien ne manquait jamais de suspendre aux croix le Christ mourant, accompagné, souvent même, de quelques personnages de la Passion.

Quoi qu'il en soit, comme cette croix nous est chère à plus d'un titre, saluons-la avec le plus profond respect, et, pieusement à ses pieds, murmurons avec notre mère la Sainte Eglise :

> O crux ave, spes unica,
> Mundi salus et gloria,
> Piis adauge gratiam,
> Reisque dele crimina.

En terminant ce chapitre, citons les croix érigées dans la paroisse par la piété des habitants, depuis le commencement du siècle.

(1) Voir page 248 de cet ouvrage.

Ces croix, qui ont remplacé celles que les ravages du temps ou les accidents avaient fait disparaître, sont généralement en bois dur, et n'offrent d'intéressant que les initiales de leur bienfaiteur et la date de leur érection :

Croix de Saint-Maurice, 1843 (1).

Croix de la Chanal, 1846.

Croix de la Mission, 1854.

Croix des Croizettes, 1855.

Croix de la Fontanelière, 1859.

Croix de Montagneux, 1861.

Croix de Villedieu, 1861.

Croix de Rampeaux, 1862.

Croix de la Grand Pierre, 1873.

Croix des Granges-Vieilles, 1873.

Croix du bas de Savigneux, 1884.

Croix de la Terrassière, 1884.

Croix de la Bruyère, 1884.

Croix du bois du Vert, 1891.

---

(1) Nous devons une note spéciale à cette croix de Saint-Maurice, qui s'élève sur le vieux chemin du bourg de Chevrières à Savigneux, par Ricolin. A une époque déjà reculée, elle a eu sa célébrité. C'est en effet vers cette croix, jadis en pierre et du style des autres anciennes croix du pays, que, toutes les années, la paroisse se rendait en procession, le 22 septembre.

Le but de cette édifiante procession, au jour de la fête de saint Maurice, patron de Chevrières, était d'implorer le secours de ce saint contre les fléaux qui, de temps à autre, notamment en 1586 et en 1639, ravageaient la contrée.

Après les mauvais jours de la Révolution de 1793, et lorsque les églises réouvertes revirent les cérémonies du culte se déployer dans leurs enceintes réconciliées, la procession à la croix de saint Maurice continua à se faire le jour de sa fête. On avait tant d'actions de grâce à rendre au saint et illustre patron qui avait éloigné de ses enfants le double péril de l'échafaud et de la perte de la foi, pendant la terrible période de la Terreur !

De nos jours, on fait encore une procession le dimanche où est solennisée la fête de saint Maurice; mais, on ne se rend plus auprès de l'ancienne croix, à cause sans doute des difficultés que présentent ses abords.

Bientôt, une belle croix en pierre, de style roman, va remplacer celle que le temps a vermoulue. Elevée sur la route de Chevrières à Saint-Denis-sur-Coise, tout près du champ appelé encore *Champ de Saint-Maurice*, elle sera le but, désormais facile, de nos processions du 22 septembre.

CHAPITRE XI

—

LES ÉCOLES CHRÉTIENNES

DANS

LE FOREZ ET LE LYONNAIS

ET

PARTICULIÈREMENT A CHEVRIÈRES

CHAPITRE XI

LES ÉCOLES CHRÉTIENNES SONT L'ŒUVRE DE L'ÉGLISE

La question de l'enseignement et de l'éducation est la grande, l'importante question du jour, celle dont la solution tient la plus large place dans les préoccupations de la société actuelle.

Aussi bien, depuis tantôt un demi-siècle, que de programmes d'études attrayants, que de systèmes ingénieux mis à la disposition de la gent écolière, afin de lui faciliter l'entrée du temple d'Apollon !

Quel choix délicat de maîtres, quelle opulence dans les classes et quel luxe dans le mobilier, pour séduire l'élève, faire disparaître toute monotonie du travail, et donner un peu de saveur à cette écorce, toujours un peu amère, du fruit qu'on appelle *la Science*.

Mais, pourquoi toutes ces innovations, pourquoi toutes ces transformations, en matière d'enseignement et d'éducation ?

L'ancienne manière de développer les intelligences et de former les cœurs aurait-elle vieilli ?

Aurait-on constaté, en notre siècle de progrès, que les siècles antérieurs à la grande Révolution n'ont produit que l'ignorance et l'obscurantisme ?

Ou bien, l'Eglise infidèle à la mission que lui a confiée le divin Maître, d'enseigner les peuples (1), ne serait-elle plus la gardienne de la science (2) ? Se serait-elle montrée, dans ce XIXe siècle, l'ennemie de la lumière et du progrès ?

Non, les siècles qui ont précédé le nôtre n'ont pas été des siècles d'obscurantisme et d'ignorance. Les nombreux et remarquables monuments dont ils ont enrichi nos cités, leurs places publiques, leurs musées, leurs bibliothèques, prouvent, mieux que tous les longs arguments, que les arcanes de la science leur étaient familiers et que les arts ne leur cachaient plus de secrets.

Non, l'Eglise n'a jamais failli à sa mission sainte d'enseigner la vérité, d'éclairer les ombres de la science avec les lumières de la foi, de procurer enfin, aux humbles comme aux grands, les bienfaits de cette vérité, les bénéfices de cette science dont elle est et demeurera à jamais la gardienne et la dépositaire.

Et pour réduire à néant l'odieuse accusation que la libre-pensée ose jeter à la face de cette Eglise, la grande bienfaitrice de l'humanité, il suffit d'ouvrir l'histoire impartiale des nations et de leurs gouvernements, on y verra que, dès le principe et toujours

---

(1) *Euntes ergo, docete omnes gentes* (Math. XXVIII, 19.)
(2) *Labia sacerdotis custodient scientiam* (Malach. II, 7.)

à travers tous les siècles, l'Eglise, de concert avec les chefs des Etats, s'est ardemment occupée de l'instruction du peuple.

Ils sont innombrables, dans nos archives et nos bibliothèques nationales, les documents authentiques à l'appui de ce que nous avançons (1).

Notre but, dans ce chapitre, n'est point de traiter d'une manière complète la question de l'enseignement.

Le cadre restreint que nous nous sommes tracé ne nous permet pas d'y renfermer les vastes développements d'une étude aussi complexe. Ce travail, du reste, a déjà été fait par un certain nombre de savants dont la haute compétence, en matière d'enseignement, est incontestable (2).

Nous voulons simplement, dans cette question aux aperçus si multiples et si variés, aborder le côté dont l'exposition semble le mieux s'harmoniser avec notre titre : *Les écoles chrétiennes en Forez et Lyonnais et surtout à Chevrières*.

Avant d'entrer au cœur de notre sujet, et comme pour mieux asseoir notre thèse, nous dirons un mot *des écoles, en général, avant l'an 1000*, dans nos deux provinces sœurs, du Forez et du Lyonnais. Ce sera

---

(1) *Histoire de l'Instruction publique en Europe*, par A. Vallet de Viriville. — Paris 1849-1852.

(2) A. de Charmasse, *Etat de l'instruction primaire dans l'ancien diocèse d'Autun pendant les XVII° et XVIII° siècles* (1878). — Le comte de Fonstaine de Resbecq, *Histoire de l'enseignement primaire avant 1789, dans les communes qui ont formé le département du Nord* (1878). — E. Allain (abbé), *l'Instruction primaire en France avant la Révolution* (1876). — *Histoire de l'instruction Primaire* (Congrès bibliog., Paris 1876). — E. Morel (curé de Chevrières, Oise), *Les écoles dans les anciens diocèses de Beauvais, Noyon, Senlis*, (1887, Henry Lefebvre, Compiègne). — L. Maître, *Les écoles épiscopales et monastiques de l'Occident depuis Charlemagne*, etc. (1866).

une sorte d'introduction à nos trois derniers paragraphe, qui auront pour titre : *Les écoles élémentaires dans le Forez et le Lyonnais et particulièrement à Chevrières; Ecole des petits garçons à Chevrières; Ecole des petites filles à Chevrières.*

§ I

LES ÉCOLES EN GÉNÉRAL, GRANDES ET PETITES DANS LE FOREZ ET LE LYONNAIS AVANT L'AN 1000

« Les documents relatifs aux écoles des provinces sont rares avant le xie siècle » dit M. l'abbé Morel dans sa savante monographie des *Ecoles dans les anciens diocèses de Beauvais, Noyon et Senlis.*

Nous soulignons cette vérité, spécialement à propos de nos deux provinces du Forez et du Lyonnais. En effet, après avoir consulté les bibliothèques, fouillé les archives et surtout interrogé plusieurs hommes d'une notoire compétence dans la question qui nous occupe, nous n'avons trouvé de documents bien précis que dans le texte de certaines légendes du Bréviaire (1).

Nous en citerons trois seulement pour ne pas donner à ce premier paragraphe une extension qui fatiguerait le lecteur. Elles suffiront pour prouver que dans nos

---

(1) L'instruction supérieure et l'instruction secondaire ont été l'objet de nombreuses études ; et, dans le Forez même, des notices étendues et très intéressantes ont été publiées sur le collège de Roanne par M. Jacques Guillien; sur les Oratoriens de Montbrison et sur ceux de Notre-Dame-de-Grâces, par M. Aug. Broutin; mais il est bien peu d'érudits qui se soient voués à la tâche pénible et ingrate d'étudier les origines et les progrès de l'instruction primaire dans les anciennes provinces de la France. Le travail le plus remarquable est celui de M. de Charmasse dans les *Annales de la Société Eduenne* (1872). (Note de M. Aug. Chaverondier, *Archives de la Loire.*)

provinces il y avait des écoles grandes et élémentaires dès les iv⁰ et vi⁰ siècles.

On lit, en effet, dans la légende relative à la fête de Saint-Epipoix, martyr de Lyon, au iv⁰ siècle, que ce saint, natif de la ville de Lyon, était très versé dans les Lettres, ainsi que son ami Alexandre, grec de naissance : *Epipodius lugdunensis civitatis erat indigena. Unà cum Alexandro natione græco, litteris eruditus, ad religionem ambò se mutuis incitamentis provocabant (xxii aprilis)*.

Saint Didier, dit encore une légende du Bréviaire, né à Autun et plus tard évêque de Vienne et martyr, étant venu, vers la fin du vi⁰ siècle, à Vienne pour s'appliquer *aux études ecclésiastiques*, s'attacha à Naamatius, évêque de cette ville : *Desiderius Augustoduni natus, ecclesiasticæ disciplinæ studio Viennam profectus, Naamatio Pontifici adhæsit* (xxiii Maii).

Enfin, saint Barnard qui mourut, vers l'an 850, évêque de Vienne, en Dauphiné, et qui était issu d'une noble famille Lyonnaise, avait été, dans son enfance, élève de l'école fondée par l'illustre Leidrade : *Eodem die festum recolitur S. Barnardi nobilis Lugdunensis, qui a primâ œtate litteris in Leidradi scholâ eruditus...* (xxiii *Januarii*).

Des hommes versés dans les Lettres, ou qui s'appliquent aux études ecclésiastiques, des enfants qui fréquentent les écoles pour s'y instruire, qu'est-ce à dire, sinon que les uns et les autres suivent les leçons de maîtres dont ils sont les disciples fidèles.

Il est donc certain que, dès les premiers siècles de l'ère chrétienne, il y avait dans notre région, comme partout en France, des Ecoles tant primaires que secondaires; et c'est précisément de ces foyers de lumière que jaillirent, à ce moment, les rayons éclatants de la vérité chassant la nuit du paganisme. C'est à ces écoles de hautes vertus que se formèrent tant de grands génies et tant d'illustres saints.

§ II

ÉCOLES ÉLÉMENTAIRES DANS LE FOREZ ET LE LYONNAIS ET PARTICULIÈREMENT A CHEVRIÈRES, DEPUIS LES TEMPS LES PLUS RECULÉS JUSQU'A NOS JOURS.

« Si le haut enseignement littéraire et scientifique,
« dit avec raison le savant abbé Morel, tint une
« grande place dans les préoccupations de l'Eglise,
« l'instruction élémentaire n'en fut pas moins
« l'objet de ses soins vigilants. Les écoles parois-
« siales se perdent dans la nuit des temps; celles des
« communautés religieuses, si remarquables à toutes
« les époques, se multiplièrent considérablement au
« xviie siècle, grâce à l'établissement de nouvelles
« Congrégations, spécialement vouées à l'enseigne-
« ment. »

Toutefois, hâtons-nous de dire qu'avant les xviie et xviiie siècles, l'instruction primaire était beaucoup moins répandue qu'à notre époque, et que, la plupart du temps, elle était abandonnée aux caprices des populations ignorantes.

Les écoles élémentaires pourraient se diviser en :

1° Ecoles paroissiales ou des presbytères; 2° Ecoles des congrégations.

1° *Ecoles paroissiales ou des presbytères.* — Il y avait en France, dès les premiers siècles de l'ére chrétienne, des écoles paroissiales ou de presbytères. Le deuxième Concile de Vaison, ouvert le 5 novembre 529, prescrit en son premier canon (1), aux prêtres de toutes les paroisses des Gaules, d'avoir une école chez eux, comme c'était l'usage en Italie, pour y former de jeunes lecteurs.

Vers l'année 530, saint Bonnet, évêque de Clermont, frère et successeur de saint Avit (2), prenait grand soin que le peuple reçût l'instruction de ses prêtres : *Et plebem a presbyteris edocendam, maximè curavit.* (Légende du Bréviaire. XIX Januarii.)

Vers l'an 800, Leidrade, archevêque de Lyon (3), auquel Charlemagne avait confié la mission de réparer les dégàts commis par les Sarrazins dans la ville (de Lyon), où une partie des églises avaient été abattues, et l'autre laissées dans un triste délabrement, écrivait à ce grand monarque une lettre où il lui rend compte de ses travaux.

« Voici, écrit-il à l'empereur, l'emploi que j'ai
« fait des biens dont vous avez ordonné qu'on fît
« la restitution. J'ai trouvé à mon arrivée ici qu'on
« manquait, au-dedans et au-dehors, de beaucoup

---

(1) *Omnes presbyteri qui sunt in parochiis constituti, secundum consuetudinem quam per totam Italiam satis salubriter teneri cognovimus. juniores lectores secum in domo, ubi ipsi habitare videntur, recipiant et eos, quomodo boni patres spiritualiter nutrientes, psalmos parare. divinis lectionibus insistere et in lege Domini erudire contendant.* (Labbé, Conciles T. IV. col. 1679.)

(2) Cf. J. Condamin et F. Langlois, *Histoire de Saint-Bonnet-le-Château,* Tome I, pages 12 sq.

(3) Né à Nuremberg vers 736, mort en 816 dans l'abbaye de Soissons, fut un des *Missi dominici* de Charlemagne, fonda deux écoles dans son diocèse. (*Dictionnaire général de Biographie et d'Histoire.*)

« de choses nécessaires pour l'office divin et pour
« les lieux saints, dans lesquels il est célébré.
« J'ai remédié à tout cela, avec l'aide de Dieu.

« J'ai établi, à Lyon, l'ordre de la Psalmodie,
« suivant l'usage de votre palais. J'ai formé des
« *écoles de chantres*, qui en savent déjà assez pour
« former les autres... »

Vers 1420, le célèbre Gerson (1), chancelier de l'Université de Paris, fuyant le ressentiment du duc de Bourgogne, se réfugie à Lyon, et s'y livre, dans l'église de Saint-Paul, à l'instruction des enfants pauvres. Il leur apprend les premiers principes de la doctrine chrétienne et les rudiments de la langue latine.

Ces citations suffisent pour montrer que, dans notre pays, il y avait dès longtemps des écoles élémentaires fréquentées par les enfants du peuple.

Or, ces écoles d'enfants, lorsque dans les campagnes il n'y avait pas là, tout près, un monastère pour les tenir, ces écoles d'enfants s'ouvraient tout naturellement au presbytère ou à l'église, désignés souvent à cause de cela *moustier, monasterium*.

« C'est là, en effet, dit M. l'abbé Morel, que se
« trouvaient réunis, comme en un monastère, les
« clercs qui se partageaient les divers offices, dont
« ailleurs les moines s'acquittaient si bien. »

« Le collège de prêtres établi au presbytère, à
« ses fonctions sacerdotales joignait celles de

---

(1) Né au hameau de Gerson, près de Rethel, de pauvres parents en 1363, mort en 1429, à Lyon, auprès de son frère prieur des Célestins de cette ville, s'occupait sur la fin de sa vie d'enseigner les enfants, dans l'église de Saint-Paul. (*Dictionnaire général de Biographie et d'Histoire.*) — Cf. le beau volume publié, sur Gerson, par Mlle Masson, à la librairie Vitte, à Lyon, en 1894.

« notaire, de maître d'école et d'autres encore.
« On allait, au *moustier*, passer *un contrat*, et on
« disait : *Les clercs du moustier.* »

C'est ainsi que, le 5 décembre 1386, un certain *Nicolas de Boscheto, de la paroisse d'Aveizieux, fait son testament par devant Messire Vincent de Choles, prêtre et notaire juré de la cour de Forez* (1).

Le 21 septembre 1530, un acte était passé devant Robert Murigneux, prêtre de Chevrières, notaire public de la cour de Lyonnais, au sujet d'une fondation de Grand'Messe chaque année, dans l'octave du Saint Sacrement (2).

Le 19 juin 1748, Jacques Paccalon, curé de Chevrières, fut requis, à défaut de notaire, pour recevoir le testament noncupatif de Jeanne Relave du hameau des Granges-Neuves. (Document obligeamment communiqué par M. Thomas Relave.)

Nous pourrions citer d'autres exemples de prêtres, cumulant les fonctions du sacerdoce avec celles du notariat. Et de là, à dire qu'ils s'improvisaient maîtres d'école, il n'y a aucune témérité. Nous avons vu, du reste, plus haut que, dès le VIe siècle, le concile de Vaison (529) prescrivait aux prêtres des paroisses de la Gaule d'avoir une école chez eux, et qu'à la même époque l'évêque de Clermont recommandait à ses prêtres l'instruction du peuple (530).

Avec l'érudit auteur des *Ecoles dans les anciens diocèses de Beauvais, Noyon et Senlis*, nous ferons donc cette observation :

---

(1) Voir les *Inventaires sommaires des archives départementales antérieures à 1790*, Tome II. p. 167. (Aug. Chaverondier).

(2) *Archives paroissiales* (vieux parchemin).

« Pendant tout le moyen âge, et jusqu'à la « Révolution, l'Eglise loin d'être incriminée comme « l'ennemi de la lumière et du progrès, était au « contraire regardée comme la gardienne vigilante « de toute vérité, et la dépositaire intègre de toute « science. Le titre de clerc était synonyme de « savant, d'homme instruit... Les clercs de notaires, « les avoués etc., etc., ne sont ainsi nommés qu'à « raison de leur emploi, jadis si bien rempli par les « clercs du moustier. L'art d'écrire et de lire, dit « Carlier, était tellement réservé aux ecclésiastiques « qu'on l'appelait *La Clergie* (1).

« Mais, continue M. l'abbé Morel, déjà au « XVIᵉ siècle la pénurie des clercs se faisait sentir. »

Pour remédier à ce grave embarras, les évêques prescrivent alors d'établir, dans les villes et les villages de leurs diocèses, des maîtres d'école convenables, pour apprendre à la jeunesse les premiers éléments de la littérature et du catéchisme (2). Ces maîtres approuvés par l'Ordinaire du lieu, recevant leur rémunération soit sur les revenus annuels de

---

(1) Carlier, *Histoire du Duché de Valois*, T. III. p. 164.
Les prêtres sociétaires dont nous parlons, dans une note de la page 252 du chapitre VII, ont été dans nos contrées, croyons-nous, des maîtres d'école, s'occupant, dans leurs loisirs, d'enseigner aux enfants des paroisses où ils résidaient, à lire et à écrire ainsi que les éléments de la langue latine. C'est en se vouant à l'instruction de l'enfance qu'ils parvenaient à trouver des vocations religieuses et sacerdotales. Nous savons qu'à Chevrières les Bertrand, les Bruyas, les Gonon, les Meigret, les Dumas, les Goutagneux, tous prêtres de la paroisse, durent leur vocation sacerdotale à d'autres prêtres, curés, vicaires ou sociétaires, leurs maîtres dévoués, aux XVIᵉ et XVIIᵉ siècles.

(2) Des ordonnances, à ce sujet, furent faites par le cardinal Charles de Lorraine, archevêque de Reims (1538-1574). Abbé Morel : *Ecoles des anciens diocèses de Beauvais, Noyon et Senlis*. — Les archevêques de Lyon, se trouvant dans la même nécessité, ont certainement dû faire ce que faisait le prélat de Reims. Il serait injurieux de croire qu'ils avaient moins de zèle pour propager l'instruction dans leur grand diocèse.

l'église, soit de toute autre manière plus commode, furent les *premiers maîtres d'école laïques*.

La création d'un bureau des *petites écoles* à Lyon au XVIIe siècle, centralisa tous les efforts isolés, qui avaient été tentés jusqu'alors pour le progrès de l'enseignement, et imprima à l'instruction des classes pauvres une vive impulsion.

C'est à M. Charles Démia que revient l'honneur de cette initiative. Ce pieux ecclésiastique, né à Bourg en Bresse, le 30 octobre 1636, fonda les *petites écoles* du diocèse de Lyon, dès l'année 1664, et en fut nommé directeur général en 1672.

Le bien que firent ces établissements fut tel, que les évêques de Châlons, de Grenoble, de Toulouse et d'Agde, voulurent avoir des maîtres formés par cet habile instituteur des classes indigentes.

En 1676, il bâtit la communauté des Sœurs de Saint-Charles pour l'éducation des petites filles. C'est la seule institution de ce saint prêtre qui subsiste encore aujourd'hui.

C'était le moment où Gabriel de Roquette, évêque d'Autun, fondait dans son diocèse de nombreuses écoles rurales.

M. de Roquette, avant d'être élevé sur le siège d'Autun, avait été prieur de Charlieu, et il est à présumer que l'exemple de M. Démia ne fut pas sans influence sur le zèle qu'il apporta à propager l'instruction dans les campagnes.

C'est aussi dans ce XVIIe siècle, si fécond en hommes remarquables et en œuvres utiles, et vers l'année 1679, que fut instituée, par le Bienheureux Jean-Baptiste de La Salle, chanoine de la cathédrale de Reims, la Congrégation séculière des Frères des Ecoles chrétiennes, pour l'instruction gratuite des petits garçons.

Nous l'avons dit plus haut, la pénurie des clercs, au XVIe siècle, obligea les évêques à confier la charge d'instruire la jeunesse à des maîtres laïques.

Mais ces maîtres laïques, pieux et instruits, qui remplaçaient les clercs, restaient les subordonnés des curés qui gardaient toujours la direction de l'enseignement. C'était en leur nom qu'on formait la jeunesse à la science et à la vertu. Ils choisissaient les maîtres, s'assuraient de leurs capacités, leur procuraient l'approbation épiscopale, surveillaient leurs leçons et leurs actes; en un mot, assumaient toute la responsabilité de ce nouveau mode d'éducation.

La cloche de l'église avertissait, comme par le passé, les écoliers de se rendre à l'école. Le curé y allait faire de fréquentes visites, constatait que le catéchisme était bien appris et expliquait la doctrine chrétienne. S'il n'enseignait plus par lui-même les autres sciences, il contrôlait les progrès, encourageait les élèves laborieux et infligeait aux paresseux de justes réprimandes. Le maître, bien que laïque, semblait tenir la place de vicaire. Aussi l'appelait-on le clerc maître d'école, comme s'il faisait partie du clergé (1).

Mais les abus suivent toujours de près l'introduction des régimes nouveaux. Il s'en glissa certainement quelques-uns dans le nouveau mode d'enseignement de cette époque : ce qui le prouverait, ce sont

---

(1) Abbé Morel. *Loco citato, passim.*

les diverses ordonnances ou règlements faits par les évêques pour y rémédier (1).

Ces ordonnances épiscopales, qu'il n'entre pas dans notre plan d'études de citer ici, visent toutes l'approbation des maîtres, la visite des écoles, la séparation des sexes et la fréquentation des classes (2).

Elles sont une preuve palpable de la sollicitude toute particulière dont les évêques de ce temps entouraient l'enfance. Ils savaient que l'avenir de l'homme et de la société dépend en grande partie des principes qu'on puise dans les écoles et des habitudes qu'on y contracte. Aussi bien, veillaient-ils avec la plus grande vigilance tant sur les instituteurs et les institutrices, que sur les enfants qui leur étaient confiés. Et quand ils visitaient une paroisse, ils ne manquaient point de se transporter à l'école pour l'inspecter dans tous ses détails, interroger les enfants et juger eux-mêmes du mode d'enseignement employé par les maîtres, des choses enseignées et de l'ordre des classes.

Après la surveillance de la conduite et des mœurs des personnes préposées à l'instruction et à l'éducation de l'enfance, il est un point sur lequel les évêques demeuraient inflexibles : c'était la séparation complète des enfants des deux sexes (3).

On comprend combien cette dernière mesure était

---

(1) En 1646, Augustin Potin, évêque de Beauvais, et, en 1688, le Synode de Noyon, faisaient de semblables ordonnances. (Abbé Morel. *Loco citato.*)

(2) Abbé Morel. *Loco citato, passim.*

(3) Abbé Morel. *Loco citato, passim.* L'évêque de Beauvais, Monseigneur de Buzenval, dont le savant abbé Morel nous fait admirer la sollicitude exceptionnelle pour les écoles de son diocèse, au XVIIe siècle, devait certainement avoir autour de lui de zélés imitateurs. C'est pourquoi nous n'avons pas craint d'appliquer à tous nos évêques de France de cette époque sa manière admirable de se conduire vis-à-vis de la jeunesse des écoles.

sage et propre à préserver les enfants de tout danger de libertinage et de corruption.

En dehors des ordonnances épiscopales remédiant aux abus et réglant la discipline des écoles, il y avait encore les règlements paroissiaux.

Chaque diocèse, dit Carlier (1), avait ses règlements particuliers, et nous pourrions ajouter que chaque règlement d'école de paroisse avait sa couleur locale et ses articles spéciaux.

Pour donner au lecteur une idée de ces règlements paroissiaux, nous en offrons un spécimen, tiré de l'ouvrage très documenté que nous analysons dans ce chapitre (2).

« Aucun maître ou maîtresse ne pourra tenir
« l'école, qu'il ne soit approuvé de l'évêque diocésain,
« de l'archidiacre ou du grand chantre de la cathé-
« drale. Les écoles doivent être ouvertes depuis
« huit heures du matin jusqu'à onze, et depuis deux
« heures après midi jusqu'à cinq.

« Les leçons doivent commencer par la prière et
« finir de même.

« Le catéchisme se fera deux fois la semaine aux
« enfants, dans l'école.

« On n'emploiera, pour enseigner à lire, que des
« livres de piété dont l'usage sera indiqué ou
« approuvé par le curé.

« Les enfants seront conduits à l'église et aux
« offices des dimanches et des fêtes, et seront
« contenus par les maîtres et par les maîtresses.

(1) *Actes de la province de Reims*. T. IV. page 62. (Abbé Morel, *passim*. dans les Ecoles des anciens diocèses, Beauvais, Noyon, Senlis.)

(2) *Les Ecoles dans les anciens diocèses de Beauvais, Noyon, Senlis*. (Abbé Morel, *passim*.)

« Les maîtres ne pourront recevoir aucunes filles
« dans leurs écoles, ni les maîtresses aucuns garçons.
« Quant aux paroisses où il n'y a qu'un seul
« maître pour les garçons et pour les filles, celui-ci
« doit séparer les uns des autres en deux classes,
« et ne jamais laisser le lieu des écoles sans sur-
« veillant.

« Les enfants seront instruits selon les règles de la
« charité et de la discrétion, repris sans passion,
« corrigés sans humeur, selon les règles de la pudeur
« et de la modestie. On leur inspirera l'amour et la
« crainte de Dieu et l'horreur du vice.

« Les maîtres et maîtresses veilleront aussi sur la
« conduite des enfants, même hors de l'école, par
« une inspection telle que les temps et les lieux
« permettront.

« Les maîtres et les maîtresses seront recomman-
« dables par une bonne conduite et par une vie
« régulière. Ils ne pourront allier à leur profession
« aucunes fonctions avilissantes ou serviles. Ils
« seront approuvés des curés et seront tenus de se
« présenter tous les ans devant l'archidiacre, le
« chantre ou le doyen rural (suivant l'usage des
« diocèses) et feront renouveler leurs pouvoirs qu'ils
« présenteront ensuite au curé de la paroisse. »

Les écoles étaient-elles bien nombreuses dans nos
deux provinces du Forez et du Lyonnais? Chaque
paroisse avait-elle son instituteur et son institutrice,
avant la grande Révolution ?

Question intéressante, à laquelle nous ne nous
arrêterons pas à répondre, parce qu'elle nécessite-
rait des développements que nos documents trop

restreints et le cadre de notre travail trop modeste nous empêchent de donner.

Toutefois, la vérification des registres de catholicité d'un certain nombre de paroisses, autour de la nôtre, nous fait croire que la plupart des villages dans le diocèse de Lyon avaient leurs maîtres et maîtresses d'école (1).

Ainsi, à *Saint-Denis-sur-Coise*, paroisse de 730 habitants, nous trouvons :

1766. — Michel Fayolle.
1787. — Louis Granchamp.

A Saint-Médard, paroisse de 748 habitants :
1749. — Benoît Clapeyron.

A Virigneux, paroisse de 892 habitants :
1787. — Claudine Boachon, maîtresse d'école.

A Saint-Galmier, canton de 3257 habitants :
1659-..... — Pierre Gasc.
1693-1700. — Pierre Staron.
1705-1711. — Pierre Poncet.
1711-1714. — Pierre Plancher.
1718-..... — Claude Champagne.
1730-..... — Jean le Clerc.
1755-..... — Pierre-Antoine Personas.
1760-..... — M. Raynaud.
1768-..... — Antoine Claris.
1775-..... — Jean-Baptiste Pignaud.

---

(1) Nous ne parlons ici que des paroisses dont nous avons pu consulter les registres de catholicité. Mais en donnant à notre travail un plus grand développement, il nous serait facile d'établir la liste des maîtres d'école de la plupart des paroisses du diocèse, en remontant aussi loin que le permettent les registres.

1781-1783. — Etienne Charles
1791-..... — Etienne Pignaud.
1792-..... — Louis Rousset.

A Saint-Symphorien-le-Château, canton de 2307 habitants :

1782. — Jacques Bouillet, maître d'école.

A Chevrières, nos registres très minutieusement feuilletés ne nous ont révélé aucun nom de maîtres d'école, de l'année 1640 à l'année 1781, où nous trouvons celui de Jacques Bruel, au bas de l'acte de son mariage religieux.

Ce n'est pas que nos paysans, pendant cette longue période d'un siècle et demi, aient été privés des bienfaits de l'instruction ; les signatures paraphées aux feuillets de nos registres de ce temps prouvent au contraire qu'un certain nombre du moins savaient écrire. Mais leurs maîtres n'ont pas pris soin de se faire connaître, ou plutôt, étrangers au pays, ils se préoccupaient plus de leur salaire de chaque jour que de l'opinion de la postérité sur eux.

Voici, en effet, d'après une vieille tradition conservée parmi nos vieillards, comment les choses se passaient alors.

A part la maison des prêtres sociétaires qui devenait souvent une école, plus particulièrement destinée à recruter des élèves pour le sacerdoce, les enfants de nos montagnes ne fréquentaient pas d'école, où le maître résidât à demeure fixe.

Mais chaque jour, ou chaque semaine pendant la mauvaise saison, ils recevaient à domicile ou allaient recevoir, dans quelque hameau désigné d'avance, des leçons de lecture, d'écriture, de grammaire, de catéchisme, auprès de certains pédagogues ambulants.

Il arrivait même que ces maîtres d'école improvisés suffisaient aux besoins de plusieurs paroisses, en se transportant la moitié du temps dans l'une, et l'autre moitié dans l'autre.

Il est facile de comprendre combien un mode d'enseignement aussi rudimentaire était peu propre à faire des savants.

La modeste rétribution que ces maîtres d'école recevaient, en échange de leurs leçons, ne suffisant pas à les faire vivre, ils s'adonnaient en même temps à un petit commerce dont le maigre gain venait les mettre à l'aise (1).

Tels furent les maîtres qui instruisirent nos ancêtres à Chevrières, il y a deux ou trois cents ans.

Il n'est donc pas étonnant de voir, à cette époque, notre population plus habile à cultiver un champ qu'à lire dans les parchemins, plus apte à tracer un sillon avec la charrue, qu'à faire courir une plume sur le papier.

L'étude que nous avons faite de nos registres de catholicité va nous prouver, en effet, qu'ils étaient relativement peu nombreux, dans notre région éloignée de tout centre d'affaires, les hommes qui savaient mener une plume.

Quant aux femmes, nous les avons rarement vues signer dans les actes publics. On n'apprenait guère

---

(1) La plupart de ces humbles maîtres d'école, dont le bagage scientifique était beaucoup plus léger que la hotte, qui contenait leur stock de mercerie et de plantes médicinales, venaient des départements des Hautes-Alpes et Basses-Alpes.

aux jeunes filles à écrire. A quoi bon cette science, pour le soin d'un ménage, disaient nos pères, avec leur bon sens pratique ?

A Chevrières, pendant les périodes quinquennales suivantes, prises au hasard dans nos registres, nous trouvons :

De 1641 à 1645, les signatures de 40 hommes et celles de 5 femmes, au bas de 161 actes.

De 1653 à 1657, les signatures de 32 hommes et celles de 2 femmes, au bas de 130 actes.

De 1671 à 1675, les signatures de 43 hommes et celles de 3 femmes, au bas de 208 actes.

De 1691 à 1695, les signatures de 41 hommes et celles de 3 femmes, au bas de 276 actes.

De 1725 à 1729, les signatures de 338 hommes et celles de 13 femmes, au bas de 302 actes.

De 1733 à 1737, les signatures de 280 hommes et celles de 7 femmes, au bas de 294 actes.

D'où l'on voit que, plus on se rapproche de nos temps, et plus aussi deviennent nombreuses les mains exercées à l'écriture.

Il est vrai que la période suivante de cinq années nous ramène aux époques les plus illettrées, où l'invariable formule : *ont déclaré ne savoir signer de ce enquis*, clôt presque tous les actes de catholicité ; en effet de 1747 à 1751, nous ne lisons plus, au bas de 327 actes, que les signatures de 66 hommes et celles de 12 femmes.

Mais c'est une exception qui ne se rencontrera plus, car voici des temps meilleurs. L'examen approfondi des registres qui précèdent de quarante ou cinquante ans la grande Révolution, nous révèle un très grand nombre de signatures paraphées par des mains déjà exercées. On devine dans le galbe des lettres, les leçons d'un maître sérieux.

Ce maître, nous l'avons déjà dit (le premier dont nos documents aient conservé le nom), fut dès 1781 et probablement quelques années avant : Jacques Bruel (1).

Ce Jacques Bruel qui, à vingt-cinq ans, était officiellement chargé de l'instruction des enfants, à Chevrières, succédait-il à son père Mathieu Bruel, dans l'honorable charge d'instituteur ? nous n'avons pas pu le constater.

Après Jacques Bruel, voici la liste des instituteurs laïques de Chevrieres, jusqu'à l'établissement des Petits Frères de Marie, vers 1852.

Louis Rousset, 1794 (2).

Benoît Blanchard, de 1812 à 1816 (3).

Mathieu Bruel, de 1816 à 1839.

Vincent Ebrard, de 1839 à 1845.

Jean Voutat, de 1846 à 1852.

Nous manquerions ici à notre devoir d'historien

---

(1) Nous lisons dans nos registres, à la date du 23 janvier 1781 : Mariage de Jacques Bruel, *maître d'école* et cordonnier du bourg et paroisse de Chevrières, avec Marie-Anne Thélisson. L'époux âgé de 25 ans et l'épouse de 26 ans. (*Archives de la paroisse.*)

(2) Une délibération du conseil de l'autorité locale datée du 7 vendémiaire an III de la République (28 septembre 1794) nous apprend que *Louis Rousset, instituteur*, fut nommé à cette date, avec les notables de Chevrières, membre de la commission chargée de veiller à ce que l'on n'enlève pas les grains de la commune. (*Archives départementales de la Loire.*) Ce Louis Rousset était instituteur à Saint-Galmier en 1792. Comment et pourquoi vint-il à Chevrières plus tard ? Nous l'ignorons.

(3) Cette date de 1812 est celle que nous trouvons dans nos registres à la suite de laquelle Benoît Blanchard signe *maître d'école*. Mais il y avait sans doute plusieurs années qu'il avait remplacé Louis Rousset dans les fonctions d'instituteur. Toutefois, nos vieillards parlent encore, à cette époque, d'instituteurs briançonnais.

impartial si nous ne rendions pas un hommage public de louanges et de reconnaissance à ces hommes dévoués qui, pendant les cinquante premières années de notre siècle, ont rempli la tâche difficile d'humbles éducateurs de l'enfance.

Avec quelle patience et quels soins persévérants ils cherchaient à développer l'intelligence et à former le cœur de leurs jeunes élèves !

A cette époque où la religion tenait à l'école la première place, le catéchisme était le livre où l'enfant apprenait à la fois à aimer son Dieu, sa famille et son pays.

§ III

ÉCOLE DES PETITS GARÇONS DIRIGÉE PAR LES FRÈRES MARISTES, FONDÉE EN 1852

Nous l'avons dit, au chapitre VII, c'est à M. le curé Claude Girardet, secondé par M. Jean-Pierre Basson, maire, que la commune de Chevrières doit l'école congréganiste des Petits Frères de Marie (1).

L'autorité locale ayant fait, avec la plus grande sagesse et le plus louable dévouement, les démarches légales auprès de M. le Préfet de la Loire, celui-ci répondit à la demande du Conseil municipal par une *autorisation de construire*, datée du mois de novembre 1851.

La commune fit de généreux sacrifices, la fabrique

(1) Tout le monde sait que l'Institut des Petits Frères de Marie fut fondé à Lavalla (Loire), en 1817, par le Père Joseph-Benoît-Marcellin Champagnat.

elle-même céda le *pré bénit*, les paroissiens multiplièrent gratuitement leurs journées et leurs charrois, tant et si bien que la nouvelle maison d'école, qui devait aussi servir de *mairie*, fut achevée pour la rentrée des classes de 1852.

Trois Frères Maristes, mandés par M. Girardet, vinrent alors s'installer dans la vaste et très commode école bien aménagée, et y reçurent tous les petits garçons de la paroisse.

Qui dira quelle joie profonde remplit alors le cœur des parents et celui des enfants, lorsque les bons Frères ouvrirent leurs classes pour la première fois !

Et depuis cette époque déjà éloignée, nous pouvons affirmer que enfants et parents ont constamment gardé envers leurs maîtres chrétiens et dévoués la plus sincère affection.

Voici la liste des Supérieurs de l'école congréganiste, depuis sa fondation jusqu'à ce jour :

Frère Arnould, de 1852 à 1856.

Frère Berthuin, de 1856 à 1860.

Frère Chryseul, de 1860 à 1864.

Frère Gaspard, de 1864 à 1869.

Frère Berthulle, de 1869 à 1872.

Frère Berthin, de 1872 à 1880.

Frère Nivard, de 1880 à 1885.

Frère Epiphanie, 1885.

Frère Gerin, 1885.

L'école des Frères de Chevrières demeura communale, jusqu'au 15 septembre 1891, époque à laquelle un arrêté de la Préfecture de la Loire vint signifier au bon Frère Gerin d'avoir à cesser ses fonctions d'instituteur communal et de vider les lieux pour faire place à un instituteur laïque, désigné par le ministère de l'Instruction publique.

Cette mesure, à laquelle on s'attendait, était l'application de la loi de 1886.

Il n'y avait rien à objecter. Les chers Frères quittèrent leur ancien local et vinrent s'installer dans les bâtiments préparés pour les recevoir, par la générosité de M. Elisée Neyrand, maire de Chevrières et bienfaiteur de la paroisse.

Voici du reste comment les choses se passèrent à cette heure désolée, où chacun se demandait avec angoisse ce qu'allaient bien devenir et maîtres et élèves expulsés.

Dès que M. Elisée Neyrand pressentit l'application des lois laïcisatrices, il ne se préocupa plus que d'une seule chose : procurer aux excellents Frères Maristes un local qui pût dignement remplacer l'ancien, et offrir à leurs enfants des classes aussi commodes et aussi spacieuses que celles qu'ils devaient bientôt quitter.

A tout prix, cet homme de bien, qui comprenait la haute importance de l'œuvre des Ecoles chrétiennes, et qui, selon la pensée de Léon XIII, en faisait dépendre toute vie morale et religieuse pour la France, à tout prix cet homme de foi ne voulait pas que les pères et les mères de famille de Chevrières eussent la douleur de voir leurs enfants, un seul jour, privés des bons soins de leurs pieux maîtres.

Aussi bien, confia-t-il avec empressement, à son curé et ami, la tâche peu facile de trouver dans le village un immeuble propre à recevoir bientôt Frères et élèves.

Après de longues hésitations, un Comité, dit des Ecoles, formé pour les circonstances et composé de M. le curé S., président; de MM. Jean Gonon, vice-président; Henri Jordan de Puyfol, trésorier; Jean Faure, secrétaire; Antoine Jacquemont et Claude Bréassier, assesseurs, arrêta ses vues sur l'immeuble actuel et en fit l'acquisition au prix de 6.500 francs.

Cet immeuble bâti sur l'emplacement d'un très ancien prieuré, et dont les dépendances étaient occupées par une ferme, comprenait deux vastes corps de bâtiments, séparés l'un de l'autre par une belle terrasse.

Il fut repris par les fondements, et mis en état de recevoir bientôt les 120 élèves de l'école communale. Le travail, commencé au mois de mai 1891, fut terminé vers les premiers jours d'octobre de la même année. On était parvenu, à force de diligence et de bras, sous la direction d'un architecte, à transformer, à couronner un édifice spacieux, commode et remplissant toutes les conditions exigées par la loi.

L'habitation des bons Frères, très retirée du bruit, avec sa gracieuse disposition qui fait penser aux chalets suisses, offre toutes les commodités désirables.

Mais ce qui attire surtout l'attention, ce sont les deux vastes classes ouvertes aux élèves, et au centre même du village, non loin de l'église. Très élevées au dessus du sol, elles sont vraiment remarquables par leurs grandes proportions, leur parfaite aération, et leurs hautes fenêtres, par où la lumière pénètre à flots. Rien de ce qui peut être utile à la santé des enfants et au développement de leur esprit ne manque dans ces belles salles où l'aménagement est des mieux compris et très complet.

Le travail de restauration seul a coûté près de 15.000 francs, somme énorme que les habitants de Chevrières, prêts cependant à tous les sacrifices, n'eussent jamais pu fournir avec leur labeur pénible et peu rémunérateur, si le cœur généreux et chrétien de M. Elisée Neyrand ne l'avait spontanément offerte à son cher curé.

Que Dieu veuille récompenser dans le ciel l'incomparable don que ce chrétien, au grand cœur, a fait à la paroisse de Chevrières ! Et que, du séjour des bienheureux où ses innombrables bonnes œuvres l'ont certainement déjà placé, il prie Dieu pour la prospérité de l'école qu'il nous a léguée.

Et, cependant, celui qui se faisait une vraie joie et un devoir de prodiguer son or avec ses conseils, pour une œuvre qu'il appelait *l'œuvre de son cœur*, n'eut pas la consolation de la voir mener à bonne fin.

En effet, M. Elisée Neyrand, après de longs jours de cruelles souffrances, supportées avec la foi et la résignation d'un saint, rendait sa belle âme à Dieu, le 7 avril 1891. Il mourait au milieu des préoccupations de la grave question de sa chère école, sans avoir pu en inspirer les plans ni en encourager les travaux.

Dieu a des desseins impénétrables sur certaines âmes d'élite dont il s'est réservé de récompenser les bonnes œuvres. Lorsque ces âmes ont travaillé de longs et pénibles jours à procurer sa gloire par de durs labeurs, et qu'il semble qu'elles aient quelque droit à recueillir les joies et l'honneur du succès, voilà que, soudain, il les frustre de leurs légitimes espérances, change leurs lauriers en cyprès et les enlève, par une mort prématurée, à une âpre et difficile tâche qui demeure inachevée.

C'est que Dieu n'a nul besoin de l'achèvement d'une œuvre pour juger de son importance et du mérite de celui qui l'accomplit : *Deus intuetur cor*, Dieu regarde le cœur, c'est-à-dire la bonne volonté. Et c'est pourquoi, dans sa bonté de Père, il se hâte de la récompenser.

Et puis, le succès, la victoire pourrait peut-être enivrer d'orgueil et perdre éternellement une âme !

Mais qu'il est doux pour un chrétien de mourir ainsi dans le devoir ! Qu'il est glorieux pour lui de succomber sur la brèche ! Et pour ceux qui restent dans le deuil, qu'il est consolant de voir ainsi s'envoler vers Dieu des êtres chéris !

Toutefois M. Elisée Neyrand, en homme prévoyant, ne laissa pas la mort le surprendre sans avoir assuré la vie à sa *chère œuvre*.

La veille de sa mort, cet honorable magistrat qui avait consacré près de quarante années de sa vie à sauvegarder les intérêts de Chevrières et à répandre autour de lui d'abondantes aumônes, cet homme de bien, dont l'intelligence administrative et le dévouement sans borne n'eurent d'égale que sa grande charité, voulut signer, de sa main tremblante, l'acte notarié par lequel il se rendait acquéreur des immeubles que, quelques semaines plus tard, ses dignes héritiers devaient transformer en école libre de petits garçons. Et quand il eut fait ce testament pieux, il lui sembla qu'il pouvait mourir en paix.

Et il s'endormit en effet du sommeil des justes, cet homme, le modèle accompli du bon père de famille; ce chrétien dont la joie était de faire des heureux, de soutenir de ses deniers toutes les œuvres catholiques; cet homme privé qui accueillait tout le monde avec bienveillance et qui n'épargnait ni son temps ni son or lorsqu'il s'agissait de tirer quelqu'un d'un mauvais pas. Et il fut enlevé à sa famille éplorée, content, lui, d'avoir ouvert une école où les pères et mères pourraient désormais, comme par le passé, trouver des maîtres dévoués et capables d'apprendre à leurs enfants à aimer Dieu et à servir leur pays.

Les bons Frères Maristes prirent possession de leur nouvelle école le 26 octobre. C'était la rentrée des classes. Nombreux dès les premiers jours furent leurs jeunes élèves, tout heureux de retrouver leurs bons maîtres. Mais enchantés aussi furent les parents de savoir leurs enfants bien accueillis et bien installés.

Et depuis, ils travaillent tous à l'envi, ces petits garçons, sur leurs pupitres neufs, sous le regard du Crucifix, qui préside chaque jour à la leçon du catéchisme, comme il encourage à la leçon de grammaire ou d'histoire.

Ils travaillent et font des progrès sérieux, avec des maîtres aussi expérimentés dans l'éducation de la jeunesse que le sont nos Petits Frères de Marie.

« Parmi les fonctions sociales, dit l'éloquent Mon-
« seigneur Dupanloup, il n'en est pas de plus grande
« que celle d'éducateur de la jeunesse. C'est une
« véritable paternité. »

Paternité honorable que nos instituteurs congréganistes justifient par leur dévouement envers les enfants, par leur haute aptitude à former les cœurs à la vertu et les esprits à la science, et par les sacrifices qu'ils savent faire de leur liberté au profit de l'enfance.

Paternité douce, dont ils nous montrent les formes les plus attrayantes dans la tendresse, les attentions délicates qu'ils prodiguent à leurs élèves.

Mais paternité pleine de rectitude et d'équité, qui leur inspire un juste mélange de douceur et de sévérité; car s'ils savent applaudir au bien, ils ne craignent pas de redresser les caractères, de faire plier les volontés et de faire une guerre incessante à tous défauts. Leur programme, qui ne le sait pas? est tout renfermé dans ces trois mots : Faire des hommes chrétiens, instruits et travailleurs.

Car, qu'on le sache bien, nos Petits Frères de Marie font marcher de pair : et l'étude de la grammaire et l'enseignement du catéchisme.

Faut-il le dire? Pour ces hommes voués à l'éducation de l'enfance : instruire n'est qu'une partie de leur noble mission ; c'est même la moins importante à certains points de vue.

Enseigner la religion, ses dogmes divins, sa morale sainte, former les cœurs à la vertu : voilà le côté capital du ministère de nos instituteurs chrétiens, à quelque ordre qu'ils appartiennent, sans distinction de méthode ou de vêtement, soit qu'ils habitent au fond de quelque village inconnu, soit qu'ils exercent leur mission humanitaire dans le centre des grandes villes.

Aussi bien, peut-on mettre avec la plus grande

vérité dans la bouche de ces modestes professeurs pris à tous les degrés, depuis celui qui enseigne l'A B C D, jusqu'à celui qui prépare aux brevets des hautes études, ces paroles de l'apôtre saint Paul aux chrétiens de Galatie : « Mes chers petits enfants, pour lesquels je souffre de grandes douleurs jusqu'à ce que Jésus-Christ soit formé en vous. »

Oui, nos excellents instituteurs Congréganistes souffrent de grandes douleurs, oui, ils n'ont ni joie ni repos, qu'ils n'aient achevé de former Dieu dans le cœur de leurs élèves, convaincus que la connaissance de la religion est une lumière nécessaire à l'esprit qui veut apprendre les choses du temps.

§ IV

ÉCOLE DES PETITES FILLES. — FONDATION DE LA COMMUNAUTÉ DES RELIGIEUSES SAINT-JOSEPH EN 1729.

C'est en 1729 que les Religieuses de la Congrégation de Saint-Joseph parurent pour la première fois à Chevrières.

Appelées par Messire Pierre-Bernard Paccalon, alors curé de la paroisse, elles vinrent de Saint-Héand, où leur Congrégation était déjà établie, pour fonder une nouvelle Communauté.

Les deux religieuses chargées par leur Supérieure de cette grave mission avaient noms : Benoîte Veyre et Marie-Benoîte Coignet. L'une de ces pieuses filles, Benoîte Veyre, était native de Bourg-Argental;

l'autre, Marie-Benoîte Coignet, était née à Saint-Chamond.

Toutes deux appartenaient à de très chrétiennes et très respectables familles, chez lesquelles la foi et le dévouement à l'Eglise étaient légendaires.

Elles vinrent, ces deux bénies fondatrices de la première école congréganiste à Chevrières, n'ayant pour tout avoir qu'un profond dévouement dans le cœur et un rosaire au côté.

Et elles furent conduites, à leur arrivée au village, non dans un palais, mais dans un autre Bethléem dont le dénûment faisait tout le décor.

C'est ainsi que commencent toutes les œuvres de Dieu. Leur faiblesse première fait plus tard leur force; et c'est sur les plus humbles débuts, qu'elles élèvent leur grandeur et leurs succès (1).

En effet, les deux humbles religieuses auxquelles la population fit un accueil enthousiaste, furent introduites par Messire Pierre-Bernard Paccalon, dont le cœur débordait de joie, dans une modeste chaumine, située sur le flanc sud de la colline et non loin de la croix des Rameaux ou de Rampeaux.

Quelques meubles de sapin adossés à des murs blanchis à la chaux, deux ou trois tables de travail attendant les élèves, un grand Christ étendant ses bras comme pour recevoir et bénir les deux nouvelles Religieuses, c'est tout ce que trouvèrent Sœur Veyre et Sœur Coignet.

Habituées aux sacrifices et familiarisées avec les tribulations de la pauvreté, les deux saintes filles que

---

(1) *Et infirma mundi elegit Deus, ut confundat fortia* (I, Corinth., I, 27).

Dieu envoyait, en ce coin de terre, pour y façonner l'âme de l'enfance à la vie chrétienne de la famille, bénirent la divine Providence, sourirent à leur dénûment et renouvelèrent leurs promesses de fidélité à Dieu et aux devoirs de leur sainte profession.

Nous verrons qu'elles n'y faillirent jamais, ni elles, ni leurs zélées successeurs dans la suite des temps. Et aujourd'hui, comme il y a un siècle et demi, on trouverait encore, parmi nos humbles religieuses, des âmes aussi fortement trempées que celles des Benoîte Veyre et des Marie-Benoîte Coignet, capables de tout sacrifier pour procurer aux populations les bienfaits de la foi et de l'instruction.

Une fois installées dans le local provisoire et bien modeste qui leur avait été préparé, les deux religieuses songèrent à la cérémonie qui devait consacrer pour toujours à Dieu, et leur nouvelle maison et leurs débuts dans les graves fonctions de maîtresses d'école.

Cette intéressante et pieuse cérémonie de l'érection de la Congrégation des Sœurs de Saint-Joseph à Chevrières, à laquelle Messire Paccalon avait, sans nul doute, convoqué toute sa paroisse, eut lieu très solennellement le 10 du mois d'août 1729.

Nous n'avons pas besoin de dire l'empressement que mirent, dès ce jour, toutes les familles à confier aux nouvelles institutrices leurs nombreux enfants.

Aussi bien, la petite maison qu'elles habitaient (1) devint-elle bientôt trop étroite. Les élèves se multipliant, il fallait des locaux plus commodes et plus

---

(1) Cette maisonnette que M. le curé Paccalon avait sans doute louée pour y recevoir les nouvelles religieuses, appartenait à un M. Baget. On la voit encore de nos jours, telle à peu près qu'il y a un siècle et demi.

spacieux. On prit cependant patience pendant quelques mois. Messire Paccalon, ayant fait des démarches auprès de l'autorité locale, la décida à mettre en vente l'ancien presbytère. Les deux fondatrices achetèrent l'immeuble de leurs pauvres deniers, le firent restaurer et disposer selon les besoins du moment et enfin y transportèrent leurs deux classes dès l'année 1731.

Le contrat de vente de l'ancien presbytère attenant au porche de l'église, par les habitants de Chevrières et au profit de la communauté des religieuses de Saint-Joseph, fut passé le 22 février 1731 (1).

Et c'est là tout près du divin Maître (2) que pendant près d'un siècle la pieuse communauté vécut, pria, se sacrifia et se surmena de dévouement, à nous former cette admirable génération de femmes fortes que nos vieillards ont eues pour grand'mères et mères, et dont la foi aux mauvais jours de la Révolution, et sous la menace de l'échafaud, ne se démentit pas un seul instant.

Telles maîtresses d'ailleurs, telles élèves, pouvait-on dire, dans ces temps où la religion, à l'école, avait le pas sur la science. Et si à Chevrières, pendant la Terreur, on n'eut pas un seul exemple de femmes élevées à l'école des Religieuses, renonçant à sa foi, on vit aussi ces dernières rester inébranlables dans leurs serments de fidélité à Dieu, au milieu des horreurs du cachot.

Plusieurs de ces sublimes femmes, vouées à l'ins-

---

(1) *Archives de la paroisse.*

(2) Rappelons ici que l'ancien presbytère s'ouvrait sur le vieux cimetière et à deux pas du grand portail de l'église.

truction et à l'éducation de la jeunesse, eurent l'honneur et le bonheur de souffrir la persécution pour Jésus-Christ.

Sœur Rose France, de la paroisse de Chevrières, dit le précieux *Recueil des mémoires de la Communauté*, maîtresse des novices, dont le zèle pour la gloire de Dieu, la piété, la douceur et les exemples de vertu, édifièrent pendant quarante-six ans compagnes et élèves, eut la consolation de souffrir pour le divin Maître. Arrêtée par les agents de l'inique Javogue, elle fut enchaînée et transférée dans les prisons de Feurs, pour n'avoir pas voulu trahir sa foi. Elle y mourut le 18 août 1794, confessant la religion catholique, apostolique et romaine, et résolue à verser son sang plutôt que d'abjurer son Dieu.

Sœur Marie-Anne Relave, originaire de Chevrières, décédée le 9 janvier 1814, à l'âge de 70 ans, après avoir édifié la communauté pendant cinquante-trois années, par une grande fidélité à ses devoirs, une humilité profonde, un tendre amour pour ses compagnes et une foi à toute épreuve, eut aussi le bonheur de souffrir pour son Dieu.

Elle fut conduite dans les prisons de Feurs pour de là, comme tant d'autres innocentes victimes, être menée à l'échafaud. Mais Dieu, content de son sacrifice, ne voulut pas lui accorder la couronne du martyre. Il la réserva pour consolider la maison de Chevrières (1), réunir les Sœurs dispersées par la

---

(1) Placée, dit le *Recueil des mémoires de la Communauté* pendant les jours néfastes de la Terreur, dans la triste alternative ou de voir la maison aliénée, ou de déplaire à un supérieur, elle sut allier le respect qu'elle devait à l'autorité avec le soin de sa maison. Grâce à sa prudence et à son zèle, les Sœurs de Chevrières demeurèrent en possession de leurs biens.

persécution, les édifier et faire le bien dans la paroisse en soulageant les pauvres, et en instruisant les enfants.

Sœur Jeanne-Joseph France, née à l'Hôpital-le-Grand, après avoir consacré quarante-neuf années à se rendre utile à sa communauté et à la paroisse, par l'instruction des enfants, surtout des enfants pauvres, traversa les orages de la Révolution sans renoncer à sa foi et sans perdre de vue sa vocation, et mourut pleine de mérites le 11 novembre 1829.

Sœur Pierrette Bayet, remarquable par son éminente douceur, sa charité envers les pauvres et les malades, sut conserver, elle aussi, et l'esprit de sa vocation et sa foi dans l'épreuve de la Révolution.

Victime de sa charité, elle fut emprisonnée à Feurs à cause de son empressement à porter des vivres à sa compagne.

A peine la persécution eut-elle suspendu sa rage, qu'elle se rendit dans son ancienne et chère communauté, pour y reprendre la pratique des saintes Règles, y édifier encore par son dévouement et y mourir le 25 août 1823 de la mort d'une sainte.

Sœur Jeanne-Marie Bonnier, qui sut affronter les dangers de l'orage révolutionnaire, sans que sa foi solide fît un triste naufrage. Fortement attachée à la religion et à ses devoirs de fille de la Congrégation de Saint-Joseph, dit *le Recueil des mémoires de la Communauté*, après les mauvais jours, elle se réunit à ses compagnes, conserva toujours un sévère attachement aux anciens usages des Sœurs de Saint-Joseph, et mourut de la mort des justes, sans agonie, le 10 janvier 1827, âgée de 64 ans.

Voilà ce que furent, il y a un siècle, nos Religieuses de Chevrières : des modèles de toutes les vertus, des prodiges de dévouement pour l'instruction et l'éducation de la jeunesse et de vraies martyres de leur foi.

Et, ce que nous avons écrit de sœur Rose France, de sœur Marie-Anne Relave, et de ses compagnes, nous pourrions l'écrire, avec autant de vérité, des humbles Sœurs qu'elles formèrent à la vie religieuse par leurs conseils et leurs exemples (1). Toutes, sans exception, savaient se sacrifier pour le bien de leurs élèves, toutes eussent été capables de mourir plutôt que de renoncer à leur religion. Avons-nous besoin de le dire ? Il en est encore ainsi. Si les temps ont changé, les courages et les vertus sont restés les mêmes dans cette pieuse Congrégation des Religieuses de Saint-Joseph. Aujourd'hui, comme autrefois, les institutrices qu'elle forme savent élever la jeune fille de nos campagnes dans la crainte de Dieu et l'amour de la famille.

En même temps qu'elles s'appliquent à développer l'intelligence de leurs jeunes élèves et à leur donner une instruction en rapport avec les besoins de la vie, elles s'efforcent de former leur âme aux vertus solides qui font les jeunes personnes sérieuses et, plus tard, les mères de famille modèles.

Et s'il fallait souffrir la persécution pour Jésus-Christ, elles sauraient, comme leurs aînées, mourir plutôt que d'abjurer leur foi.

Voici maintenant les noms de ces femmes dévouées

---

(1) La Communauté de Chevrières étant indépendante, se gouvernait elle-même. Elle recevait les novices, donnait le saint habit, et ratifiait les vœux que les professes faisaient par devant le curé de la paroisse établi supérieur de la Congrégation.

qui, pendant un siècle, administrèrent avec autant de sagesse que de dévouement la petite Communauté de Chevrières. Ce n'est point assez de fixer leur souvenir sur le papier fragile, il le faudrait graver sur l'indestructible airain.

Sœur Benoîte Veyre, fondatrice, première Supérieure, de 1729 à 1765.

Sœur Marie-Benoîte Coignet, première Assistante et fondatrice, de 1729 à 1765.

Sœur Marie-Benoîte Coignet, deuxième Supérieure, de 1765 à 1773.

Sœur Marie-Anne Relave, troisième Supérieure, de 1773 à 1813.

Sœur Marie-Antoinette Morel, quatrième Supérieure, de 1813 à 1814.

Sœur Jeanne-Joseph France, cinquième Supérieure, de 1814 à 1820.

La vie édifiante des deux fondatrices de la Communauté des Religieuses de Saint-Joseph mériterait qu'on lui consacrât un volume. Pour payer notre tribut de reconnaissance à ces âmes d'élite, auxquelles les mères de famille doivent l'école qui élève et instruit leurs filles, transcrivons ce que dit d'elles *le Recueil des mémoires de la Communauté*. Ces quelques mots, dans leur simplicité, diront autant que les pages les plus éloquentes :

« Sœur Benoîte Veyre, Supérieure et fondatrice de
« cette maison, âgée de 70 ans environ, après avoir
« passé quarante-trois ans dans la Congrégation où
« elle a toujours été l'édification et le bon exemple
« des Sœurs, est décédée avec de grands sentiments
« de piété et de religion le 10 juillet 1765.

« Sœur Marie-Benoîte Coignet est décédée à l'âge
« de 77 ans. Elle a été Assistante vingt-six ans, et
« Supérieure dix-huit. On peut et on doit dire qu'elle
« a été fondatrice de cette maison ; car elle a com-
« mencé, avec la sœur Veyre, la bonne œuvre de cet
« établissement, elle l'a continuée en qualité d'Assis-
« tante et de Supérieure jusques à sa mort. Elle
« avait grand zèle pour la gloire de Dieu et pour
« l'observance de la règle, du goût pour la piété, de
« l'amour pour la retraite, de l'éloignement du monde,
« de l'aversion pour la conversation avec les gens
« du monde, de la tendresse pour ses compagnes et
« de charité pour les pauvres.

« Elle savait encore ajouter à la pratique de toutes
« les vertus, les soins prudents pour le bien temporel
« de sa maison. Elle a fait, en un mot, l'édification
« de la société établie à Chevrières en 1729 ; et sa
« vie a fini le 4 février 1779 dans le Seigneur, à la
« suite d'une longue maladie. »

A peine les pieuses fondatrices avaient-elles pris possession de l'ancien presbytère, et l'avaient-elles aménagé pour y recevoir leurs élèves que, séduites par le genre de vie des deux saintes Religieuses, et, sans nul doute, poussées par la grâce de Dieu qui bénissait déjà l'œuvre des écoles, plusieurs jeunes personnes demandèrent à entrer dans la nouvelle Communauté.

C'est ainsi que nous trouvons dans le *Recueil des mémoires de la Communauté de Chevrières* les noms suivants de novices appartenant, la plupart, à des familles de la paroisse ou des paroisses environnantes :

Antoinette Faure, de Chaignon, novice en 1731.

Jeanne-Marie Bellon, de Saint-Denis-sur-Coise, novice en 1731.

Etiennette Escot, de Chevrières, novice en 1732.

Marie-Anne Veyre, de Bourg-Argental, novice en 1732.

Françoise Séon, de Saint-Denis-sur-Coise, novice en 1735.

Jeanne Escot, de Chevrières, novice en 1737.

Françoise Carret, de Larajasse, novice en 1741.

Marie Goy, de Larajasse, novice en 1742.

Jeanne-Marie Combe, de Larajasse, novice en 1746.

Marie Jalabert, de Larajasse, novice en 1748.

Antoinette Bourrin, de Larajasse, novice en 1749.

Jeanne-Marie France, de Chevrières, novice en 1751.

Françoise Séon, de Saint-Denis-sur-Coise, novice en 1751.

Jeanne-Marie Morel, de Chevrières, novice en 1758.

Pierrette Peysaret, de Mornant, novice en 1760.

Jeanne-Marie Relave, de Chevrières, novice en 1760.

Louise Escot, de Chevrières, novice en 1765.

Antoinette Morel, de Chevrières, novice en 1765.

Jeanne-Marie Thélisson, de Chevrières, novice en 1767.

Pierrette Reynod, de Chevrières, novice en 1769.

Jeanne France, de l'Hôpital-le-Grand, novice en 1769.

Pierrette Bayet, de Panissières, novice en 1780.

Jeanne Siméon, de Chevrières, novice en 1784.

Jeanne-Marie Bonnier, de Larajasse, novice en 1786.

Marguerite Faÿ, de Sainte-Catherine, novice en 1803.

Jeanne Benoît, de Messymi, novice en 1805.

Jeanne-Marie Balay, de Saint-Didier, novice en 1807.

Marguerite Moreton, de Chevrières, novice en 1813.

Marie Couturier, de Saint-Martin-en-Haut, novice en 1813.

Jeanne-Marie Guyot, de Grammont, novice en 1815.

Jeanne Lafay, de Chevrières, novice en 1817.

Catherine Laffay, de Fontanay, novice en 1823.

Antoinette Dumas, de Chevrières, novice en 1823.

Elisabeth Dumas, de Chevrières, novice en 1823.

Antoinette Gonon, de Chevrières, novice en 1823.

Pierrette Badoil, de Chevrières, novice en 1823.

Claudine Jacoud, de Chevrières, novice en 1827.

Gabrielle Roch, de Saint-Etienne, novice en 1827.

Marie Gallot, de Saint-Romain-les-Atheux, novice en 1828.

Marie Détra, de Chevrières, novice en 1828.

Françoise Viricel, de Chevrières, novice en 1829.

Cette phalange d'anges terrestres après avoir consacré leur vie à Dieu et leurs forces au service de l'enfance, passèrent paisiblement leurs jours à faire le bien, sous le regard bienveillant et maternel de Supérieures, donnant à leur communauté les plus édifiants exemples du sacrifice et de la vraie piété.

Aux cinq premières Supérieures de la Communauté, dont les unes assistèrent à ses premiers succès, les autres eurent à subir l'épreuve de la persécution, succédèrent les Religieuses dont les noms suivent, et aussi remarquables que leurs dignes devancières, par leur piété et leur prudence à gouverner.

Sœur Sainte-Chantal, sixième Supérieure, de 1823 à 1824.

Sœur Rosalie, née Lafay, septième Supérieure, de 1824 à 1858.

Sœur Saint-André, née Guillermet, huitième Supérieure, de 1858 à 1861.

Sœur Marie-Joséphine, née Gaillard, neuvième Supérieure, de 1861 à 1862.

Sœur Anne-Rosalie, née Blachon, dixième Supérieure, de 1862 à 1877.

Sœur Marie-Hortense, née Liaudat, onzième Supérieure, de 1877 à 1879.

Sœur Marie-Colette, née Jolivet, douzième Supérieure, de 1880 à 1887.

Sœur Anne-Caroline, née Désigaud, treizième Supérieure, depuis 1887.

Après avoir vécu un siècle, dans l'enceinte étroite et malsaine de l'ancien presbytère, la petite Communauté, qui voyait le nombre de ses élèves grandir encore chaque jour, dut chercher une installation nouvelle.

Or, non loin de la modeste chaumière(1), où Messire Pierre-Bernard Paccalon avait provisoirement établi, en 1729, l'école dirigée par Sœur Veyre et Sœur Coignet, s'élevait une vaste et commode habitation, ayant appartenu autrefois, à l'honorable famille Baget (2).

---

(1) Située aux flancs de la colline de Rampeaux.

(2) Les Baget étaient une famille bourgeoise de Lyon établie à Chevrières, du moins depuis l'année 1644, qui est celle de la fondation de la maison, ainsi que nous le révèle le millésime gravé sur le fronton de la porte d'entrée. Un Jean

Cet immeuble étant devenu, après la grande Révolution, la propriété de la famille Séon, fut mis en vente vers l'année 1826.

A cette époque, M. l'abbé Bourge était curé de Chevrières et Sœur Rosalie Lafay, Supérieure de la Communauté.

C'est dire que la sagesse de l'un et l'intelligence administrative de l'autre ne laissèrent point passer la bonne occasion qui était offerte à l'œuvre des écoles de se ménager des locaux plus commodes et plus vastes.

Aussi bien, sur les conseils de son dévoué pasteur, Sœur Rosalie se hâta de faire l'acquisition de la maison Baget. L'acte notarié de cette acquisition faite avec les deniers des Sœurs de la Communauté, fut signé le 3 février 1826, en présence des Religieuses bienfaitrices dont les noms suivent : Sœur Rosalie, née Lafay, Supérieure ; Sœur Sainte-Marie, née Balay ; Sœur Saint-André, née Dumas ; Sœur Saint-Maurice, née Laffay et Sœur Sainte-Hélène, toutes religieuses professes.

Monsieur le Chanoine Cholleton, vicaire général du diocèse, avait préalablement autorisé l'achat de l'immeuble et M. Bourge, curé de la paroisse, avait, à la suite de M. le Chanoine et vicaire général, signé l'acte notarié.

Une fois devenu la propriété des Religieuses

Baget était capitaine châtelain du comté de Chevrières et bourgeois de Lyon en l'année 1732.

Outre les seigneurs Mitte de Chevrières, possesseurs du château, il y avait à Chevrières, aux XIVe, XVe, XVIe et XVIIe siècles, d'autres familles très honorables et occupant un certain rang dans la société. Ainsi à côté des Baget vivaient les Bruyas, les Gaspard-Reynod, les Lorange, les Reynod, commissaires à terriers, notaires, etc.

de Chevrières, l'immeuble Baget fut transformé en une maison d'éducation propre à recevoir maîtresses et élèves.

Ce n'est pas tout, en sages administrateurs, M. Bourge et Sœur Rosalie Lafay, qui ensemble ne poursuivaient qu'un but : l'établissement solide et permanent des Ecoles chrétiennes de petites filles, loin de se contenter de ce qui fait le décorum d'une maison, songèrent à lui assurer la vie pour toujours.

C'est pourquoi ils firent eux-mêmes et conseillèrent de faire plus tard certains achats de terrains placés autour de l'immeuble et qui, en lui constituant de sérieuses dépendances, devaient lui apporter un très utile revenu annuel.

Or, c'est précisément ce revenu qui permet aux bonnes Religieuses de Chevrières d'accorder aux enfants la gratuité de l'instruction et de faire beaucoup de bien autour d'elles.

La proximité de l'église paroissiale fit supporter pendant un siècle les inconvénients qu'offrait l'ancien presbytère. On était près du divin Maître... aussi bien, souffrait-on sans trop se plaindre !..

Mais le nouveau local avec tous ses agréments était bien loin de l'église !..

Sœur Rosalie comprit vite que les pieuses enfants qu'elle dirigeait avaient besoin de se trouver près, très près de Celui qui est la voie, la vérité et la vie pour les âmes qui se dévouent.

Aussi toute sa préoccupation fut-elle d'installer une chapelle dans sa nouvelle maison. Elle fit part de ses projets à l'autorité diocésaine qui les accueillit favorablement et lui permit d'ouvrir ladite chapelle, pour la dévotion et les besoins de la Communauté.

Le gracieux sanctuaire disposé et orné avec un goût parfait, par les soins de Mère Rosalie, fut bénit le 6 mai 1833, par M. le chanoine Cholleton, vicaire général, délégué par Mgr Jean-Paul-Gaston de Pins, en présence de M. Bourge, ancien curé de Chevrières et alors desservant Bessenay ; de M. Denoyel, curé de la paroisse ; de M. Baujolin, Supérieur du séminaire de l'Argentière ; de M. Chavanne (1), curé de Saint-Médard, et de plusieurs autres prêtres invités à l'intéressante cérémonie.

Ainsi établie, sous le regard de Dieu et sur les bases inébranlables de la religion, l'œuvre de l'éducation chrétienne des petites filles saura se perpétuer à travers les générations pour y continuer le bien qu'elle a fait depuis plus de cent cinquante ans (2).

En terminant notre dernier chapitre, qu'il nous soit permis de rendre un hommage public de gratitude au généreux désintéressement des saintes filles qui, au commencement de ce siècle, par leurs sacrifices et par leur sage administration, ont assuré l'instruction

---

(1) Le nom de M. Chavanne, curé de Saint-Médard (1821-1833), réveille en nous les plus doux souvenirs d'enfance, et nous fournit l'heureuse occasion d'exprimer ici nos sentiments de filial respect envers la mémoire de ce saint prêtre, au dévouement duquel nous devons d'être prêtre nous-même, aujourd'hui. Il nous donna les premières leçons de catéchisme et nous initia aux premières pages du rudiment. Notre reconnaissance sera éternelle envers ce digne bienfaiteur !

Nommé à l'importante paroisse de Denicé (Rhône), en 1833, il l'administra avec la plus haute sagesse jusqu'en 1869, donnant pendant 36 longues années les exemples d'une vie absolument sacerdotale.

(2) Depuis le décret impérial du 6 novembre 1854, qui autorise la Congrégation des Sœurs Saint-Joseph de Lyon à fonder à Chevrières un établissement de Sœurs de cet Ordre, la petite Communauté des Religieuses de Chevrières dépend des Supérieures autorisées de la Maison-Mère de Lyon.

gratuite aux cent cinquante petites filles qui fréquentent notre école congréganiste.

Et à côté du nom de Sœur Rosalie Lafay, il faut que maîtresses et élèves sachent garder une place dans leur cœur aux dignes Supérieures : Sœur Anne-Rosalie Blachon et Sœur Marie-Collette Jolivet, qui ont su couronner avec honneur l'œuvre commencée, en 1729, par leurs aînées de sainte mémoire : Sœur Veyre et Sœur Coignet.

Daigne Dieu, nous conserver toujours nos chères Ecoles chrétiennes et nous procurer l'obole de la charité pour les entretenir !

Armes des Mitte de Chevrières.

TABLE DES MATIÈRES

AVANT-PROPOS.

INTRODUCTION. — *Coup d'œil général sur le développement de l'architecture en France*............   PAGES   1

CHAPITRE PREMIER. — *Le village de Chevrières et les Foréziens des monts de la rive droite de la Loire*.................................... 21

  § I. — Village, situation topographique.......... 22
  § II. — Mœurs du Forézien des cantons montueux de Saint-Galmier et de Saint-Héand........ 25
  § III. — Histoire d'une pie, d'un dragon et d'un lutin.................................... 30
  § IV. — Tels étaient nos vieux Foréziens, tels sont leurs descendants....................... 37
  § V. — Les coutumes foréziennes inspirées par la religion................................. 40
  § VI. — Coutumes profanes.................... 42
  § VII. — Patois forézien et patois particulier au village de Chevrières...................... 45
  § VIII. — Chevrières, il y a deux siècles ; état de la paroisse en 1697....................... 47
  § IX. — Etat de la commune de Chevrières en 1894. — Etat sommaire de la production dans la commune. — Etat sommaire des animaux de ferme. — Etat sommaire de la population en 1891. — Relevé numérique des naissances, mariages, décès, depuis 1640 jusqu'à 1894.... 51

CHAPITRE II. — *Le château-fort des Mitte de Chevrières*	65
Presbytère. — Armes de Jean de Cuzieu. — Porte Renaissance du château-fort. — Castel moderne.	67
CHAPITRE III. — *Les divers possesseurs de la seigneurie de Chevrières*........................	79
§ I. — Les de Malvoisin. — Pierre, l'an 1000. — Guillaume et Jean, 1096. — Pierre II, 1214. — Robert, 1218. — Guyon, 1270. — Hugues, 1315. — Guillaume, 1331...................	80
§ II. — Les Mitte de Mons. — Guillaume Albin, 1097..	87
Ogier, dit Albin, 1260...........................	88
Pierre Mitte dit Pierre Ier. — 1312...........	89
Guillaume Mitte de Mons, 1331..............	91
Pierre II, 1379. — Jean dit Mitton, 1391.....	93
Jean II, 1394......................................	94
Louis I, 1416......................................	96
Jean III, 1489.....................................	99
Louis II, 1499. — Jean de Cuzieu, 1525......	103
Jean IV, 1529.....................................	108
Jacques, 1574.....................................	112
Melchior, dit *Père de la Patrie*, 1606........	122
Louis Mitte.......................................	152
Just-Henry, 1649................................	153
Jean-Armand, 1664.............................	155
Just-Henry-Melchior, 1685	156
§ III. — Les de la Veühe-Chevrières, 1656.......	157
§ IV. — Les de Langeron-Maulevrier-Chevrières, 1680...	160
§ V. — Les de la Chance-Chevrières, 1788........	161
Les Neyrand, 1828...............................	163
CHAPITRE IV. — *Origines et diverses transformations de l'église de Chevrières*	167
Fondation de la chapelle des Malvoisin, vers le xie siècle..	168
Transformation de la chapelle seigneuriale en église paroissiale, au xiiie siècle...............	169
Sac de Chevrières et de son église par les troupes du duc de Bourbon, en 1465...................	171

Louis I Mitte de Mons bâtit la chapelle de Notre-
Dame dans l'église, au xve siècle.............. 172
Restauration et transformation nouvelle de l'église
par le chanoine comte Jean de Cuzieu, au com-
mencement du xvie siècle 174
L'église de Chevrières pendant la période de la
Terreur, en 1793........................... 175
Sa réconciliation en 1802, par le missionnaire
J.-B. Albrand............................. 180
Ancienneté de l'église de Chevrières............ 181

CHAPITRE V. — *Saint Maurice, patron titulaire de
l'église et de la paroisse de Chevrières*........ 187
La tradition qui fait de saint Benoît le patron
titulaire, ne repose sur aucune preuve....... 188
Raisons pour lesquelles les seigneurs de Chevrières
choisirent saint Maurice pour patron de leur
chapelle................................... 189
Héroïque martyre de la légion thébaine, connu des
populations du Lyonnais et du Forez, dès le
ive siècle................................... 190
Evangélisation du Bourbonnais, du Forez et du
Lyonnais, par saint Martin, le grand thaumaturge de Tours ; sa dévotion particulière à
saint Maurice............................. 191
Les préférences marquées des chevaliers du moyen
âge pour les saints guerriers................ 193
Saint Maurice choisi par les seigneurs de Malvoisin
pour patron............................... 193
Dès la première moitié du xive siècle, il est déjà
honoré comme patron de l'église paroissiale.. 194
Procession pénitentielle, au xvie siècle, à la croix
de saint Maurice, à l'occasion de la peste..... 196
Dévotion actuelle des habitants de Chevrières au
saint patron de leur église.................. 197

CHAPITRE VI. — *Monographie de l'église de Che-
vrières*.. 201
Remarquable chapelle, dite « du château », cons-
truite dans le goût de la Renaissance......... 209
Chœur, conçu dans le même goût................ 214
Dimensions de l'église, dans œuvre............. 219

Intelligentes réparations de l'édifice et embellissements de son intérieur.................................. 222
Monument de Notre-Dame de Miséricorde, élevé, en 1892, dans l'ancien cimetière, et tout près de l'église.. 223

CHAPITRE VII. — *Les divers recteurs ou curés, vicaires et luminiers de l'église de Chevrières, depuis les temps les plus reculés jusqu'à nos jours.* 227
Création d'un petit prieuré de Bénédictins, à Chevrières, et dépendant de celui de Saint-Médard, au xiiie siècle................................. 227
Les Bénédictins de Saint-Médard font le service de l'Oratoire des seigneurs de Malvoisin, dès le xiiie siècle.. 228
Le premier prêtre séculier connu comme curé de la paroisse : Pierre Chalboyl, vers le milieu du xive siècle....................................... 229
Liste des curés, vicaires et fabriciens de la paroisse de Chevrières... 232
xive Siècle. — Messire Pierre Chalboyl, 1349.... 232
Messire Jehan Potin ou Petin, 1362............... 232
Messire Jehan Giroydon, 1387..................... 233
Messire Jehan Radisson, 1390 235
xve Siècle. — Messire Mathieu de Jaubert, 1453. 236
Messire Claude de Montuclas, 1467................ 237
xvie Siècle. — Messire Jehan Bruyas, 1530....... 238
Messire Barthélemy Bruyas, 1568.................. 240
Messire Jehan Boyron, 1579....................... 240
Il fait poser les stalles du lutrin............... 242
Il baptise Melchior Mitte de Chevrières, l'année de la grande peste, 1586 242
Un curé et un vicaire sont mentionnés dans le testament de Gabrielle de Gadagne, en 1596. 243
Un Claude Prâron est luminier moderne, en l'année 1598....................................... 244
xviie Siècle. — Messire Mathieu Meigret, 1619-1656 244
Son vicaire Jehan Meygret, les luminiers connus de l'époque..................................... 245
Messire Claude Meigret, 1656-1686................ 247
Ses vicaires, le luminier Pierre Escot........... 247
Refonte de la grosse cloche, en 1674............. 247

Les trois cloches-sœurs de Chazelles-sur-Lyon, de Larajasse et de Chevrières..................	248
Messire Claude Meigret, inhumé au pied de la croix du cimetière..................................	249
Messire J. de Castelberg, 1686-1687.............	249
Les armes de sa famille.........................	249
Ses vicaires...................................	249
Messire Bost, 1687-1688........................	249
Ses vicaires...................................	250
Messire Benoît Mey, 1688-1726..................	250
Ses vicaires. — Luminiers connus...............	250
Visites canoniques de l'archiprêtre de Saint-Etienne et de Mgr l'archevêque.....................	251
Sa mort en 1726...............................	251
Il est inhumé dans le caveau du chœur de l'église.	251
Un prêtre sociétaire du nom de Jean Meygret meurt en 1694 et est enseveli aussi dans le chœur.......................................	252
XVIIIe Siècle. — Messire Pierre-Bernard Paccalon, 1726-1732..................................	252
Sa mort en 1748...............................	253
Sous son administration, la vieille maison curiale est vendue aux Religieuses de Saint-Joseph dont il établit la communauté à Chevrières, en 1729...	253
Ses vicaires, les luminiers connus, de l'époque....	254
Messire Marcellin Léonard, vicaire de Chevrières,	255
puis curé de Saint-Médard, figure très originale et très intéressante...........................	255
Les notes de Messire Léonard sur Mandrin........	257
Chanson à la louange du Grand Mandrin.........	258
Les améliorations que Messire Léonard sait apporter à la paroisse et à l'église de Saint-Médard.	260
Sa mort en 1764...............................	262
Messire Jacques Paccalon 1732-1768.............	262
Son dévouement à la communauté des Religieuses de Saint-Joseph................................	263
Ses vicaires, les luminiers connus, de l'époque...	263
Visites canoniques de l'archiprêtre de Saint-Etienne	264
Sa mort en 1768...............................	262
Il est inhumé dans le caveau des curés...........	262

Messire Etienne Guillot, 1768-1783...............	265
Ses vicaires, les luminiers connus...............	266
Messire Antoine Guillot, 1783-1802...............	266
Son courage et son zèle pendant la période de la Terreur...................................	267
Ses vicaires, les luminiers connus...............	269
XIXᵉ Siècle. — M. Jean-Baptiste Albrand, prêtre, chef de mission, 1802.....................	271
M. l'abbé Fournel, curé, 1803...	272
M. l'abbé Matagrin, curé, 1804-1806.............	272
Les fabriciens de l'époque......................	274
M. l'abbé Condamine, curé, 1806-1810..........	274
Les fabriciens de l'époque......................	274
M. l'abbé Michaud, curé, 1811-1817.............	275
Les fabriciens de l'époque......................	275
M. l'abbé Périer, curé, 1817-1819......	276
Son vicaire, les fabriciens de l'époque...........	276
M. l'abbé Bourge, curé, 1819-1831...............	277
Réintégration du vicaire de Chevrières supprimé depuis la grande Révolution................	277
Etablissement des confréries du Saint-Rosaire et du Saint-Sacrement.........................	278
Amende honorable et publique de l'ancien curé constitutionnel, Antoine Hérail.............	278
Ouverture des nefs latérales dans l'église........	279
Achat d'un terrain pour le nouveau cimetière....	279
Bénédiction de la nouvelle nécropole............	280
M. Bourge est nommé curé de Bessenay.........	280
Ses vicaires, les fabriciens de l'époque...........	280
M. l'abbé Dénoyel, curé, 1831-1845..............	281
Ses vicaires, les fabriciens de l'époque...........	281
M. l'abbé Cl. Girardet, curé, 1845-1869..........	281
L'école des Frères Maristes est fondée par ses soins.	282
Construction de la nouvelle sacristie.............	282
Œuvre de la soupe des enfants pauvres..........	282
Le hameau de la Gimond devient paroisse.......	282
Mort de M. Girardet et son inhumation dans le cimetière, au pied de la grande croix.........	283
Ses vicaires, les fabriciens de l'époque...........	284
M. l'abbé Joseph Richard, curé, 1869-1890......	284
Importantes réparations au presbytère et à l'église.	285

TABLE DES MATIÈRES

Diverses visites de l'archevêque de Lyon à Chevrières	285
Ses vicaires, les fabriciens de l'époque	296
M. l'abbé Charles Signerin, curé, 1890	286
Ses vicaires, les fabriciens	286
Prêtres nés à Chevrières depuis les temps les plus reculés	287

CHAPITRE VIII. — *Les sépultures dans l'église de Chevrières* 293
    Divers caveaux creusés dans l'église 294
    Caveau dans le chœur, et où reposent les curés de la paroisse 296
    Noms des prêtres inhumés dans l'église 297
    Un curé, Messire Claude Meigret, est enterré au pied de la croix de l'ancien cimetière 299
    Liste des tombes seigneuriales creusées dans l'église 301
    Tombes des XIIIe et XIVe siècles creusées dans la grande nef 302
    Tombes des XVe, XVIe et XVIIe siècles creusées dans la chapelle dite « du château » 302

CHAPITRE IX. — *Les anciennes chapelles dans l'église de Chevrières* 309
    Chapelle de *Notre-Dame* 309
    Diverses autres chapelles dans l'église : chapelles de Sainte-Croix, de Saint-Maurice, de Saint-Benoît, de Saint-Martin, etc. 311
    Disparition de ces chapelles en 1822 311
    Ce qu'on entendait par « Rois, reines, reinage, royaume » 313
    Culte permanent envers saint Benoît et saint Maurice 315

CHAPITRE X. — *Les anciennes Croix de Chevrières*. 319
    1509, Croix de la Pacalière 323
    1517, Croix de la grande place de Chevrières 325
    Sa légende édifiante 326
    1533, Croix des Noyers 330
    1558, Croix du sentier dit « Du Bénitier » 331
    Légende du vieux bénitier 332
    XVIe Siècle. — Croix de Staron 334
    XVIe Siècle. — Croix de Relave 334

xvie Siècle. — Croix des Granges-Neuves.	335
xvie Siècle. — Croix de la Roue	337
xvie Siècle. — Croix du Bissy	337
xviie Siècle. — Croix de Savigneux	338
1612, Croix de la Badouillère	339
xviie Siècle. — La grande Croix du cimetière	341
Croix érigées depuis le commencement du siècle..	343

CHAPITRE XI. — *Les Ecoles chrétiennes dans le Forez et le Lyonnais, et particulièrement à Chevrières*... 347
Elles sont l'œuvre de l'Eglise.................... 348
§ I. — Les écoles en général, grandes et petites dans le Forez et le Lyonnais avant l'an 1000. 350
§ II. — Les écoles élémentaires dans le Forez et le Lyonnais, et particulièrement à Chevrières, depuis les temps les plus reculés jusqu'à nos jours.. 352
§ III. — Ecole des petits garçons, dirigée par les Frères Maristes, fondée en 1852............. 367
§ IV. — Ecole des petites filles.................. 375
Fondation de la Communauté des Religieuses Saint-Joseph en 1729................................. 375

TABLE DES FIGURES

INSÉRÉES DANS LE TEXTE

	PAGES
Vue du village de Chevrières.....................	21
Château de Chevrières...........................	65
Presbytère de Chevrières........................	67
Armes de Jean de Cuzieu........................	69
Porte « Renaissance » entre les deux tours du château.	70
Castel moderne de Chevrières.....................	75
Melchior Mitte dit « Père de la Patrie »...........	123
Eglise de Chevrières.............................	201
Piscine n° 1.....................................	204
Piscine n° 2.....................................	205
Piscine n° 3.....................................	206
Piscine n° 4.....................................	207
Piscine n° 5.....................................	208
Figurine n° 1....................................	209
Figurine n° 2....................................	210
Chapiteau « Renaissance » de la chapelle dite « du château ».......................................	211
Autre vue du même chapiteau.....................	212
Piscine n° 6.....................................	213
Chœur et Abside de l'église de Chevrières.........	215
Un chapiteau du chœur...........................	216
Corniche autour de l'abside......................	216
Piscine n° 7.....................................	217

Porte dans le chœur	218
Fronton de la porte de la sacristie	219
Plan de l'église de Chevrières	220
Fénestrage des nefs latérales	221
Vue extérieure de l'abside de l'église	224
Croix des Noyers	331
Portrait de M. Elisée Neyrand (hors texte)	367
Armes des Mitte de Chevrières	390

Saint-Etienne, imp. THÉOLIER ET Cie, 12, rue Gérentet.

ERRATA

Page 15, ligne 28 des annotations, au lieu de chaise, lisez : chaire.

Page 22, ligne 13 ; p. 52, ligne 11 ; p. 246, ligne 20, au lieu de Grammont, lisez : Grammon*d*.

Page 35, ligne 1 des annotations, au lieu de Messilleux, lisez : Messill*i*eux.

Page 81, ligne 15, au lieu de Maleviceni, lisez : Malevicini.

Page 86, ligne 22, au lieu de Guichard de Roweys, lisez ; Guichard*e* de Roweys.

Page 94, ligne 1, au lieu de Hugues, lisez : *Guillaume*.

Page 128, ligne 3 des annotations, au lieu de Rossillon, lisez : Roussillon.

Page 154, ligne 2, au lieu de Drême, lisez : D*i*ème.

Page 266, ligne 20, au lieu de *animam dat suam*, lisez : *animam suam dat*.

BIBLIOTHÈQUE FORÉZIENNE

F. THIOLLIER. *Le Forez illustré*. — 2 forts vol. gr. in-folio . . . . 100 »

M. DE BOISSIEU. *L'Eglise collégiale de Saint-Jean-Baptiste, à Saint-Chamond*. — 1 vol. in-8°. Lyon, A. Brun. 1880. . . . . 5 »

J. CONDAMIN et F. LANGLOIS. *Histoire de Saint-Bonnet-le-Château*. — 2 vol. in-8°. Paris, A. Picard. 1885-1887. . . . . 20 »

A. DAVID. *Biographies Foréziennes*. — 1 vol. in-8°. Paris, E. Robert. 1888. . . . . 5 »

G. LEFEBVRE. *La Vie et les Œuvres de Dugas-Montbel*. — 1 vol. in-8°. Saint-Chamond, A. Poméon. 1889. . . . . 3 »

J. CONDAMIN. *Histoire de Saint-Chamond et de la Seigneurie de Jarez*. — 1 vol. in-4°. Paris, A. Picard. 1890. . . . . 30 »

CH. SIGNERIN. *Le Roi de Chevrières*, curieux épisode du règne de la Terreur. — Broch. de 76 pages. 1 25

CH. SIGNERIN. *Les trois vieux Chantres de bronze de mon église*. — Broch. de 69 pages. 1 25

CH. SIGNERIN. *L'Ecole libre des petits garçons, de Chevrières, et son fondateur, M. Elisée Neyrand*. — Broch. de 16 pages. 0 50

CH. SIGNERIN. *Discours* prononcé à la distribution des prix aux élvèes de l'Ecole libre de Chevrières, le 15 août 1894. — Broch. de 11 pages. 0 50